现代传播 MODERN COMMUNICATION
丛书主编 王文科

Advertisement Scheming

广 告
策 划 学
（第三版）

徐凤兰 方 腾 编著

ZHEJIANG UNIVERSITY PRESS
浙江大学出版社

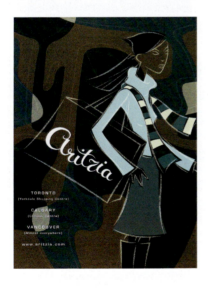

● 佳作点评

　　广告的诉求对象多为女人,如果说女人善变,那么服饰广告的诉求方式也应是不同的。

　　以上四张广告图片中,绚丽、冷酷、优雅、低调……每一种风格必定会让某一种女人心驰神往,即便是同一个 Chanel,也变幻出了少女般的可爱绚烂和贵妇般的优雅低调。

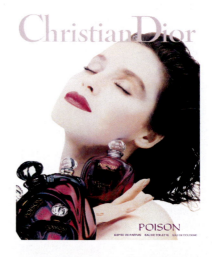

● 佳作点评

　　化妆品广告一直是广告中的生力军。它表现形式丰富,色彩绚烂,诉求对象多为女性,于是反复使用了 3B(Baby、Beauty、Beast)中的美女元素。

　　在以上四个不同品牌的广告中都出现了与品牌形象契合的女性形象,evian还运用了纯真可爱的儿童形象表现其品牌的纯净天然。

● 佳作点评

    对儿童用品广告来说,最重要的就是吸引孩子们的注意力。那么,最吸引孩子们的是什么呢？是 Fisher-Price 广告中婴儿胖乎乎的小脚、天真无邪的眼神,是 Gervais 广告中那个求知若渴的小"学者",还是对着 Lego 的玩具完全入神的小"设计师"？——无论哪种表达,都牢牢抓住了小消费者们的心。

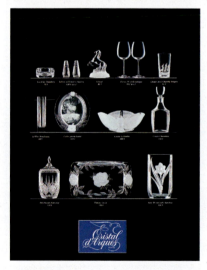

🟡 佳作点评

　　生活用品广告的诉求对象非常广泛,因此它的诉求也是最难的。功能、外观、性能、工艺等都可以是诉求点。一个用剪刀来比喻腿的光洁的小创意,一个把广告产品置入晶莹翠绿的豌豆中的小惊喜,一幅用黑色背景衬托出水晶制品的精美细致的小图片都是如此的妙不可言。

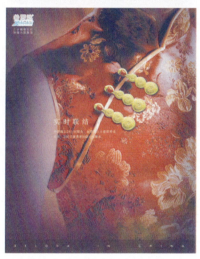

● 佳作点评

　　这个看似普通的系列广告，着实不简单。作为一种治疗癌症的药品，希罗达并没有一味诉求疗效，而是用典雅又不失庄重的红色来体现生命的从容。

　　中国结、绣花鞋、旗袍、发簪等中国元素的运用让这个系列广告更加充满人情味，体现了它和人们的密切关系。

　　四张图片中都巧妙地运用了三个圈构成一个整体的构图元素，使这四幅广告既有各自要表达的意义，又贯通成一个整体。

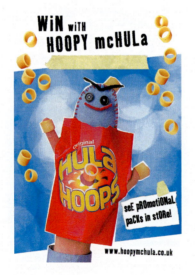

● 佳作点评

　　食品广告重在表现产品对消费者的吸引力,无论是调动食欲的色彩、幽默风趣的表达,还是让人过目不忘的设计,都构成了食品广告获得成功的元素。

　　以上图片中,m&m's充满了力量感的反诉求,Pringles的表现力简约而幽默,hoopymchula采用了童话般明快活泼的表达,Haagen-Dazs则一改诉求爱情选择了优雅清新的路线。

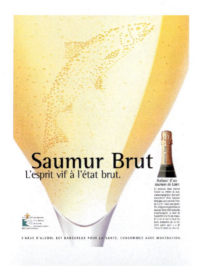

● 佳作点评

　　酒类广告一直都深受广告人的关注，因为酒是受众细分最明确的产品类别之一。

　　如 Saumur Brut 作为一种香味浓郁、气泡丰富的果味葡萄酒，广告表现中采用气泡构成了热带鱼的形象，既说明了该酒具有热带风情，也体现了气泡给饮用者带来的欢畅。Black Label 则用带着耳机的酒瓶形象获得了酒吧消费者的欢心。

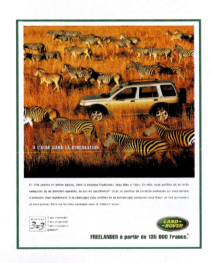

● 佳作点评

　　汽车广告很少有特别出彩的,因为许多广告主总是希望通过一支广告传递所有的信息:安静、宽敞、设计、造型、色彩……可是效果往往适得其反。

　　那么,看看这几支广告——用垂钓者暗示车行驶时的安静的标志406、与动物一起出现以说明其出色的性能的 Rover、用色彩夺目的指甲油衬托绚丽的 Renault——看似简单的诉求,却让消费者心动了。

目 录
CONTENTS

第一章　广告策划概述

—— **关键概念** ——

策划　广告策划

—— **学习目标** ——

1. 理清策划与广告策划的历史沿革,能够用相关学科知识对广告策划的发展进行分析,认识到现代广告策划与原始策划思想的区别;

2. 理解广告策划的概念、特征和作用,明白广告策划的重要意义;

3. 明确广告策划的步骤和流程,体会其系统性和整体性;

4. 领会策划人的重要作用,了解策划人必须具备的素质和自身今后努力的方向。

第一节　策划与广告策划的发展沿革

一、策划的缘起

策划是一种由自发走向自觉的思想。古今中外,无论是人们的生产生活还是国家的治理发展,都离不开策划。

早在原始社会就已经有了策划思想的萌芽。原始人猎取动物为食,他们有意识地对猎捕活动进行策划,比如预先设定在哪儿挖陷阱、设埋伏等,以取得更大的收获。这也说明了人类区别于其他动物的重要标志之一就是人类的活动是有目的性的。这种有目的性的活动就更要求人们在活动前进行考虑,这种行动前的思考过程就是策划行为。而先前在行动中所获取的经验便为下一次的策划提供了重要的依据和参考。这种循环积累的过程使"策划"这个概念充满了动感。

中华民族自古以来就是崇尚智慧、崇尚谋略的民族。孙子说:"夫未战而庙算胜者,得算多也;未战而庙算不胜者,得算少也。多算胜,少算不胜,而况于无算乎?"此处所谓"算"即"谋划"、"策划"之意。流传千古的曹植七步成诗、曹冲称象无不透露出对用智的弘扬和对策略的推崇。而《三国演义》通过赤壁之战、草船借箭、空城计等一系列的经典军事策划故事,最终塑造出了一个流芳千古的军事政治策划家形象——诸葛亮。打开《成语词典》,我们能找到很多关于策划的成语,如"事成于谋,行成于思"、"运筹帷幄"、"上兵伐谋"等。

人们在策划实践的同时,也在不断地进行总结。《史记》《周易》《孙子兵法》都提出了许多与策划相关的重要思想。比如《周易》中指出观察要详细深入,放开视野,这样才能做到耳聪目明;防敌要有备无患,反击敌人要选择合理的时机等。

随着生产力的极大发展,社会生产关系也发生了深刻变化。策划活动趋于深层化、多样化、复杂化,战争不再是策划的全部意义,而是形成了有活动就有策划的局面,如产品策划、促销策划、公关策划、体育赛事策划、CI策划等等。

二、现代策划的起源

现代意义上的策划观念源自公共关系领域,最早由被称为公共关系学之父的爱德华·伯奈斯在《策划同意》一书中提出①。他首先提出并且运用了这一概念,使"策划"思想在公关领域迅速普及。

公关策划的产生和当时的时代背景密不可分。随着工业革命、技术革命的开展,企业一心追求利润最大化,往往在低回报的前提下让工人们超强度付出,导致工人和社会舆论的不满。为了缓解内部的劳资矛盾和外部的社会公众冲突,企业开始运用公关手段进行内外协调,于是一种新的行业应运而生,那就是公关策划。

事实上,公关策划萌芽于更早的20世纪初。早在1904年,美国公共关系专家艾维·李创办了美国宣传顾问事务所,进行了世界上最早的公共关系策划实践。有一次艾维·李在代表大企业主贝尔处理一起煤矿工人罢工事件时,一反原先在处理类似事件中企业主封锁消息甚至打击劳工的惯常做法,大胆对事件进行曝光,主动请新闻界介入,从而赢得了社会各界的广泛理解,妥善地处理了这起罢工事件。这种公关策划实践的进行,为后来策划思想的发展提供了重要的依据。

---

① 赖瑞·泰伊:《公关之父伯奈斯》,海南出版社2003年版,第136页。

随着经济的发展和策划实践的不断进行,策划也被广泛运用到各个领域,商业策划成为策划界的主导,并被企业广为运用。公关策划、广告策划、CI 策划、促销策划等各种策划方式不断出现并取得发展。

到 20 世纪 50 年代后期,企业对策划思想的运用也达到了高潮。随着部分企业的日益壮大,集团化经营模式的不断出现,一场以塑造企业精神及个性为主旨的 CI 策划活动在 IBM 公司掀起,使这家专业制造商用计算机的公司在激烈的竞争中脱颖而出,它的高科蓝也被大家所熟知,成为识别和区分的重要标志。之后众多知名企业纷纷导入 CI 系统,CI 策划对企业的发展起了不可磨灭的作用。

在策划活动日益多样化的同时,策划活动本身的组织形式和手段也发生了质的飞跃。随着科技的突飞猛进,在社会生产关系日趋复杂和知识信息不断膨胀的背景下,策划作为个人智慧的表现已远远不够了,它越来越多地表现为一种群体活动。例如阿波罗登月这样的大型综合工程,需要调动上万家企业进行配套运作,有数万名科学家和工程技术人员参与,它的策划也必然是一个庞大的工程。美国的兰德公司、斯坦福研究所,日本的野村研究所、三菱研究所,英国的伦敦战略研究所等研究机构往往充当谋事者角色。同时,计算机又为现代策划开拓了新的途径,极大地提高了策划活动的规模与效率。人们通过运用仿真技术、模拟理论、事先进行模拟实施和检验等手段,来寻求最佳策划方案,有效地避免了策划失误,大大提高了策划成功率。

三、广告策划的发展

广告是商品经济的产物,也是社会发展到一定阶段的产物。当人们的劳动产品大于自己的需求时,便需要通过某种方式与他人进行交换,以求获得自己所需要的产品或者一般等价物——广告正是在这样的社会背景下应运而生的。原始的广告承载着最简单的"广而告之"的目的,无论是古埃及时期印在芦苇纤维上的悬赏寻找走失奴隶的传单,还是中国古代飘荡在酒馆外面的幌子,都很好地实现了广告的这一基本功能。

随着商品经济的不断发展,广告开始越来越多地受到策划观念的影响。尤其是 20 世纪以来,美国广告的发展历程,就充分体现了策划被不断融入广告的事实。20 世纪二三十年代兴起的市场调研热潮,帮助客户施展推销术;40 年代出现了"豪华广告";50 年代提倡在广告主题上寻求"USP"(独特销售主张);60 年代开始塑造企业形象;70 年代"定位"论倡导在消费者心智中为产品找到一席之地;80 年代的全球经济热潮和媒介的飞速发展,使广告进入了空前繁荣期;90 年代的"IMC"(整合营销传播)理论,使策划越来越多地被整合到广告中,也使广告越来越多地被整合到各种营销手段中。

无论是社会经济的发展,还是理论的不断进步,都推动了广告策划的发展。在后面的章节中,我们将进行进一步的探讨。

第二节　广告策划的含义、特性和作用

一、策划与广告策划的含义

"策划"这个词,在古今中外有着很多不同的含义。《辞源》把策划解释为筹谋、计划;《辞海》中则指出策划是人们事先的筹谋活动,就是思维主体运用知识和能力,进行思考运筹的过程。

美国"哈佛企业管理"丛书编撰委员会对"策划"是这样解释的:"策划是一种程序,在本质上是一种运用脑力的理性行为。基本上所有的策划都是关于未来的事物,也就是说,策划是针对未来要发生的事做当前的决策。换言之,策划是找出事物的因果关系,衡量未来可采取之途径,作为目前决策之依据……策划是一种连续不断的循环。"①

策划活动不断发展,趋向多元化,也使策划的含义更加多元。策划有时只是单纯指实施某一件事时独特的想法或特殊的构想,有时指的是达成某一可实现成果的实施计划。如果给策划下个定义的话,可以这样说:策划是为达到一定目标,在调查、分析有关材料的基础上,遵循一定的程序,对未来某项工作或事件事先进行系统全面的构思、谋划,制订和选择合理可行的执行方案,并根据目标要求和环境变化对方案进行修改、调整的一种创造性的社会活动过程。

学者们对广告策划的定义众说纷纭,主要的观点有以下几种:

"所谓广告策划,就是指对广告运动从整体战略到具体策略所作的整体预先谋划。它涉及广告目标的确立,为实现这一目标的总体战略及实施步骤的制定。在具体策略与措施的层面上,则包括市场调查目的的建立、调查方法的采取、目标市场的定位、产品的定位、广告创意与表现策略的拟定、市场时机的选择、广告费用的预算、媒体计划与策略的确定、广告效果的预测及事后测定方法的设立,以及各运作环节和动作程序相互间的最佳组合等。"②

"所谓广告策划,就是根据广告主的营销计划和广告目标,在市场调查的

---

① 徐智明、高志宏:《广告策划》,中国物价出版社 1997 年版,第 13—14 页。

② 张金海、龚轶白、吴俐萍:《广告运动策划教程》,北京大学出版社 2006 年版,第 9 页。

基础上,制定出一个与市场情况、产品状况、消费者群体相适应的经济有效的广告计划方案,并实施之,检验之,从而为广告主的整体经营提供良好服务的活动。"①

我国台湾地区的一些学者则把广告策划称为广告企划,认为广告企划"是执行广告运动必要的动作。在实务上,广告主和广告代理商处理广告企划方面有很大的差异,但理想的过程可以是下列行动的组合:产品分析、市场分析、竞争状况评估、客户简介、目标设定、预算、目标对象设定、建立创意及媒体策略、创意的执行、媒体的购买及排程、媒体执行、与其他行销组合机构的配合、执行完成、效果评估。"

综观学界业界专家学者们的诠释,我们对广告策划作了如下定义:广告策划是通过周密的市场调查和系统的分析,利用已掌握的知识、情报和手段,合理并有效地布局广告活动的过程,是对广告活动所进行的事前性和全局性的筹划和打算。广告策划是策划的一个应用领域,从广告活动角度看,广告策划本身有一个大系统,是一个动态的过程,是广告决策的形成过程,一系列的决策包括确立广告目标、明确诉求对象、制定广告战略、确定广告主题、构思广告创意、选择并组合广告媒体、进行广告预算及效果评估等。

同时,广告策划又有两个形式:一种是单独性的,即为一个或几个单一性的广告进行策划;另一种是系统性的,即为规模较大的、一连串的、为达到同一目标所做的各种不同的广告组合而进行的策划。这种系统、全面、周密的广告策划也被称为整体广告策划,也即站在企业整体经营的高度,从整体广告活动出发进行全面的、系统的规划部署。

作为策划的一个子系统,现代广告策划本身也是一个系统,广告策划6M基本囊括了其中的子系统。6M即:

Market(市场):对广告的目标市场的选择以及目标市场特征的把握;

Message(信息):广告的卖点、诉求点,确定广告中的正确信息;

Media(媒体):选择以媒体形式将广告中的信息传播给目标受众;

Motion(活动):使广告发生效果的相关行销和促销活动;

Measurement(评估):对广告的衡量,包括事后、事中和事前的各种评估;

Money(费用):广告活动需投入的经费。

通过以上对广告策划和策划的诠释,我们可以总结出广告策划包含了下面几个核心要素:

1. 广告策划必须来源于广告主的营销策略。无论是在过去那种寻求单

---

① 丁俊杰:《现代广告通论》,中国物价出版社1997年版,第353页。

一广告效果的时代,还是在寻求整合营销传播的当前,广告策划都必须围绕广告主的营销策略进行,遵循整个营销计划,实现营销效果的最大化。

2. 广告策划是为一定目标服务的。归根结底,策划就是寻求达到目标的最佳途径,是针对一定目标的展开和贴近。所以它应该完全服从目标的要求,严格根据广告目标安排步骤。

3. 广告策划应该建立在对有关情况进行科学客观的调研分析的基础上。为使执行方案客观真实地反映现实状况,有针对性地合理实施,以达到预期效果,调研便成为一切策划活动的基础。

4. 广告策划包含两个层面,即总体宏观的策划和具体操作的策划。前者对全局性、战略性的方针、走向进行谋划;后者是为完成某一具体活动而进行策划,往往体现为计划、方案等。如为一家企业进行广告策划,实际就包含两个层面的工作:一是进行市场定位,拟订广告战略;二是对具体的某一则广告的制作、传播进行策划。二者相辅相成。进入整合营销传播时代的广告策划是"大广告"策划,应该把整个营销战略和广告策划放在一起,通盘考虑。

5. 广告策划应包含制订方案、选择方案、调整方案三个方面,是一个动态的过程。策划是过程,针对某一项目,往往可以拟出多个策划方案,应对多个策划方案进行比较、研究后选择能达到目标且合理可行的一种。此外,还要根据要求和环境、资金等各方面因素的变化,随时调整、修改策划方案,用最有效的方法去实现策划目的。

二、广告策划的特征

1. 目的性

无论何种策划都具有一定的目的性,策划的过程即是减少无序和不确定性的过程。策划的目的性特征就是要求通过策划,围绕某一活动的特定目标这个中心,努力把各个要素、各项工作从无序转化为有序,从而使活动顺利圆满地完成,以达到事先拟定的目标。在策划过程中,一旦偏离了既定的目标,所得出的策划方案就只流于形式,而解决不了实际问题。比如,有的广告过分追求艺术表现上的完美,而忽视了对产品的宣传,这种舍本逐末的做法背离了广告策划的本质意义。

因此,广告策划必须始终围绕营销目标展开,当目标发生变化时,策划方案也必须做出相应的调整。

2. 超前性

策划是对将来的活动和事件进行事先谋划的工作,因而具有超前性。马克思曾高度评价人类的超前性思维,他曾经说过:"虽然人类最优秀的建筑师也得惊叹蜜蜂建造蜂巢的艺术,但是,即使是拙劣的工匠,在建筑房子之前,脑子里也已经有了房子的图形及结构了。"作为一项立足现实、面向未来的活动,把握未来是策划的重要特征之一。

美国汽车业巨子艾科卡策划生产著名的"野马"轿车就是一个把握超前性的策划典型。艾科卡在1962年担任福特汽车公司分部经理后,预料到随着年轻人口比例的激增,年轻人的购车量将会大幅增加,而年纪大的买主,已从偏好经济实惠的车型逐步转向追求样式新款的豪华车。基于这样的预见,著名的"野马车"就出现了。"野马车"不仅容易操纵,配有行李箱,而且车型独特,外型有些像跑车,集豪华与经济于一身,一上市迅即风靡美国。"野马车"策划的成功,正说明了策划活动超前性的重要。

这种超前性的广告策划,不仅能够对当前的广告运动起到有效的指导作用,更能对未来广告目标和营销目标的实现起到很好的促进作用。

3. 系统性

广告策划的系统性特点,主要包含两层意思。

首先,广告策划是按一定的程序进行的,这正是很多学界业界专家强调广告策划要遵循一定步骤的原因。尽管这些程序要耗费很多的时间和精力,但却能有效地减少策划的失误。因此,策划的程序性能保障策划的合理性和高成功率。一般来说,策划活动都要经历几个步骤:策划调查和环境分析;确立和调整策划目标;策划创意,拟订初步方案;方案评价与筛选;方案的调整与修正;策划的实施;策划的效果评估等。

由非程序性转向程序性是策划发展的必然趋势。古代的策划活动绝大多数是经验直观型策划,这种策划更多地依赖于策划者的个人因素。策划者的才能、经验、阅历等因素直接决定了策划的成功与否。因此,这种非程序性的策划有很大的随机性。而在现代策划中,面临着复杂多变的内部环境和外部环境,为了保证策划方案的合理性和高成功率,策划活动不可避免地更加趋向程序化、系统化。系统性的策划并不排除策划者个人因素的重要作用,但又不依赖个人的能力与经验,而是在科学理论的指导下,把整个策划过程作为一个严密的系统,严格依照程序进行。因此,从理论角度看,广告策划是一门系统科学。

其次,广告策划的系统性特点还说明了广告策划作为营销策划的有机组成部分也必须服从和服务于这个大系统,并在这个系统中发挥自身作用,不断推进营销目标的实现。

4. 创造性

广告的基本要求是创造性,作为创造性的思维活动,广告策划其实就是创造性思维发挥的过程,或者说是创造性思维与策划活动的结合过程。创造性思维是广告策划生命力的源泉,它贯穿着策划活动的全部和始终。无论是策略高度、战略全局规划,还是最体现创造力的广告创意,都充分说明了广告策划是一个充满了创造性的过程。

"椰菜娃娃"就是用创造力制造梦想的典型策划。布娃娃只是一般的儿童玩具,但这种取名为"椰菜娃娃"的布娃娃,却在美国掀起过惊人的抢购狂潮,这是因为布娃娃的策划者创造性地把"椰菜娃娃"塑造成一种有生命的东西,称它为"椰菜田里的孩子"。每个布娃娃都附有"出生证明",印上它的姓名、手印、脚印,还有接生人员的签章,而且每个娃娃都不重样,有男女之别,有肤色、发型、面貌之分,服饰装戴也多种多样,大大满足了消费者的不同喜好。人们不是"购买"它,而是"领养"它,购买者要签署"领养证",保证好好照顾它。"椰菜娃娃"这种"有生命"、"个性化"的感性商品满足了人们精神寄托的需要,其创造性就在于赋予普通的布娃娃以生命,从销售到最后服务都把它当作活生生的小娃娃来看待。可见,创造性是"椰菜娃娃"成功的关键所在。

对于广告策划者而言,只有坚持创造性原则,在严格遵守一切事实和数据的基础上,"带着镣铐跳舞",充分发挥想象力,才能制作出富有魅力、叫好又叫座的广告。

5. 现实可行性

尽管广告策划是一种创造性的活动,但绝非脱离现实、天马行空。任何策划方案都必须建立在对事实进行客观科学的调查和分析的基础上,任何策划方案都应该是可操作的、具有实践性的,否则它只能是海市蜃楼、空中楼阁。如大家所熟知的"诸葛亮借东风"的故事,并非是诸葛亮真能"借"到东风,而是因为他精通气象知识,知道每年冬至期间都会刮几天东南风,并把这种风向上的优势加以利用,取得了战争的胜利。

广告策划的现实可行性不仅体现在对策划对象的严格调查和分析上,也体现在策划目标的现实性和可能性上。无论是广告策划人员还是广告主都应该客观估计广告投入,不能过高估计广告策划的效果,要避免出现像秦池那样"一掷千金"夺"标王"的情况。

同时,这种现实可行性还体现在广告策划必须遵循社会的法律和道德标准,而不能一味地追求创意、刺激眼球,甚至触犯法律和道德的底线。这样不仅会受到法律的制裁和舆论的谴责,也会使企业和产品形象大大受损。

策划的现实可行性要求策划者一定要尽可能多地掌握各种现实情况,包括有利的和不利的因素,然后再进行客观分析,这样的策划才是合理可行的。

6. 调试性

市场和环境是不断变化的,广告策划也应该随着这种变化而不断变化。广告策划既应该保持相应的稳定性,不能一遇到情况变化就把原先的策划整个推翻,也不应该不关注周围环境的变化,用一个僵硬机械的策划面对一切市场环境和消费者。

在复杂变动的情况下,策划的调适性与现实可行性是相辅相成的。中国名茶"茉莉花茶"远销欧美,在东南亚却不受欢迎。原来"茉莉"与"没利"谐音,当地人很忌讳,于是厂商及时进行调整,改"茉莉"为"莱利",这一字之改果然使销量大增。可见,在广告策划中根据具体情况做一些小小变通的重要性。古人云:时移则势异,势异则情变,情变则法不同。不依据环境变化及时调整,再好的广告策划也会走向失败。

7. 可评估性

广告策划活动中,有一个相当重要的过程——广告策划效果评估。这个步骤在过去的策划活动中常常被忽略,而在现代得到了越来越多的重视。因为任何一项活动,如果不能衡量其效果,评价其得失,都很难对下一次的活动起指导和借鉴作用。

广告策划的效果,包括营销效果和传播效果两个方面。在效果评估的过程中,营销效果是较容易测量的,实现了怎样的销售量增长、占据了怎样的市场份额等,都是可以用相应的测量方法获得的;而传播效果的测量,则很难通过定量的方式获得,知名度、美誉度和忠诚度的改变,都需要通过相关的定性分析才能获得。这就促使广告策划人员在策划的过程中,必须考虑好通过怎样的方式对整个广告策划进行评估,以准确地把握广告策划的效果。

三、广告策划的作用

尽管广告策划包括广义的整体广告活动的策划和狭义的广告单项策划,但在现代广告活动中,策划者们越来越多地把广告策划纳入整个营销体系进行考虑。因此,在对广告策划的作用进行探讨的时候,不仅要充分估计其在单项广告中的作用,更要通盘考虑,对广告策划在整体广告运动甚至整个营销运动中的作用进行充分客观的考量。

广告策划的作用,主要体现在如下几个方面:

1. 广告策划使广告活动目标更加明确。任何一个广告策划方案,都必须有明确的目标,各项活动都必须紧紧围绕这个目标展开,无论是单向广告策划还是广告运动整体策划,都能有效地避免广告活动的盲目性。企业在进行广告运动前确立具有现实可行性的目标,并以其指导广告策划的制定和执行,能使广告效果更加明确。

2. 广告策划使广告活动效益更加显著。如我们之前所说的,广告策划包括单向广告策划和广告运动整体策划,它把企业长远利益与短期计划衔接,使短期策划的效果具有前后延续性,使长期整体策划的效果更具生命力。科学客观的广告策划,能够全面通盘地组织广告活动,根据产品所处的不同生命周期采用不同的广告策略,避免广告费用的重复支出和浪费,提高广告的效益,起到事半功倍的作用。当然,这种效益性的实现也与广告策划有明确的目标密切相关。

3. 广告策划使广告活动更具竞争力。广告策划的基础是市场调查和分析,通过周密的调查与研究,对自身的内外环境和竞争对手情况有了科学客观的了解。在知己知彼的基础上采取针对性很强的策略,扬长避短,使企业处在有利的竞争地位。同样,广告策划后期的效果评估,能客观真实地评价本次策划活动的效果,对下一轮的广告策划起到很好的调节和借鉴作用,转变原来的被动地位。只有具备了这种占优势地位的竞争力,才能使企业和产品在众多竞争品牌中脱颖而出,抢占消费者的心智,从而占据相应的市场份额,取得理想的广告效果。

4. 广告策划能提高广告业的服务水平。我国的广告业起步较晚,改革开放以后开始起步,20世纪90年代以后,策划被导入广告学领域,改变了原先许多广告公司无序混乱的状态,使这些"摸着石头过河"、在实践中探索广告运作的本土公司开始用广告程序规范自身的广告运作,用科学的调查数据作为广告运作的基础。这种改变不仅使公司的业务水平大大提高,也使这些公司的运作真正与国际广告界接轨,具备与国外4A公司竞争的可能性。同时,学界也对广告策划的出现有较高评价。张金海教授认为:广告策划本身理论建树有限,但是广告策划概念的提出拓宽了广告学研究的领域,促进了营销学、广告学和传播学的结合。[①]

总而言之,广告策划使广告调查、广告计划、广告制作、广告效果测定等各环节的广告活动成为有机统一的整体,是整体广告运动的核心和灵魂,起着不可缺少的指导和决定作用。对广告主而言,没有有效的广告策划,再大的投入都是事倍功半,无法完全实现既定目标;对广告策划人员而言,没有经过精心策划的广告,大都是盲目的,只是一种个人的主观行为。因此,从某种意义上说,广告策划成了现代广告活动成败的关键。

---

① 张金海:《20世纪广告传播理论研究》,武汉大学出版社2002年版,第73—74页。

第三节　广告策划的类型和步骤

一、广告策划的类型

广告策划是广告实务的核心。根据不同的划分标准,广告策划又可以分为以下几种不同类型:

1. 根据广告策划的规模划分

在之前的内容中,我们已经谈到单项广告活动策划和整体广告运动策划。这种划分的依据,是广告策划的范围、广告活动的复杂程度和时间长短等。在确定是哪种规模的策划之后,才能根据不同的要求进行广告策划。

(1)单项广告活动策划

单项广告活动策划,顾名思义,就是对单个广告活动进行策划。它的活动与整体广告运动策划相比,更为简单些。活动的范围,可能是全国,也可能是一个地区甚至某一个经销商;活动时间通常较短,在一年之内;策划所使用的媒体也相对简单,往往是对一种或者几种媒体进行运用,无需太多考虑媒体整合。

当然,这种单项广告活动策划更讲究实效,它要求在策划执行之后,能见到显著的效果。它常是整体广告运动策划的一个部分,必须服从整体广告运动策划的战略,而在执行上和效果上,则有着较强的独立性。

(2)整体广告运动策划

整体广告运动策划,是相对于单项广告活动策划而言的,要求对整个广告运动进行整体策划,而不只是某一部分或者某一区域的广告活动。所谓的广告运动,张金海教授认为:"现代广告运动,是指包括从市场调查、产品研究到广告计划的制定,从广告作品的创意与制作到广告发布的媒体调查、媒体选择与组合,最终到广告效果的调查与测定在内的系统的整体的广告活动,还包括阶段性的短程的广告活动与长程广告活动的概念在内,是一个动态的过程,其每个构成环节都包含着丰富的内容。"[①]

从这段概念中,我们不难发现:广告是广告运动的有机组成部分,任何一个整体广告运动都是由几个或者多个单项广告活动构成的,整体广告运动策划也是由数个单项广告策划构成的。但是,整体广告运动策划更宏观,它的目标往往是企业或者品牌的长期发展;广告运动的地域范围更广,运动周期更

---

① 　张金海:《广告运动策划教程》,北京大学出版社 2006 年版,第 5—6 页。

长；它对媒体组合运用的要求也更高，通常要对几种媒体进行整合运用。同样，整体广告运动策划的效果更为长远，效果评估也更为复杂。

2. 根据广告策划的目标划分

每一个广告策划都有一个具体的目标，无论是策划方案的制作还是执行都必须紧紧围绕这个目标开展。无论是广告运动还是单项广告活动，都可以根据策划目标的不同，重新进行划分。单项广告活动的目标更为直接，因此它也可以根据目标的不同划分为促销广告策划、活动广告策划、劝服广告策划等很多种类。不同的广告策划针对不同的目标，因此在执行策划方面所需要的时间、费用和媒体选择也有着很大不同。

当然，就广告公司而言，它的策划业务包括商业策划、政府形象策划、社会活动策划。常见的 CI 策划、产品策划、公关策划等都属于策划业务的主要部分——商业策划，政府形象策划和社会活动策划近些年来也越来越得到政府和广告公司的重视，成为政府和企业进行自我形象宣传的重要手段。

3. 根据广告策划的对象划分

广告策划具有鲜明的目的性，在广告策划在制定之初，策划者就必须明确广告策划的对象。广告的产品并非只是消费品，还包括许多工业品，广告可以根据产品内容的不同划分为 B2B(Business to Business)和 B2C(Business to Customer)。

在策划的过程中，必须根据对象的不同调整整个策划的内容，从最初的调查到最后的评估，都是大有不同的。相对而言，针对消费品的策划需要充分估计目标消费者的消费习惯和消费心理，根据瞬息万变的市场情况进行策划，因此更为复杂；而工业品的消费者多为相关的企业，在购买和使用习惯上区别不大，因此策划过程也相对简单。但是由于工业品的卷入度较高，因此在进行策划的时候，同样要根据调查进行科学的策划。

二、广告策划的步骤

广告策划有着严格的系统性，因此策划过程必须按照明确的步骤进行。广告策划的整个过程是一个严密的系统，各个部分前后相联，不仅要各司其职，更要通力协作，只有这样，才能很好地完成策划方案。

通常而言，一个广告策划由以下阶段和步骤构成，大多数的策划都必须遵循这种步骤：

1. 分析阶段——市场调查，对营销环境、消费者、产品、企业和竞争对手的分析。

2. 规划阶段——制定广告目标，确定产品定位、广告诉求、广告创意表现、广告媒介、促销等一系列广告策略的研讨和决策,同时制定广告计划,确定费用预算,研讨并确定广告效果预算和监测的方法,撰写并对广告策划书进行修改。

3. 执行阶段——广告表现计划的实施,广告媒介计划的实施,其他活动的具体实施。

4. 控制阶段——广告效果的检测与评估,广告策划的总结。

根据以上步骤,整个广告策划过程又可以具体细化为以下流程。无论是哪种类型的广告策划,都应按这种流程进行。

1. 组建以客户或产品命名的广告策划小组,负责整体策划工作。一个广告策划小组一般应由以下人员组成:业务主管、文案、创意人员、美术设计人员、市场调研人员、媒介联络人员、公关人员、策划人员等。广告策划的主体是广告策划小组而非个人,策划的效果必须由广告策划团队的运作来保证。广告策划的多人协作并不是人员数量的简单叠加,而是根据不同内容和环节的需要,寻求在知识、技能、经验等方面的最佳组合。

2. 策划小组制定工作时间表,以保证广告策划的各个步骤在规定的时间内完成。

3. 经协商向各部门具体工作人员下达任务。

4. 策划小组进行分析性研讨,讨论广告策划的市场分析阶段的全部内容。

5. 策划小组进行战略决策性研讨,讨论战略规划阶段的全部内容。

6. 广告策划小组进行战术性研讨,确定具体的广告实施计划。

7. 撰写广告策划书。

8. 向客户递交广告策划书并由其审核,并对重点问题进行必要的解释和说明,再根据客户的反馈修订策划书。

9. 将策划意图交给各个职能部门实施,包括组织广告作品的设计、制造和发布。策划小组监督各职能部门的实施过程,并对不适之处加以修正。

10. 进行广告策划活动的总结并撰写用于存档的总结报告。

随着广告策划的发展,这种流程和步骤也会根据具体策划对象而有所调整,但是广告策划的系统性和整体性依然应该遵循,不能随意改变其先后顺序甚至删除某些步骤。

第四节　广告策划人的基本素质和培养

一、策划人的"金三角"

1. 想象创造——策划之本

广告策划是一种创造性活动,是一场精彩绝伦的"演出"。因此策划人必须像艺术家那样,富有想象力和创造力,策划的成功依赖于其内容的独特性、排他性及不可替代性。

早在 1992 年哥伦布发现美洲大陆 500 周年之际,美国土地公司推出了"拥有一片美国"销售活动。购买者掏钱买一份美国土地证书,就可以在美国 50 个州都拥有 50 平方英寸土地。可以赠与、转让、继承,但不可以开发建设。这个行动的策划者史考特·摩格将"拥有"这一最富丽、最诱惑、最能浸泡梦想的创意变成了商业行为,50 平方英寸,只能踏上一只脚,而"拥有"却有着无限梦想的空间,让人怦然心动。这个创意行为获得了空前的成功。

加利福尼亚大学性格研究所弗朗克巴伦教授通过研究发现,有创造力的人比常人更能接触潜意识生活,如幻想、梦幻、想象世界。因此,策划人必须有较高的文化品位,对绘画、音乐、文学有高度的敏感,才能使其思维飘逸、轻灵,才能使其策划高人一筹。

2. 坚韧顽强——策划之剑

任何策划都不可能从开始到实现一帆风顺,现代社会各类关系错综复杂,即使用最先进、最大容量的电子计算机也不可能算清一件事物的方方面面。意外、突发的困难是难免的,关键在于如何去对待它,如何去克服它。

美国土地公司总裁、"拥有一片美国"活动的创意策划人史考特·摩格在上海接受采访时,谈到活动创意背景,他说:"去买几块地并不困难,困难的是让这一切都合法地进行。""这个计划、这个梦想在我脑子里成形到实现,并成为商品来出售,整整经历了 10 年的光阴。10 年的推广过程可以说历尽艰辛,许多一起工作的朋友都说这是不可能成功的,而今天我成功了。"

因此,只有具备坚韧顽强的毅力的策划人,才有可能成功策划一个在常人看来不可能的项目,才能把策划推向成功。

3. 谨慎细心——策划之盾

策划是个系统工程。它从产生于头脑到付诸实施,期间要经历许多的环节,而且一环扣一环,任何一个环节的失误,都有可能对全局造成不可挽回的损失。因此策划人必须用谨慎和细心来为他的策划构筑一张防护之盾,计中有计,谋外有谋。

史考特·摩格在"拥有一片美国"活动中便想到了不少细节问题,并在活动期间不断寻求各方支持,如美国 SEC(证券管理委员会)的认可,各州土地局的认可;为杜绝税务方面的纰漏,他还找了知名的会计师事务所,设立了永久性的基金以交纳土地税;在面对媒体的采访时也是字斟句酌,小心翼翼。这些谨慎细心的做法保证了他的设想最终一步一步变成了事实。"拥有一片美国"在中国大陆的独家总经销商深圳海王集团也同样保持了足够的谨慎与细心,为论证此事的可操作性,他们曾经与其法律顾问康达律师事务所前后花了五个月时间,研究检查了全部法律文件,认为"拥有一片美国"活动在中国大陆的销售符合两国法律,并请中国驻洛杉矶总领事馆作了认定,经中国有关部门批准后,才与美国公司签订了这一活动在中国大陆总经销的合同。

如果将"金三角"的外延进一步拓展,就会发现,一个杰出的策划人必须具备多方面的素质。首先,策划人必须是一专多能的复合型人。策划是一项融高度知识、智慧以及现代高新技术于一体的事业,策划人不仅是创意策划领域的专家,还应该拥有多学科、多门类的专业知识。因此,策划界必须注意跟踪当今世界新理论、新技术,注意培养一大批高水平、复合型,具有强烈创新意识、敬业精神的高级人才。

策划不是凭空而来的,每一个精心的策划,都是策划人的智慧与辛勤劳动的结晶。策划人是策划活动中的关键要素。从思维的角度而言,策划家必须具备以下一些基本的思维能力和素养:

1. 超常思维:超越常规、反常规的思维方式。只有建立在客观物质基础上的有科学依据的超常思维才是可取的有价值的思维。这些超常思维包括:逆向思维、超越思维、超前思维、新异思维、非传统思维等等。

2. 系统思维:特别强调整合的重要性。策划中的整合丰富多样,例如时间组合、空间组合等。这就要求策划人拥有像立体几何数学家那样的空间想象、思维能力。

3. 科学思维:策划人要强调唯实思维,因为任何创意都是从实际出发、从调查研究中得来。

4. 辩证思维:策划过程中必须因时、因地、因事制宜。策划人如果没有辩证思维的能力,策划创意工作就容易走进死胡同。

二、策划能力的培养与训练

1. 请多与同事以外的人交往——开阔视野

每个人都有自己的生活圈子,"圈"很可能成为限制一个人思维的套子,圈子狭窄更是不利于培养策划人的发散性思维。策划人需要多交往同事以外的朋友,与各行业的人随时保持联络,这样,除了可以交流信息情报外,更重要的是能够接触到不同的想法,拓展自己的视野,扩大思考的范围。

日本是一个企业策划较发达的国家。日本的企业策划人员常参加各种研讨会,像 MCEI(管理者国际市场交流会);也有些自发创建的聚会性质的业务交流会,如"薪水阶组研讨会"等等,为不同行业者相互交流提供了良好机会。

2. 从逛街等日常小事中培养感觉——刺激想象力

策划人要像小学生那样,随时随地地提一些看似可笑的问题。比如在普普通通的逛街中,你都应当经常问自己:"为什么会这样""为什么又是那样",并尽可能为自己找到千奇百怪的答案。参观各种店铺,看看各家厂商如何展示新产品,参考别人宣传、销售的方法以及顾客的反应,一定能够刺激自己的创意及思考。外出旅游或出差,也应培养思考习惯,如看看当地的景观商业区的情形,进行比较思考。策划人应该利用一切机会,去多看多体验,互动式地接触更多的信息,以间接培养自己的创造力。

3. 学习策划的技术

策划人必需掌握甚至精通与策划相关的专门技术。日本策划专家星野匡先生认为,这些相关技术包括:

(1)信息收集、分析技术,包括设计调查表和采访调查;

(2)构想设计能力;

(3)展现策划案的技术,懂得如何用文字来表现策划案;

(4)管理运营的技巧,如营销学。

4. 多尝试亲身体验的感觉

在很多活动的操作过程中,有人常在策划案提交之后并不参与活动的实施过程。事实上,亲身体验整个活动的过程,不但可以对策划活动的效果做出切实的评估,还能从中学到很多实战知识。

5. 不放弃实践的梦想

乍看很难实现的事最终可能就成为事实,而且一旦成为事实就具有很强的冲击力。别放弃尝试,如一个城市的都市格局设计可以应用在商品设计、橱窗陈列上;电影制作中的特殊效果可以应用在宣传活动上……

本章小结

广告策划发源于策划,又有所发展。现代策划最早发端于公共关系领域。广告策划是通过周密的市场调查和系统的分析,利用已掌握的知识、情报和手段,合理并有效地布局广告活动的过程,是对广告活动所进行的事前性和全局性的筹划和打算。广告策划是策划的一个应用领域,从广告活动角度看,广告策划本身有一个大系统,是一个动态的过程,是广告决策的形成过程,一系列的决策包括确立广告目标、明确诉求对象、制定广告战略、确定广告主题、构思广告创意、选择并组合广告媒体、进行广告预算及效果评估等。现代广告策划又分为整体广告运动策划和单一广告活动策划。

广告策划具有目的性、超前性、系统性、创造性、现实可行性、调试性、可评估性等特征,它使广告活动目标更加明确、使广告活动效益更加显著、使广告活动更具竞争力、能提高广告业的服务水平。

广告策划根据不同的划分标准,可以划分为不同类型。但是无论哪种类型,都遵循以下步骤:分析阶段、规划阶段、执行阶段和控制阶段。

广告策划人必须具备相应的素质,并从多方面对自己进行不断的培养和锻炼。

思考练习

1. 广告策划的特性是什么?
2. 怎样理解广告策划的内涵和作用?
3. 广告策划可以根据哪些标准分为哪些类型?
4. 从自身出发体会并理解策划人的"金三角"。

推荐阅读书目

推荐给未来策划家的 10 本书

策划的博大精深决定了策划者必须具备博学多识的深厚功底,下面介绍的 10 本书涵盖了政治、经济、文学、军事、思维学等各方面的内容,是人类文明的精华。特向未来的策划家推荐,以供专门的研究和提高策划功力。

1.《孙子兵法》 孙子著

在美国百事可乐公司总裁罗杰·恩里科的办公桌上,赫然摆着的便是这部人类兵学圣典的英译本。正如明末兵学家茅元仪所言:"前孙子者,孙子不能遗;后孙子者,不能遗孙子。"2000 多年后的今人谈起《孙子》来,还是能屡屡激发智慧的火花。其奇正、利害、阳阴和神速等制胜策略,敌我、众寡、强弱、攻守、进退、虚实和动静等辩证思想,都可为策划人所用。英国著名战略理论家利德尔·哈特曾评说道："《孙子兵法》是世界上最早的军事名作,其内容之博大,论述之精深,后世无出其右者。"欲成策划家者,不可不汲取此书谋略之精华。

2.《三国演义》 罗贯中著

《三国演义》可以说是在中国流传最广、影响最深的历史小说。在近邻日本,竟有数以百计的"三国迷俱乐部",成千上万的日本人把《三国演义》看成人生训、处世方、成功法、组织学、领导术、战略论。日本企业家更是把它奉为"经营教科书"。《三国演义》"七分事实三分虚构",以全局的视角,精彩地描绘了从东汉末年群雄蜂起,通过激烈竞争,形成魏、蜀、吴三国鼎立的局面,最后到司马氏凭借曹操打下的基础,一统天下的历史过程。书中惊心动魄的军事、政治和外交的争斗,攻守、战和、取予、分合复杂而微妙的运用,内容之丰富、情节之曲折、运用之奇妙,令人叹为观止。《三国演义》中蕴含的政治学、军事学、外交学、人才学、管理学、谋略学、运筹学、伦理学的精髓,足以成为策划家思想的源泉,而书中展示的百年宏浑历史画卷,也足以成为策划家宽阔的"试演"空间与想象舞台。

3.《毛泽东选集》 毛泽东著

《毛泽东选集》是这10本书中唯一的一本政治学著作,但其恢宏精深的思想,严谨朴实的思辨,充满想象的浪漫,委实是一位需理解政治如何运行的策划家所必须研读的"红宝书"。

书中这位缔造新中国并影响整个世界进展的伟人的思想,是非常值得策划家细细揣摩的:如对各种政治力量如何平衡、疏导、为我所用(《论联合政府》);如何洞察时势(《论持久战》);如何探索富有中国特色的战略(《中国革命战争的战略问题》);如何进行调查分析(《农村调查》、《湖南农民运动考察报告》)……整部《毛泽东选集》是这位伟人恢宏的政治谋划书。若以策划的眼光读这本宝书,一定会读出崭新的感悟。

4.《企画力》 坂田弘毅著

坂田弘毅凭着自己从事广告业、咨询业的经验写成的名著,在中国香港、台湾地区十分畅销,多次再版。虽然日本的"企画"概念和我国的"策划"并不完全相同,但其中论述的企画的原则,如"企画是活用他人的智慧与金钱","是一出令人愉快的戏剧","企画要当机立断","应放弃固定模式","必须考虑他人利益","要根据人类的行为来规划";企画的观念,如"企画应贯彻第一主义","应超脱经验之外",应"膨胀扩充"、"大胆假设"、"追求完美"、"满足欲望"、"领先攻击",引导企画走向成功的步骤、品质、效用、舒适、完美是企画的哲学;企画失败的原因等等。这些从实践中升华出来的经验,都能给策划家以理论上的深层思考,非常有见地。

本书是一本打破思想桎梏的好书,其间智慧的火花常令人击节而叹,相信能给你带来创造的新契机。

5.《策略家的智慧》 大前研一著

作者是一家国际性管理顾问公司的管理顾问,经验非常丰富。他的这本书充满了极具创造力的经验火花,非常值得一读。

大前研一认为:"成功的经营策略并非得自冷酷的分析,而是得自一种特殊的心态……见识与由此产生的成就驱动力,常常会升华为使命感,从而引发起一种基本上是创造性的、直觉性的,而不是理性的思考程序。"其实,这也可以说是策划的思路。大前研一在此书中对这一不同于西方的思路进行了精辟的论述,尤其是"集中于关键因素(KFS 法)","利用相对优势","主动攻击","利用策略自由度"等创造性的四招谋略,同样可为策划开辟新的思维空间。

6.《战争论》 [德]克劳塞维茨著

西方人把此书与中国的《孙子兵法》并列,它也确实是西方军事理论的奠基之作。

作者卡尔·冯·克劳塞维茨于 1780 年 6 月生于普鲁士,12 岁即参军,曾入柏林军营学校学习,并经常参加军事协会活动,研究军事、哲学、历史和文学,1818 年任柏林军官学校校长,9 月晋升少将。集 12 年对战史的精心研究和对军事理论的锐意探索,他终于写出了赫赫有名的三卷《战争论》。

《战争论》洋洋 70 万字,对战争的本质、军队建设、作战指导等问题作了较全面系统的理论概括。其中论述的战争目的和手段、统帅的素质、战争的基本要素、战略的构成、战略要素的分析、主力会战的特点等等,均有神来之笔。此书是西方谋略思想的起点,值得借此了解西方思维艺术的优点。

7.《莎士比亚戏剧全集》 莎士比亚著

基于策划是一场精彩的演出这一论点,未来的策划家不妨读一些戏剧脚本,看看文学家是如何设置高潮和低潮,如何推进情节进展,如何扮演角色的,并通过剧本理解形形色色的人的欲望与追求(这是策划的要旨之一!),这种艺术的推想对策划必有裨益。而莎士比亚在戏剧方面的成就与造诣无人能出其右。

莎士比亚是英国文艺复兴时期的戏剧家、诗人。他 20 岁到伦敦谋生,当过剧场杂差、演员、编剧等。其著述甚多,留存剧本 37 部,均为传世经典。从前英国牛津大学图书馆珍藏的对开本莎士比亚全集是用铁链系锁在一张书桌上的,大学生只能站着阅读,因为看书的人实在太多。

莎士比亚剧作中的《罗密欧与朱丽叶》是世界文学史上公认的爱情悲剧的典范,该剧捕捉的是人类爱情的巨大能量和高度凝聚的无限生命力:高尚的动机、极端的激情在意大利的气候、节日的景象,欢乐的十四行诗以及光彩夺目、奇思妙想的华丽语言的烘托下绽放出奇光异彩,动人魂魄。另外,《威尼斯商人》、《哈姆雷特》、《奥赛罗》、《李尔王》、《麦克佩斯》等也都有着动人心弦的无限魅力。读时探索其魅力背后的奥秘,深察种种人物的欲望、个性,将使你的策划也充满迷人的吸引力。

8.《创新和企业家精神》 彼得·德鲁克著

彼得·德鲁克是当代西方企业管理学的权威,在国际上享有很高的声誉,其名著《有效的管理者》、《动荡年代的管理》、《管理学》流行于世界各国政界、经济界和企业界,并为西方报刊广泛引用。

《创新和企业家精神》是德鲁克最有代表性的著作之一,其中论述的创新机会的七个来源,极富时代的洞察力,足为策划家分析时势、捕捉时机所用;书中所分析的四种开拓进取的战略,也有着谋略的眼光,足以为策划家的奇思异想提供战略武器,而且书中充满丰富的实例和具体的经验,读来生动活泼,极具启发性。

9.《一个广告人的自白》 大卫·奥格威著

大卫·奥格威是世界著名广告公司奥美广告公司的创办人,他早年当过厨师、推销员、市场调查员、农夫及英国情报局职工,有着丰富的阅历。他创办于1948年的奥美广告公司现在已发展成为在世界53个国家设有278个分公司的国际广告公司。

大卫·奥格威名著《一个广告人的自白》可以说是奥格威一生经验和阅历的总结,论述"怎样经营广告公司"、"怎样争取客户"、"怎样维系客户"、"怎样创作高水平的广告"、"怎样编绘广告插图"、"怎样制作上乘的电视广告"等等,妙趣横生,充满了他的智慧和思想,未来的策划家可引为良师和榜样。

10.《我是最懂创造力的人物》 亚历斯·奥斯本著

亚历斯·奥斯本博士是美国最权威的从事创造力开发研究的学者,他主持的美国创造力教育基金会所提交的研究工作报告,不但成为哈佛大学、麻省理工学院等数百所大学的研习教材,更是各大企业财团争相采纳实施的蓝本。

此书一出版即被抢译成各国文字,发行数量不下百万本,据说是西方发行量仅次于《圣经》的畅销书。书中介绍了创造力的障碍、发展创造力的办法、开发创意的原则、使创意更为活泼的手段、创意产生的加、减、乘、除、替代、相反、结合方式等等,这些点石成金的方法给人以非同寻常的启发,未来的策划家读此书定能受益匪浅。

第二章　广告策划与营销传播

── **关键概念** ──

市场营销　传播　营销传播要素　整合营销传播

── **学习目标** ──

1. 理清营销观念演进所经历的五个阶段，及其相对应的广告观念；

2. 明确营销传播要素的内容，以及它们彼此之间的互动关系；

3. 把握作为一种营销传播的广告与传播学和营销学有着怎样的互动；

4. 体会整合营销传播给业界和学界带来的巨大影响，以及在这种背景下广告策划又有着怎样的新发展。

第一节　广告策划与营销学的互动

广告自古就有，现代意义上的广告却是在商品经济充分发展后才产生的。广告无论怎么发展，都沿着社会经济发展的脉络，所以广告一直被称为社会经济的"晴雨表"。市场营销的发展，与社会经济的发展更是息息相关。

一、营销概念与观念演进

营销，英文 marketing，常被译为"市场营销"、"行销"等。美国市场营销协会（AMA）将其定义为：研究引导商品和服务从生产者到达消费者和使用者的过程；美国西北大学营销学教授菲利普·科特勒则将其定义为：营销是个人和集体通过创造，提供出售，并同别人自由交换产品和价值，以获得其所需所欲之物的一种社会过程。①

────────────

① 菲利普·科特勒：《营销管理》，梅清豪译，上海人民出版社 2003 年版，第 12 页。

美国市场营销协会出版的《营销学术辞典》中对"营销"的定义是:"营销是能够满足个体和组织交换目的的方案制订,以及实施创意、定价、促销并且在理念、商品和服务方面进行分销的过程。"《营销学基础和实践》一书将其定义为"有效确认、参与并满足消费者需求的管理过程"。

随着营销理论和实务的发展,西德尼·菲维和菲利浦·科特勒等人在 20世纪 70 年代又提出了"扩大的营销"概念,认为营销不仅仅适用于产品和服务,也适用于组织、人、地方和意识形态,即人类所有社会活动中都充满营销行为。

国内营销理论的发展尽管起步较晚,但自从引入西方的理论之后,获得了巨大的发展。国内学者普遍认为:所谓市场营销,就是在变化的市场环境中,旨在满足消费者需要,实现企业目标的商务活动过程,包括市场调研、选择目标市场、产品开发、产品定价、渠道选择、产品促销、产品储存与运输、产品销售、提供服务等一系列与市场有关的企业业务经营活动。①

在营销活动中,有不同的营销思想对其进行指导。现代市场营销观念主要为以下五种:生产观念、产品观念、推销观念、市场营销观念、社会营销观念。

1. 生产观念

20 世纪 20 年代以前,这种以企业的生产为中心的营销观念曾经风靡一时,它的基本特点就是企业以生产为中心,生产什么产品,就销售什么产品;只要产品生产出来,就不怕没有销路,根本无需市场调研等。

在经济和技术比较落后,商品供不应求的条件下,企业只要集中力量抓生产、增产量,降低成本,在销售方面不用下工夫,便能获得利润。这种"以产定销"的观念,就产生在当时卖方市场这个背景下。

在特定时期,生产观念很流行。在当代中国,由于某些产品的长期供不应求或者限制生产,这种观念仍存在着。

2. 产品观念

这种营销观念仍然是建立在卖方市场的基础上的。但生产观念强调的是"量",而产品观念则充分认识到"质"的重要性,因此相对于生产观念而言,它是一种进步。它认为消费者总是喜欢物美价廉或具有某些创新特色的东西,只要生产者能够生产出这样的产品,就会受消费者欢迎,无需其他推销活动。因此,这种观念导向的公司很少让顾客介入,也很少考虑竞争者的产品。

产品观念则会引发由西奥多·李维特(Theodore Levitt)教授提出的"营

---

① 纪宝成、吕一林:《市场营销学教程》,中国人民大学出版社 2002 年版,第 17 页。

销近视症"(market myopia)①。他在书中指出,顾客并非在购买一种产品,而是在购买一种解决问题的方法或是释放情绪的手段;许多企业在应当朝窗外看的时候,却总是朝镜子里面看,因此他们不能看到更多更远的危险,而只是关注眼前。

3. 推销观念

推销观念不同于以上的两种观念,它是建立在买方市场的基础上的。20世纪 20 年代末的经济危机使产品积压,科技的进步促进了生产大发展,带来了产品的极大丰富,以往任何一种营销观念都不能指导商品的销售。推销观念应运而生。

这种观念认为消费者和企业不会主动足量地去购买某一产品,公司应该采用积极的方式刺激购买。可口可乐公司前营销副总裁瑟奇・西门(Sergio Zyman)的话充分说明了推销观念的特质:营销就是销售更多的商品给更多的人,获得更多的收入,从而赢得更多的利润。②

当产品供大于求时,大多数的公司都采用推销观念。而且,推销被大量地运用于推销那些非渴求产品,即购买者一般不会想到要去购买的产品。尽管推销观念提高了销售在企业经营管理中的地位,但它仍然是建立在"企业生产什么就卖什么"的"以产定销"的基础上,仍是以生产为中心。

4. 营销观念

出现于 20 世纪 50 年代中期的营销观念是对之前三种观念的挑战:它是真正以顾客为中心的,它象征着以产品为中心的工业时代进入了以消费者为中心的信息时代。全球经济一体化、科技革命导致经济发展加速,产品供过于求,市场竞争激烈,因此导致了营销观念的巨大变革。

营销观念把实现目标的关键定位在正确确定目标市场的需要和欲望,从而比竞争者更有成效地去组织生产和销售。比较推销观念和营销观念的区别,我们不难发现:推销观念的出发点是卖方需求,注重卖方需求;营销观念则注重买方的需求,考虑如何通过产品以及与创造、传送产品和最终消费产品有关的所有事情,来满足顾客的需求。

这种营销观念符合生产是为了消费的基本原理,解决了很多产销之间的矛盾,因此得到了广泛的关注,成为当代市场营销学研究中的主线。

5. 社会营销观念

任何一种营销观念的出现都与社会环境密切相关,出现于 20 世纪 70 年

---

① Theodore Levitt. Marketing Myopia. *Harvard Business Review*. July-August 1960,45—56.

② Sergio Zyman. *The End of Marketing as We Know It*. New York:Harper Business,1999.

代的社会营销观念也不例外。社会营销观念就是在环境恶化、资源短缺、人口爆炸性增长、世界性饥荒和贫困、社会服务被忽视的年代被提出的,它回避了消费者需要、消费者利益和社会福利之间隐含的冲突。

这种营销观念强调将企业利润、消费需要、社会利益三个方面统一起来。它认为企业在提供产品的时候,不仅要满足消费者的需要和欲望,还要满足社会的长远利益。尽管这种营销观念的执行力一再受到怀疑,但是仍然有很多企业为此不断努力,为社会的长远利益和可持续发展作出自己的贡献。

综合以上五种营销观念,又可以根据出发点的不同把他们分为两大类:传统经营观念和新型经营观念。传统营销观念包括生产观念、产品观念和推销观念,它的出发点是产品,是以卖方(企业)为中心的,是典型的"以产定销"的方式;新型的营销观念包括市场营销观念和社会营销观念,出发点是消费者需求,是以买方(消费者)为中心的,是典型的"市场导向"的经营观念,而且社会营销观念还把整个社会的进步与发展纳入思考的体系中,得到了更多的关注和好评。

企业应随着自身需要和社会进步,不断调整营销观念,以获得更好的发展。但这五种营销观念并非是互相替代的,而是同时并存的。在一个社会中,既有以生产观念、产品观念为营销思想,指导企业经营管理的企业,也有以市场营销观念为指针的企业,同时还存在着以社会营销观念为指导,受到消费者和社会的一致好评,并且获得了巨大的经济效益的企业。无论采用哪种营销观念,都必须符合企业的发展阶段和行业特征,不违背消费者和社会的整体利益,同时也必须在发展中不断调整,才能起到积极有效的作用。

二、市场营销学对广告策划的指导作用

如我们在上文所提到的,广告是一种营销传播。作为营销传播的一种,广告必然是以营销为目标的。按照传统的市场营销学观点,广告属于市场营销4P(产品、价格、渠道、促销)中的促销因素。它的本质就是营销。而广告策划作为广告的一个部分,也必然和营销学之间有着千丝万缕的关系。

市场营销学指导着广告策划的整个过程。或者说,广告策划作为广告运动的主体部分,发源于企业的市场营销活动,服务于企业的市场营销活动,正是市场营销活动给广告策划提供了重要的目标和依据。我们从市场营销的产品概念、市场占有方式和产品生命周期等几个方面,就可以看出市场营销对广告策划的影响力。

1. 不同的产品概念产生不同的广告策划

市场营销学把产品概念分为三个层次,依次为核心产品、形式产品、附加

产品。其中,核心产品指的是顾客真正购买的利益或者服务。比如,购买一床被子,顾客真正购买的是那种盖在身上的"温暖"。形式产品,则是核心产品的表现形式。比如这床被子是用桑蚕丝、羽绒还是棉花制作的,尽管这些因素会影响产品的价格、购买人群甚至渠道,但也都是顾客所购买的"温暖"这一核心产品的形式。附加产品,就是增加的服务或者利益,这一层次的产品并不会直接影响前面两个层次的产品概念,但是在现代营销中,它却成为抢占消费者心智的重要因素之一。比如买家电 24 小时送货上门、免费安装等,都在产品同质化严重的市场竞争中给企业更多的被选择机会。

一旦产品概念确定,就应该据此进行广告策划,有针对性地进行广告运动,以真正实现促销目的,增加企业利润。

2. 不同的市场占有方式产生不同的广告策划

对企业而言,占有市场的方式有四种:市场领导者、市场挑战者、市场追随者、市场补缺者。市场领导者要不断实现利益的扩大,使其市场份额保持绝对优势地位。因此,就要求广告策划运用超越性导向的广告活动来实现营销目的,不断巩固自己的市场地位,获得更多的盈利。市场挑战者在激烈的市场竞争中位居第二,有着超越和取代市场领导者的可能,因此它的广告策划是针对领导者提出的,有着抢占市场份额、获得更高利润的目标。市场追随者在市场份额或者盈利上很难对领导者或者挑战者构成威胁,它的目标主要是保持自己现有份额,不被其他企业吞并,在可能的情况下扩大自己的份额。因此它的广告策划,或是降低费用,与领导者和挑战者保持距离;或是穷追猛打,进行大规模的广告攻势,开拓市场。市场补缺者,强调的是"补缺",也就是说尽管在企业规模或者盈利上,并没有优势,但是在某一领域它有着别人所没有的优势。因此,这种广告策划要具有专业性和针对性,直接诉求"补缺",突出领域专家的身份,也能获得更多的市场机会。

3. 不同的产品生命周期产生不同的广告策划

营销学理论将产品生命周期分为导入期、成长期、成熟期、衰退期四个阶段。在四个不同的阶段,广告策划必须与产品的阶段特征相结合,才能实现营销目标。

在产品导入期,新产品的知名度还很低,产品特征未能被消费者所了解,这就要求广告策划必须重视产品特点的宣传,培育潜在消费者,打开产品知名度,开拓新的市场;在产品成长期,产品逐渐被消费者接受,这个时候广告策划需要利用媒介进一步扩大产品的知名度,并培育产品在消费者心目中的美誉度,为获得更大的市场份额和利润做努力;在产品成熟期,产品和企业各项利益已经到达了最高点,广告策划的目标是为了维持忠诚消费者的使用,提醒消费者的反复购买,尽可能地获得利润;在产品衰退期,销售量已经下降,这个时期广告策划的重点就是宣传产品的改良或者是新用途,提醒高度忠诚消费者的购买。

不同的产品、不同的市场占有方式、不同的生命周期,都是广告策划前必须充分考虑的因素。只有这样才能对广告策划的重点加以调整,才能真正实现促销的目的。这也充分体现了市场营销学对广告策划的指导作用。

三、广告策划对市场营销的促进作用

尽管市场营销学的出现和发展早于广告学,市场营销也一直指导着广告的发展,但是,这些并不能改变广告在企业营销中占据举足轻重地位的事实。对现代企业而言,广告是市场营销活动中不可缺少的部分,它在开拓和发展市场、打开知名度、培育忠诚消费者方面有十分重要的作用。因此,有人把它称为"产、供、销系统的润滑剂"等。作为广告运动重要组成部分的广告策划,对企业营销也同样发挥着以下作用:

1. 开拓市场。现代社会是信息社会,在企业从生产到营销的各个环节中,广告便起了重要的信息沟通作用。广告策划从调查开始,这个过程是对市场信息、消费者信息、竞争对手信息和产品信息的一个整合分析过程。广告策划的主体部分,是建立在对以上信息进行综合处理的基础上的,并通过广告运动和广告媒体,向消费者传递信息。广告策划的最后评估,也是对所有信息的一个反馈,或者说广告策划评估的结论,是营销的重要依据和总结,同时也是下一个营销活动的开始。所以说,广告策划能够有效地开拓市场,为市场营销提供信息上的有利帮助。

2. 创造市场。广告一直都是以创造需求和消费欲望为目的的,只有这种消费市场被创造出来,市场营销的其他工具才能协调运用,实现营销目标。这就从很大意义上说明了广告能够有效地创造市场。而且,这个市场往往存在于消费者的心智之中。也就是说,只有消费者内心对产品的渴望被广告发掘出来,才能实现进一步的营销活动。无论是怎样的产品概念,只有相应的市场被创造出来了,企业才能实现其营销目标。而广告策划是对广告运动的一个整体规划,也是一个重要的纲领。因此,从这个意义上说,广告策划能够帮助企业创造市场。

3. 占领市场。广告的作用不只存在于市场营销的前期,越来越多的企业开始关注广告作为一种信息传播手段,能够起到提醒消费者注意、唤醒消费需求的功能。也就是说,即使是在市面上生存已久的产品和企业,仍然需要通过广告不断引起那些潜在消费者注意,并巩固忠诚消费者。因为这部分数量只

占消费者总量百分之二十的忠诚消费者,给企业带来了百分之八十的利润。在抢占了消费者心智市场之后,市场营销的一切手段,都围绕如何建立一个强大的品牌,而不再停留在单纯的物质利益层面。这也是包括广告策划在内的营销手段的最终目标。

随着市场营销理论和广告理论的不断丰富和发展,他们之间的关系也会被更多地探讨,同时广告策划作为 4P 中 Place(渠道)这一因素的一部分、市场营销指导着广告策划、广告策划又不断为市场营销服务这些不可否认的事实,也会得到进一步的理论深化和探索。

第二节 广告策划与传播学的互动

如我们在上文中所说的,广告是一种营销传播。这就说明,广告是传播的一种,因此它必然有着传播的本质特征,并在此基础上加以发展,从而实现自己的营销目的。同时,广告是一种目的性非常强的传播,是以媒介为载体、以人为目标、以产品信息为内容的传播。

在以下内容中,我们将对传播学进行一个粗略的回顾,并在这种回顾之后,剖析它与广告策划之间千丝万缕的联系。

一、传播的定义和种类

传播学是 20 世纪出现的一门新兴社会科学。"传播"一词,英文为 communication,起源于拉丁语的 communicatio 和 communis,它的含义也衍生为"通信"、"交流"、"交往"等。美国社会学家库利在 1909 年出版的《社会组织》一书中为传播下了这样一个定义:"传播指的是人与人关系赖以成立和发展的机制——包括一切精神象征及其在空间中得到传递、在时间上得到保存的手段。它包括表情、态度、动作、声调、语言、文章、印刷品、铁路、电报、电话以及人类征服空间和时间的其他任何最新成果。"[①]很显然,库利突出强调了传播的社会关系性,他把传播看作是人与人关系得以成立和发展的基础。

在之后的传播学理论发展历程中,又有许多领域的专家提出了各自不同的见解,给"传播"一词下了形形色色的定义。在国内,获得学界普遍认可的是郭庆光教授在《传播学教程》中所提出的定义:"所谓传播,就是社会信息的传

---

① Cooley,Charles Horton. *Social Organization*:*A Study of the Larger Mind*. New York: Charles Scribner's Sons,1929. p. 45.

递或者社会信息系统的运行。"①

随着社会的发展,传播理论也不断丰富,为了更好地对传播现象加以研究,传播学家把主要的传播类型划分为人内传播、人际传播、群体传播、组织传播和大众传播五个类型。以下,将对这五个类型分别加以概述。

1. 人内传播

人内传播,又称为内向传播或者自我传播,是个人接受外部信息并在人体内部进行信息处理的活动。它是一切传播活动的基础。

人内传播是由人在自体进行并完成传播过程的传播行为,但这种过程并不是孤立的。它的两端都与外部保持联系,而且在本质上是对社会实践活动的反应。也正是这种积极能动的人内传播,才使得以人为主体的各种传播能够顺利进行。

这种人内传播的方式很多,比如人的阅读过程等,都是很好的例子。

2. 人际传播

人际传播是人类社会中最常见的传播方式,它是个人与个人之间的信息传播活动,是由两个个体系统相互连接组成的新的信息传播系统。同时,由于它不再是传播个体内部的自我传播,而是涉及了另外一个社会构成因子——人,所以它又是最典型的社会传播活动。

人际传播在现实生活中的表现形式非常丰富,给好友打电话、通过即时聊天工具聊天、在商场听导购推销产品等,都是常见的人际传播方式。

3. 群体传播

日本社会学家岩原勉认为,群体指"具有特定的共同目标和共同归属感、存在着互动关系的复数个人的集合体"。因此,群体传播指的就是将共同目标和协作意愿加以链接和实现的过程。

群体传播的例子也很多,比如牧师向教徒进行传教等。但是,群体以及群体传播本身就是非常复杂的,在此我们不过多阐述,在传播学的相关书籍中,将会有更加深入的探讨。

4. 组织传播

组织传播是指组织所从事的信息活动,它包括两个方面,一是组织内传播,二是组织外传播,这两个方面都是组织生存和发展必不可少的保障。②

尽管组织传播有很多种专家下的不同定义,但它的基本功能都是通过信息传递把组织的各部分连接成有机整体,确保组织的生存发展和组织目标的

---

① 郭庆光:《传播学教程》,中国人民大学出版社 1999 年版,第 5 页。

② 郭庆光:《传播学教程》,中国人民大学出版社 1999 年版,第 101 页。

实现。无论是班会还是社团活动,都是组织传播的表现形式。

5. 大众传播

我们生活在一个大众传播的时代,报纸、电视、网络等大众传媒充斥了我们身边的每一个角落。大众传播是指"特定的社会集团通过文字(报纸、杂志、书籍)、电波(广播、电视)、电影等大众传播媒介,以图像、符号等形式,向不特定的多数人表达和传递信息的过程"。[①] 与其他传播方式不同的是,大众传播的传播者必定是从事信息生产和传播的专业化媒介组织,比如电视台或者电台、报社;大众传播的过程是大量复制的,它的信息有着文化属性和商品属性的双重属性;它的对象是社会上的一般大众,而非特定人群;并且这是一种单向性很强,被纳入国家社会制度轨道的制度化的社会传播。这种从传到受都十分复杂的传播形式,越来越受到学界和业界的关注。

由于大众传播过程与我们所要探讨的广告有着密不可分的联系,在接下来的部分,我们就将探讨它们之间的关系。

二、传播学对广告的理论观照

通过以上对五种传播基本方式的分析,我们把传统意义上的广告归为大众传播,也就是说,广告是企业通过大众传播媒介向社会公众传播产品或者企业信息的营销方式。在以下内容中,我们将从传播学的 5W 模式逐个分析传播学理论对广告的影响和作用。

5W 模式是由美国学者 H. 拉斯韦尔提出的。他在《传播在社会中的机构与功能》这篇论文中,首次提出构成传播过程的五个基本要素,然后将它们按照一定结构排序,形成了被称为"5W 模式"或"拉斯韦尔程式"的传播过程模式。5W 分别是英语五个疑问词的首字母:

- Who(谁)
- Say what(说了什么)
- In which channel(通过什么渠道)
- To whom(向谁说)
- With what effect(有什么效果)

英国传播学家 D. 麦奎尔等将这个模式做了以下图示:

---

① 沙莲香:《传播学》,中国人民大学出版社 1990 年版,第 145 页。

图1　拉斯韦尔的传播过程模式①

　　这个模式随着传播学理论的发展也显露出了它的不完善性,但它却第一次把与人们生活息息相关却阐释不清的传播活动明确表述为由五个清晰的环节和要素构成的过程。

　　那么,顺着这条思路,我们不妨把广告传播的整个过程,也分为这样的五个环节:

- Who:广告主
- Say what:广告信息
- In which channel:广告媒介
- To whom:广告受众
- With what effect:广告效果

　　广告传播的发出者,即广告主,可能是政府机关、社会组织,也可能是企业或者个人。不同的发出者,就决定了不同的广告信息,也决定了广告的不同性质。在传播学领域中,对传播者的研究即"控制研究"对整个传播过程的研究都有着重要意义。而在广告学研究范畴中,对广告主的研究同样是一个重要的研究内容。

　　广告传播的内容就是广告信息。它可能是直接的商品信息、企业信息,也可能是揭露某种社会不和谐现象、倡导文明的公益信息。无论是何种信息,都需要借助一定的表达方式,才能传播到位。广告创意便是对广告信息进行加工和处理,以最有利于消费者接受的方式传递信息。

　　广告传播的媒介,不仅包括进行我们常见的传播新闻信息的传统媒体,如广播、电视、报纸、杂志等,还有很多特定的具有广告效果的载体,如户外广告牌、传单、车体等。尽管在价格上传统媒体和新媒体不尽相同,但都是为了同一个目标——使广告信息尽可能准确地到达广告的目标受众,实现广告效果。

　　广告传播的受众,就是广告信息所到达的人群,专指接触了广告信息的那部分人。广告受众不等于广告目标消费者,因为并非所有的广告目标消费者都恰好接触了该种广告媒介,接受了这一广告信息;而接触这种媒介、这种信息的人,只有一部分是该产品的目标消费者。因此,在广告运动中,如何使媒介受众和广告消费者实现最大可能的重合,是关键的一环,选择目标消费者接

　　① Mcquail,D. & Windahl,S. *Communication Models*. London & New York:Longman,1981. p. 10.

触多、受其影响深的媒介,也是广告运动成功执行的重要因素。

广告效果,顾名思义就是广告运动执行后所获得的影响和效果,可以分为传播效果和营销效果两类。传播效果就是通过广告传播,企业和产品在知名度、美誉度等传播方面所获得的效果;营销效果,是广告运动执行后,在营销层面上给企业和产品带来的作用,主要表现为产品销量上升、市场占有量提高。对于任何一个商业广告,这两个效果都同时存在。在我们探讨传播学对广告策划的影响时,主要关注点就在于理清广告的传播效果,用多种方式提高广告的传播效果。

以上五个方面,既是传播学的五个研究领域,也是广告学范畴中被反复研究并不断取得成果的研究内容。纵观整个广告史和传播史,我们不难发现,在传播学理论得到发展之前,广告一直处于无理论的原始广告阶段;而近代尤其是 20 世纪以来传播学理论的丰富和完善,使广告学理论和实务都真正得到了高速发展,成为真正具有现代意义的广告运动和广告策划。

因此,无论是从纵向还是横向的角度看,传播学都对广告学的发展有着重大而深远的影响。

三、广告理论和实务的发展对传播学的影响

很多传播学理论都把广告学纳入自身的重要研究范围。如我们在上面所提到的,在广告学的发展过程中,传播学的受众理论、媒介理论、效果理论等都给广告理论和实务的发展提供了巨大的理论支持。同样,广告的本质是传播,传播学理论也在不断深化的广告理论和广告实务中获得了新的发展。

广告的发展,推动了传播学理论的发展。19 世纪末 20 世纪初,随着各种条件的成熟,广告进入了快速发展的阶段。无论是把广告当作"印在纸上的推销术",还是强调"消费者获得某种产品的心理满足"的情感氛围派,抑或是USP 理论等广告理论,都是促使传播学兴起的重要原因之一。USP 理论主张广告要宣传能打动消费者的点,吸引消费者,伯恩巴克则认为广告应该具有"与生俱来的戏剧性",这些都是在强调广告中的"传播"问题,都对传播学理论的出现和发展有重要的推动作用。

广告的发展,扩大了传播研究的范围。20 世纪 40 年代,传播学理论研究进入一个新的高潮,它的许多理论成果为广告学提供了充分的理论支持。同样,新的市场环境、新的传播学理论也使广告学有了新的发展。这一系列的发展,又反过来使传播学有了新的研究主题和新的研究领域,为传播学理论的不断演进提供了重要的内容。

广告的发展,促进了传播理论与应用的结合。广告的本质是传播,是一种

应用型的传播。传播理论可以很好地指导广告理论的发展,广告理论也丰富了传播学理论研究的外延。同时,作为一种应用传播,广告传播实现了传播理论与应用的结合,并且使这种能够指导实践的理论得到更多的发展,并得到实践的检验。

传播学理论和广告理论的相互促进,有效地推动了两者的共同发展,为今后的理论研究和实践发展,提供了重要依据。

第三节 广告策划在整合营销传播时代的新发展

在上文中,我们反复提到广告是一种营销传播。它的本质是传播,是通过媒介向受众传播企业或者产品信息,以实现营销目的。因此,在谈到广告运动或者广告策划时,我们必须在营销和传播的范畴内进行探讨。

在分析完广告策划与营销学、传播学的关系之后,在探讨广告策划与整合营销传播之间的关系之前,我们先对整合营销传播作一个大概的了解。

一、整合营销传播的定义与核心内涵

整合营销传播自出现以来就受到学界和业界的关注。整合营销传播(Integrated Marketing Communication,IMC)作为近些年来在营销界和广告界使用频率最高的一个概念,自其提出以来,引发了营销观念和广告传播观念的深刻变革。

美国西北大学营销学者丹·舒尔茨等教授于1993年在《整合营销传播》一书中,首次明确提出整合营销传播的概念,并下了这样的定义:"整合营销传播是关于营销传播规划的一种思想,它明确了综合规划所产生的附加价值。依靠综合规划,可以对一系列传播学科的战略角色进行评价(例如,普通广告、直接反应、促销及公共关系等),并且将其融合,从而使传播活动明了、一贯并获得最大的效果。"

美国广告公司协会(American Association of Advertising Agencies,4As)认为:"整合营销传播是一个营销传播计划概念,要求充分认识用来制定综合计划时所使用的各种带来附加值的传播手段——如普通广告、直接反映广告、销售促进和公共关系——并将之结合,提供具有良好清晰度、连贯性的信息,使传播影响力最大化。"

这两种定义的共同点在于:它们都充分肯定了整合营销传播是一种思想和观念,在运用的时候都能因为其手段的综合性而带来附加值,并且强调了效果的最大化。

而在后来的发展中,舒尔茨教授又为整合营销传播下了一个新定义:"整合营销传播是一个业务战略过程,它是指制定、优化、执行并评价协调的、可测度的、有说服力的品牌传播计划,这些活动的受众包括消费者、顾客、潜在顾客、内部和外部受众及其他目标。"在这个定义中,舒尔茨强调了整合营销传播是"一个业务战略过程"、一个"品牌传播计划",并且认为这种商业过程能形成一个封闭的回路系统,隐含地提供一种可以评价所有广告投资活动的机制,强调消费者及顾客对组织的当前及潜在的价值。

因此,我们不妨这样理解整合营销传播的核心内涵:以消费者为核心重组企业行为和市场行为,综合、协调使用各种形式的营销传播方式对准一致的目标,通过各种不同的传播渠道,传递一致的营销信息,树立一致的品牌形象,实现与消费者的双向沟通,与消费者建立长久的密切关系,有效实现营销传播效果的最大化。简而言之,就是从企业营销战略与营销目标出发,对企业的营销传播资源实现优化配置和系列整合,以确保企业营销传播的统一性、一致性、一贯性。①

二、广告与整合营销传播

整合营销传播概念的提出,使我们不得不用这种新的概念和观念,重新审视广告这一营销传播手段。

广告是一种营销传播,这在上文已经得到了反复的讨论;广告又不等于营销传播,而只是其中的一种。这也是我们在探讨广告的本质时,必须客观对待的事实。营销传播手段不只包括广告一种,公共关系、促销、人员推销、新闻宣传等都是很好的营销传播手段。单一的广告手段,无法实现营销传播的全部目标。如何把营销传播手段结合使用,以取得更好的传播效果和营销效果,是营销传播必须解决的难题。

广告究竟与整合营销传播有什么样的关系?这个问题被不断地提出,无论是学界还是业界,都不断有人尝试去回答。

广告作为一种营销传播手段,被包含在整合营销传播系统中。广告具有很多别的营销传播方式所没有的优势:冲击力强、信息传递直截了当、表现力丰富等,它在与恰当的媒体进行结合之后,效果最为显著,也最容易接触目标消费者。因此,企业在进行整合营销传播运作时,都会充分利用广告这一手段。

整合营销传播的执行,需要一个平台将各种营销传播手段进行整合。广

---

① 张金海:《20世纪广告传播理论研究》,武汉大学出版社 2002 年版,第 142 页。

告作为一种发展相对成熟、形式多样的营销传播手段,能够很好地承载起这个整合的任务。而且,也只有广告这种融合性强、表达方式多样的营销传播手段,才能适应越来越复杂的商业环境,面对不断分散的目标消费者,运用日益丰富的媒介形式和媒介内容,从而实现整合营销传播的目标。

广告传播在整合营销传播时代,获得了新的发展。整合营销传播强调的是各营销传播要素的整合,它对营销传播范围的界定非常宽泛,一切有关顾客与品牌接触的所有传播渠道都被包含其中,而且它又特别强调"沟通",这就使广告在整合营销传播时代,产生了与顾客进行沟通的新形式,比如互动广告等在近些年的发展,就很好地说明了广告在整合营销传播中所起的作用。

同时,也必须认识到:尽管广告具有整合其他营销传播手段的功能,却不等同于整个整合营销传播,不能过分夸大广告在整合营销传播系统中的功能。在整合营销传播得到重视,却未能真正得到正视的当今,许多国内企业和广告公司,就走入了这样一个误区:他们误把不同的广告形式和不同的媒介组合当成了整合营销传播,一味强调广告的整合作用,认为只要在不同的媒体上播放广告那么就一定能打动消费者,实现销售目标,而全然不顾其他营销传播手段。这种观念采用"地毯式轰炸",丝毫不顾企业和产品的特点,更没有通过这些特点去寻找最适合的媒介,只是进行简单的媒介叠加和信息重复。日益复杂的销售环境和分散的消费者,证明了这种只靠广告进行营销传播的方式根本无法实现整合营销传播的目标,而只是对精力和财力的浪费。

因此,理清广告与整合营销传播的关系,在整合营销传播中找到属于广告的真正位置,才能把广告和整合营销传播推向新的发展,实现企业营销传播的目标。

三、整合营销传播对广告策划的启示与发展

整合营销传播对广告界和营销界都是具有划时代意义的概念。正如张金海教授在《20世纪广告传播理论研究》一书中所提到的,整合营销传播理论对广告策划及其相关理论是"一个世纪性的总结、世纪性的终结,更是一个世纪性的开创,昭示出广告传播和企业的营销传播可以预见的未来的一个基本发展趋向。"[①]

首先,整合营销传播理论的提出,扩大了广告策划的范畴,使原先固定保守的广告策划有了更广阔的运作范围。20世纪70年代,"策划"概念的提出,使广告不再停留在单幅作品、单条广告语的阶段,开始以整体的形式进行系统

---

① 张金海:《20世纪广告传播理论研究》,武汉大学出版社2002年版,第147页。

运作,不仅使广告的执行力度更强,也使广告效果获得了更大提高。同样,20世纪末整合营销传播概念的提出,也具有划时代的意义。复杂的营销环境、激烈的市场竞争和日益精明挑剔的消费者,使广告策划不断暴露出自身的不足。而整合营销传播的提出,把广告纳入一个更大的范畴进行运动,使广告策划突破了原来的封闭系统,开始观察整个广告运动,从前期预测到后期评估,有了更丰富的内容和范畴。

其次,整合营销传播理论的提出,使广告策划不再只是"广告"的策划——广告策划作为一个平台,开始实现对其他营销传播方式的整合,从而实现了整合营销传播的策划。整合营销传播把营销的视野扩展到更大的范围,不再试图用简单的某种营销传播方式达到营销目的,而用一种宏观的整合的方式去获取更好的营销效果。这就给广告策划提供了新的视野:整合一切有效的资源和营销传播手段。因此,在整合营销传播时代的广告策划,已经不再是简单的"广告"策划,而是包含了公关、广告、促销等诸多营销传播手段的策划,真正实现了"大策划"。

再次,整合营销传播理论的提出,使广告策划的关注点,真正落到了消费者身上,使其成为营销传播的核心。无论是把广告当作"印在纸上的推销术",还是把广告当作一种艺术,都是广告人以产品或者企业为中心,把这些相关信息传播给消费者。而整合营销传播却实现了以"4C"代替"4P",真正把营销传播的核心放在了消费者身上,将理论基点由传播者和企业转向了受众和消费者,这不仅使广告策划的出发点和归宿有了本质改变,也使广告策划的效果得到了加强。

广告策划在经历了几十年的发展之后,在整合营销传播时代,获得了新的突破。这种发展,不仅使得广告策划的内容和方式有了突破,也贯穿着广告策划的始终。在接下来的章节中,我们将具体阐述广告策划的步骤,并在这个过程中,反映整合营销传播理论对其的深远影响。

本章小结

现代市场营销观念主要经历了以下五个发展阶段:生产观念、产品观念、推销观念、市场营销观念、社会营销观念。

广告是一种营销传播,它以传播为本质,营销为目的。

市场营销对广告策划的影响体现在以下三个方面:不同的产品概念产生不同的广告策划;不同的市场占有方式产生不同的广告策划;不同的产品生命周期产生不同的广告策划。

广告策划对市场营销起着促进作用,主要体现在以下三个方面:开拓市场、创造市场、占领市场。

主要的传播类型包括人内传播、人际传播、群体传播、组织传播和大众传播,广告传播主要为大众传播。

传播学理论指导着广告理论的发展,广告的发展也同样对传播学的理论发展有着重要作用,它推动了传播学理论的发展,扩大了传播研究的范围,也促进了传播理论与应用的结合。

整合营销传播概念的提出,引发了营销观念和广告传播观念的深刻变革,它不仅扩大了广告策划的范畴,实现了整合营销传播的策划,还使广告策划的关注点真正落到了消费者身上,使其成为营销传播的核心。

思考练习

1. 市场营销观念经历了哪些阶段,各有什么特点?

2. 广告策划是怎样影响市场营销的?

3. 广告属于哪种传播?根据"5W"模式,分析传播学是如何影响广告策划的。

4. 整合营销传播的提出,对广告策划有怎样的影响?

策划案例赏析

"农夫山泉"品牌成功案例分析

从一句"农夫山泉有点甜"闯入市场,到推出"奥运军团喝什么水"的疑问;从养生堂丢出一颗重磅炸弹"农夫山泉基于对消费者负责的态度考虑,决定退出纯净水市场,全力投入天然水的生产销售",到农夫山泉在全国范围内造势,矛头对准纯净水厂商,引发水业大战在全国升级,全国各地纯净水企业纷纷联盟,向法院提出诉讼,欲与农夫山泉对簿公堂。农夫山泉的到来,使寂寞无闻的水业多了许多关注的眼光,水业大战的一些深层次的问题引起了人们的格外关注。

水业大战的核心是商业利益。商品经济发展至今,市场上的各类商品成千上万,相互竞争空前激烈,稍有失误,一种商品就会被消费者抛弃,而这个企业可能就会被市场淘汰出局。市场中的领先者怕追兵,挑战者们要竞争,每一个市场竞争的参与者都有朝不保夕的危机感,于是,他们纷纷开拓思路,领先者渴望步步为营,挑战者你追我赶,"市场细分"和"目标市场定位"成为企业获取竞争胜利的法宝。对于农夫山泉是褒是贬,我们暂且不论,但农夫山泉把"目标市场定位"策略和"差异化"策略演绎得惟妙惟肖,并且留下许多经典的商界故事。

一、背景分析:饮用水市场的竞争日趋激烈

从行业环境看,瓶装饮用水市场产品仍处于相对过剩状态,虽然每年销量都有增长,但全国 1000 多家企业中有 70% 的企业效益下降,效益好的企业所占的比例还不到 20%。

一方面,企业为树立自己的品牌进行广告大战,尤其是娃哈哈、乐百氏、养生堂三巨头的交手难解难分;另一方面,椰树、怡宝、崂山、益力等全国性或区域性的老牌也不让步,积极利用本地的优势不断创新和调整策略,并加大广告投入。以强大的媒体广告尤其是电视广告为主的攻势和有奖让利促销相结合去争夺消费群是目前瓶装饮用水企业采用的主要营销手法。

二、农夫山泉的诞生

农夫山泉股份有限公司(以下简称公司)成立于 1996 年 9 月 26 日,投资总额达 3.2 亿元人民币。公司控股的子公司有杭州千岛湖养生堂饮用水有限公司、浙江养生堂饮用水有限公司、上海千岛湖养生堂饮用水有限公司。其中杭州千岛湖养生堂饮用水有限公司成立于 1999 年 8 月 3 日,投资总额达 3.5 亿元人民币,占地面积 10 万平方米,厂房 4.6 万平方米,是亚洲最大的饮用水单体生产车间。花园式厂区参照国际流行风格,厂房为轻钢结构,内置全封闭专用参观走廊。生产设备引自瑞士 Netsal、法国 Sidel、德国 Kister 和 Krones 等国际著名公司。首期投资 1.5 亿元人民币,拥有国内单机生产能力最大的吹瓶机和罐装机,是目前国内规模最大的饮用水公司之一。公司自有铁路专线,产品运输快捷、安全、运能大,是中国目前唯一拥有专运铁路线的饮用水公司。

三、"农夫"通过差异化勾勒独特的市场定位

1. 品牌定位差异化,突显农夫山泉"天然水"的高品位

中国的包装饮用水市场数量庞大,但绝大部分厂商均为中小企业,市场的覆盖范围有限,一般为市(县)级到省(自治区)级的行政区域。因此,在一个行政区域内,饮用水的品牌构成一般是以一到两个地方品牌加上一到两个全国品牌。面对如此激烈的竞争,为了突出品牌,养生堂公司采用了选择市场切入点——有点甜(构造消费者心理差异化:联想到山涧泉水)——适度的高价(提高顾客价值,突显与众不同的农夫山泉高贵品质)——运动装(突出企业对产品严谨认真的态度)——款到发货(表明企业的自信,造成供不应求的假象,提高经销商对农夫山泉的信心)。

在切入点上,农夫山泉基本上在所有的市场上都是从最容易受到影响、对新事物最敏感的群体入手。通过广告这一载体,对口感(有点甜)、水质(采用千岛湖水源)进行差异化细分,有明确的市场切入点。

在口感定位方面,有点甜的广告语实际上再现了农夫山泉是"天然水"这个核心概念,而且口感是水质最有力、最直接的感官证明。水的广告诉诸口感,这在国内还是第一次。农夫山泉突出了"天然水"有点甜的这一特性,水和广告的品味都随这一广告语而凸现出来,也提升了农夫山泉在顾客心目中的品牌形象,取得了极大的成功,"有点甜"被大家所熟知,几乎成了农夫山泉的代名词。

农夫山泉的适度高价,实际上是通过价格提升农夫山泉的品牌价值。同时,养生堂公司一直把"健康"作为最大的产品,如果价格不高些,不仅经销商不会另眼相待,而且有些消费者不放心。农夫山泉做水的出发点,就是要为国人提供一种有益于健康的好水。养生堂始终坚持"养生堂热爱生命"这一理念,倡导"好水喝出健康来"的饮水观念,生产、经营"农夫山泉"天然水,从而在价格上呼应了农夫山泉是"天然水"的高品质品牌形象。

在包装方面,农夫山泉拥有全国最好的运动瓶盖,而且第一个有意识地将运动瓶盖(电视课堂片)作为大卖点推出,以至于人们以为是它的专利。农夫山泉的迅速崛起,运动盖这一小小的技术装饰(大大的卖点)功不可没。对终端管理,作为一新兴品牌,大多数总是有点底气不足,农夫山泉反其道而行之,对终端管理采用款到发货的坚定政策,同时配合起在市场上的造势,在短时间内大幅提升市场占有率,终端销售商对农夫山泉更加具有信心。在这里,坚定的决策是信心和实力的表现。

2. 广告差异化,塑造"健康水,天然水"概念

农夫山泉运动型包装出来以后,养生堂抛弃了传统广告轰炸的做法,而是依据农夫山泉"目标市场定位",通过策划优美的画面和朗朗上口的广告语,采用差异化策略,使农夫山泉在消费者心目中占据特殊的地位。

首先,养生堂利用学生最容易受影响也是最好品牌传播者的特点,利用著名运动员在国际竞技场上是最常见的扬国威、长志气的人特征,选择了学生和运动员作为农夫山泉的广告诉求对象。

养生堂公司选择中小学生这一消费群作为市场切入点,以包装中的运动盖为重点去引导他们。中小学生天性好奇又好动,最容易接受新事物。养生堂公司在中央电视台最先投播的是农夫山泉"课堂篇"广告。在课堂上,一女生欲喝农夫山泉,她悄悄地拉动农夫山泉的运动瓶盖,但还是发出"砰砰"的声

音,受了惊,表情十分丰富,老师告诫她"上课不要发出这种声音"。老师的告诫使一些上课爱搞小动作、恶作剧,具有逆反心理的调皮学生心情急切,跃跃欲试,购买农夫山泉的欲望强烈。创意者用此小计,传递了一个产品包装上与众不同的信息,将无声之水变有声,揭示了包装上的吸引力,响声同时又起到了提醒和强化记忆作用。

农夫山泉的广告语"农夫山泉有点甜",通过画面对千岛湖的全景扫描,突出话外音"农夫山泉有点甜",体现农夫山泉"味道甘洌"的特点。同时突出农夫山泉是"天然水"的概念,并对这一核心概念进行注释,包含了自然环境水源好、绿色、环保和野趣等回归自然的理念。如果农夫山泉在水本体上采用"纯净"、"矿物质"、"微量元素"、"销量第几"等诉求点,就会显得苍白无力,养生堂公司在这个角度上几乎无法捕捉到水的卖点。最后,他们找到并确认了"有点甜"这一"闪光点"。

饮料企业与运动的联姻由来已久,可口可乐和百事可乐借助竞技体育这一载体向中国饮料市场渗透,已为众目所睹。农夫山泉与体育运动结缘,贯穿其成长的全过程,农夫山泉与体育的联姻始于1998年的世界杯足球赛,到现在为止,标志性事件有三件:1998年赞助世界杯足球赛中央五套的演播室,1999年成为中国乒乓球队唯一指定用水,2000年被国家体育总局选为中国奥运代表团训练比赛专用水。

1998年世界杯足球赛开赛之前,养生堂公司的决策者们意识到:饮料企业要发展壮大,必须与体育联姻,同时,农夫山泉运动瓶盖的独特设计容易让消费者产生与运动相关的联想,值得将之作为一大卖点来推广。而1998年的体育热点是世界杯,于是,养生堂借助赞助1998年世界杯中央五套演播室,搭上了世界杯的"快车"而迅速成为饮用水行业的一匹黑马,并被业内人士戏称为世界杯的"大赢家"。在具体操作上,农夫山泉从四月中旬开始在中央台体育频道和中央台一套少儿节目"大风车"栏目投放广告。由于在体育频道的广告播放频率较高,许多足球迷和体育爱好者都对农夫山泉印象深刻。特别是世界杯开幕后,养生堂公司又巧搭便车,出巨资买下中央电视台世界杯足球赛演播室空间,经过精心布置,极大地提高了产品的知名度。

农夫山泉与体育结缘,并不单纯搭体育之车来推广产品,同时还传播"善待生命、重视健康、重视运动"的理念,为提高全民族的身体素质尽力。因此,它在借1998年世界杯获得成功之后,确立了"竞技体育和全民健身"齐头并进的策略.在重视赞助群众性的体育运动方面,比较有影响的是1999年全国青少年三人制篮球赛。三人制篮球赛是国外非常流行的一种篮球赛制,其特点是自由组队,自由参赛,属于开放性的街头争霸赛,因此很受城市青少年的欢迎。近年来在国内逐渐热起来,但均属地方性的比赛。这次以"农夫山泉"冠名,中国篮球协会主办的全国青少年三人制篮球赛,作为全国性的赛事尚属首次。

1999年5月1日,三人制篮球赛宁波赛区开赛,共有330支球队,1300多名男女运动员参加了比赛,而到场的热情观众与拉拉队多达四五千人。按照宁波赛区的成功模式,从10月中旬至10月底又在南京、济南、郑州、合肥、苏州等地滚动完成了五城市赛区数千场比赛,参赛队伍超过1500支,运动员达6000余人。各地体委、教委及新闻界对比赛给予了有力支持和热情关注,多家媒体进行了报道。这次跨越数省、历时半年之久的大型活动参与性强、社会拉动面宽,组队及参赛过程中,广大青少年显得特别活跃,其同学、好友及家长也赶来观战助威,一时间在各城市形成热潮。农夫山泉通过此类活动得到了社会各界的广泛好评,其品牌形象进一步深入人心。

到了1998、1999年,农夫山泉在消费者心目中确立了高档饮用水的品牌形象,初战告捷后,养生堂公司便开始寻找与产品形象吻合的代言人。与此同时,中国乒乓球队也在物色、选择指定饮用水。经过多方面的接触与了解,中国乒乓球队对农夫山泉产生了浓厚兴趣。时值第45届世界乒乓球锦标赛在芬兰举行,农夫山泉自然而然地成为国手的指定饮用水,于是农夫山泉打入第45届世乒赛,与国手一起为国争光。

3. 突出重点,奥运营销,升华品牌形象

2000年是奥运年,奥运是世人关注的焦点。农夫山泉围绕奥运展开新一轮营销攻势,再次获得全面丰收。2000年初开始,"喝农夫山泉,为申奥捐一分钱"活动以来,半年多时间"农夫山泉奥运装"在全国销售近5亿瓶,比上一年同期翻一番。也就是说,农夫山泉代表消费者已为北京申奥贡献近500万人民币,"一分钱"做出大文章。

一向把支持体育事业作为品牌识别,且最早与中国奥委会建立伙伴关系的养生堂农夫山泉,无疑是最大的赢家之一。中央电视台一直播放的"买一瓶农夫山泉就为申奥捐一分钱"的广告,让你竟分不清是商业广告还是公益广告。"再小的力量也是一种支持",农夫山泉倡导的这种"聚沙成塔"的宣传理念,伴随着刘璇、孔令辉那颇具亲和力的笑脸,在申奥的日子里渗透着我们的生活。

营销专家就此发表评论说,企业不以个体的名义而是代表消费者群体的利益来支持北京申奥,"以企业行为带动社会行为,以个体力量拉动整体力量,以商业性推动公益性",这个策划在所有支持北京申奥的企业行为中,无疑极具创新性。

（文章来源:http://www.8wen.com/doc/931097/）

第三章　广告策划调查

市场调查　消费者调查　竞争对手调查

1. 明确广告调查是广告策划的第一步,客观科学的调查、理性的分析,是广告策划成功的前提;

2. 理解市场调查的种类、内容和作用,明白广告调查的重要意义;

3. 掌握广告调查的步骤和流程,体会其系统性和科学性。

　　本书前两章分别从纵向的视角阐述了广告策划的演变轨迹,从横向方面探讨了广告策划与营销学、传播学等相关学科的渊源,希望从宏观的层面使读者对广告策划有一个大致的认识。在接下来的第三到第八章,作者将从微观层面对广告策划的过程和步骤进行梳理。

　　美国的营销学家菲利普·科特勒将其市场营销学著作命名为《市场营销管理——分析、规划、执行和控制》,同样,广告策划的整个程序也可以划分为分析、规划、执行和控制四个阶段。张翔、罗洪程在他们所编著的《广告策划——基于营销的广告思维架构》一书中把广义的广告策划划分为以下四个阶段(见下表):

阶　段	内　　容
分析阶段	市场调查:对营销环境、消费者、产品、企业和竞争对手、企业和竞争对手的广告的分析
规划阶段	广告目标、目标市场策略、产品定位策略、广告诉求策略、广告表现策略、广告媒介策略、促销组合策略的研讨及决策,制定广告计划、确定广告费用的预算、研讨并确定广告效果预测和监测的方法、撰写广告策划书文本及策划书修改
执行阶段	广告表现计划的实施、广告媒介计划的实施、其他活动的实施
控制阶段	广告效果的监测与评估、广告策划的总结

　　由此不难发现,本书的第三到第八章的内容是以广义的广告策划概念为理论基点,按照广告策划的运作程序为框架结构安排行文。

　　从上表可见,广告策划的后三个阶段有很多内容是重复和交叉的,规划与执行是同一个问题的两个层面,前者是观念层面,后者是实务层面。而在下文中,作者将重点阐述观念层面,当然对实务层面的重要内容也会有所涉及。

第一节　市场调查概述

一、市场调查的发展与主要内容

　　调查是一切营销活动的基础。只有经过客观科学的市场调查,才能为之后的营销活动提供科学客观的依据。当然,这种对市场调查的重视,也并非是从策划出现之初就有的,而是随着市场营销的不断发展,逐渐成熟和完善的。

　　20 世纪前,人们对市场调查在广告活动中的重要性的认识是不充分的,无论是广告人还是广告主,对市场和消费者的了解基本上只是停留在经验和感觉上。因此,广告行为存在着较大的盲目性,这就极大地限制了广告在市场营销中发挥更大的作用。

　　进入 20 世纪后,西方一些有识之士已注意到,市场情况往往取决于消费者的喜好。那么,消费者的喜好又是由什么决定的呢? 为此,一些学者开始进行试验,其中较有影响的一次是试验者把各种香烟的商标全部去掉,并将它们混在一起,请烟民们吸,结果烟民们尽管有较长的吸烟史,但不能准确分辨出哪种烟是他们经常吸的。因此,消费者的喜好并不像他们宣称的那样是出于对商品内在品质的真正偏好,这种喜好在很大程度上受到外界各种因素的影响。既然外界因素可以影响人们的喜好,进而影响商品的销路,那么,怎样才能了解消费者的需求,有哪些因素影响着人们的喜好并决定着消费者的购买行动呢? 要找到这些问题的答案,市场调查是最有效的途径。

　　随着策划概念的发展,美国的一些广告公司逐渐意识到市场调查、了解消费者的喜好和心理对广告活动的顺利开展有多么的重要。20 世纪 60 年代初,大卫·奥格威的奥美广告公司负责在英、法、德三国为美国旅游业制作旅游广告。奥格威着手对欧洲市场展开了周密的市场调查。如果不借助市场调查这种手段,人们也许根本无法知道英国只有 3% 的家庭年收入超过 5000 美元,而美国则有一半家庭达到这一水平,而且奥格威通过调查了解到,大多数欧洲人认为到美国旅游花费太高而不敢问津;调查也表明,欧洲人之所以会产生这种担心,是因为不了解到美国旅游的花费等有关情况。能否消除欧洲消费者的种种误会和担心,是在欧洲推广美国旅游项目的关键。奥格威通过对美国各地住宿、饮食、交通等方面情况的详细实地考察和各项花费的反复核算,最后拟定了在欧洲主要报纸上刊登的美国旅行社的广告语——去美国旅游,一周只需 35 英镑! 这个广告立即在欧洲引起巨大轰动,据统计资料显示,在该广告宣传开始 8 个月后,从法国到美国旅游的人数增长了 27%,英国为 24%,德国为 18%。如果没有事先的调查,不知道问题所在,不能准确寻找消费者真正关心的东西,就无法有的放矢,不能提出消费者在商品身上所寻找的利益点,更不能把广告策划真正做到位。

在现代市场调查中,学界和业界更加理性,对市场调查的内容也做了具体详细的研究。因为,从某种意义上说,内容的针对性直接决定着整个市场调查的范围以及市场活动的成败。张金海教授在《广告运动策划教程》一书中,明确地把市场调查的内容分为七类:产品研究(Product Research)、企业研究(Corporate Research)、消费研究(Consumer Research)、媒体研究(Media Research)、广告研究(Advertising Research)、销售和市场研究(Sales and Market Research)、民意研究(P. O. P)。[①]

在广告策划的调查中,并非以上所提到的七种内容都包括在内,而是应该根据具体策划的产品类型和执行目标,合理地选择所要涉及的内容,并通过对这些内容的调查,取得对广告策划有指导意义的调查结论。

二、市场调查的方法

广告公司开展市场调查的方法多种多样,但按照调查资料和信息获得的渠道,可分为间接调查法和直接调查法两种。

1. 间接调查法是通过搜集各种历史和现实的动态统计资料,从中摘取与市场调查课题有关的情报,也称二手资料法。有人把二手资料简单理解为从书本、报刊上找来的资料,实际上,二手资料也可能是通过访问和实验获得的,但它们是别人早先获取的。只有在本次调研中,通过访问、实验方法获取的资料才叫一手资料。在没有充分分析二手资料之前,一手资料收集工作不宜展开,否则很可能使市场调研工作走上弯路,甚至导致市场调研的失败。

二手资料可以分成内部数据和外部数据:

(1)内部数据是指来自企业内部的自有的数据。这些数据有的可以马上应用,有的要经过调研人员的进一步处理才能运用。

(2)外部数据主要有以下几类:①出版物类。如商业年鉴、民间组织或协

---

① 张金海:《广告运动策划教程》,北京大学出版社 2006 年版,第 53—55 页。

会的统计数据、政府部门的统计数据、报纸、杂志等。②计算机数据库。计算机数据库在我国已大量存在,但很少有人利用,如网络查询、国家或地方统计局的数据库、各大型零售商的货物进出仓数据库等。最近,国家几个部委已经把相关统计数据在互联网上发布,这对广告公司开展市场调查很有价值。③向专业提供商业数据的信息公司购买。国内已有几家能提供这种数据的公司,其做法是对固定样本家庭的日常消费进行调研,形成一些基础数据,供企业和研究人员参考,我们称之为"数据公交车"(Ominibus)。Ominibus会告诉你现在家庭使用的香皂、洗发水、鞋油的品牌分布和使用者的特征。但通过Ominibus进一步掌握消费者对某个品牌的评价和认知却几乎不可能,因为"数据公交车"承载的数据总是有限的。

2. 直接调查法。从间接调查中了解的信息源一般能提供大量有价值的信息,在直接调查中应予以充分利用。在实施直接调查之前应明确需要收集什么信息,需要怎样的收集方法和测量手段,调研对象是谁,如何分析数据等等。常用的直接调查方法有:

(1)观察法:通过调查人员直接到市场上观察并记录顾客的消费习惯、特征和行为,从而收集有关资料的一种方法。例如,调查人员到被访问者的厨房去观察食用油品牌及包装情况等等。

(2)痕迹测量法:调查人员不直接观察被调查者的消费行为,而是观察被调查者行为后的痕迹,从而收集有关资料的方法。

(3)亲身经历法:根据自己的亲身经历或感受以获得某些资料的一种方法。如想了解零售商店的购物环境、服务水平等方面的情况,只要将自己作为消费者去体验一下就能获得较详尽而感性的认识。

(4)实验法:由调查人员用实验的方式,将现场放在某种条件下作观察以获取情报。例如食品的品尝会,就是采用了实验法。

(5)问卷询问法:将要调查的资料设计成调查表,让接受调查的对象将自己的意见或回答填入问卷中。在一般进行的实地调查中,以"问答卷"的采用最为普遍。

①电话访问调查:以电话号码簿之用户为母群体,抽好样本之后,再由访问者以打电话的方式访问样本户,获得调查资料。

②通信问卷调查:拟妥问卷函寄给样本户,请被访者按题逐一回答后,将问卷寄回。

③人员访问调查:由受过训练的调查访问员对样本户展开登门访问,以获得调查资料。

④电脑访问:被访者面对电脑屏幕显示的问题直接把数据输入电脑。

在具体的市场调查中,采用哪种或者哪些调查方法,并没有一个统一的规则,应该根据具体情况不断调整,才能取得科学客观的调查结论。

第二节　营销环境调查与分析

企业是社会的构成要素之一,是存在于社会中的。它不仅与生产有关,更与消费者、竞争对手、社会公众等有着密切联系。因此,在进行市场调查时,必然要对整个营销环境进行调查,从中获取对企业有效的信息,掌握市场机会,规避风险。

一、营销环境的构成

企业的营销环境指的是影响企业的市场营销管理能力、决定其能否有效地发展与维持与其目标顾客的交易关系的外在参与者和它们的影响力,由宏观环境和微观环境两部分组成。

1. 宏观环境:指影响企业市场营销微观环境的巨大社会力量,包括人口、经济、自然、科技、政治、法律、社会文化背景等,它主要由一些大范围的社会约束力量构成。

2. 微观环境:指与企业密切联系、影响其为顾客服务能力的参与者,包括企业自身、企业的供应商、顾客、竞争者和广泛的公众等。

"供应商—企业—营销中间商—顾客"构成了企业市场营销的核心链条,这个链条的每一个环节都对企业的市场营销能否顺利有效地进行起着重要的作用。

二、企业市场营销分析的要点

1. 市场营销的宏观制约因素

(1)宏观经济形势,包括:宏观政策、市场环境、技术趋势等。

①企业外部的政治环境:进出口政策、外汇与税收制度、国有化政策与社会治安等。

②经济与具体市场环境:宏观经济形势、地区的产业结构与政策、人均收入与可支配收入、消费模式等。

③基础设施与人力资源环境:科教文化设施的分布与服务水准、交通通信能源的建设、消费者受教育的程度与薪资水平等。

④企业所属产业的发展政策:所属产业的发展前景、受鼓励或受限制程度。

(2)市场的政治环境、法律背景、文化背景。是否有有利或者不利的政治因素可能影响产品的市场？企业的产品与市场的文化背景有无冲突之处？是否有有利或不利的法律因素可能影响产品的销售和广告？（如对香烟、烈性酒、药品等的特殊政策）

2. 市场营销环境中的微观制约因素

(1)企业的自身目标和资源。

(2)企业的供应商与企业的关系。

(3)企业的营销与企业的关系。

(4)顾客对企业和产品的态度及其实际的购买行为。在一次培训上，培训导师问过这样一个问题：一个商人想将一批 T 恤卖到中东地区，请问：他最大的成本是什么？大家的回答是多方面的：价格成本、运输成本、交易成本、战争等不可抗力的成本等等。但是导师最后问：有谁看到过中东的男人和女人穿 T 恤呢？原来，中东的气候很炎热，紫外线强烈，以至灼伤皮肤，再加上民族习惯，当地人几乎无人穿 T 恤。所以最大的成本是"不知道"的成本！

我们对目标消费群定义得越精准，了解得越多，就越能有效地接触到他们并有效地传递信息。否则，就会吃力不讨好。现今，消费者的零碎化倾向越来越严重。即使是消费者的年龄、教育程度、收入都一样，其生活习惯和性格也是千差万别的。不仅如此，心理特征和消费情商的千差万别也会影响个人对广告的看法，进而影响其对品牌接触点的接触和判断行为。因此，我们在界定和分析目标群时就不能仅停留在其消费习惯上，还应从心理层面挖掘目标消费群的消费情商、行为特点、生活态度等，并用来指导我们的"传播思路"和"整合观念"，调整我们的品牌接触点。

(5)竞争者的情况。企业目前最主要的竞争对手是谁？竞争者的营销目标是什么？竞争者产品的优势及缺陷在什么地方？竞争者所占有的市场份额有多大？竞争对手的核心产品研发、生产与销售状况、性能价格比、功效、技术领先性、生产目标与现实生产能力、销售额、销售区域、重点市场的情况怎样？企业与竞争者相比，其优势与劣势各有哪些？

3. 市场概况

(1)市场的规模：整个市场的销售额；市场可能容纳的最大销售额；消费者总量及总的购买量；以上要素在过去一个时期中的变化；未来市场规模的变化趋势如何？

(2)市场的构成：构成这一市场的主要品牌；各品牌所占据的市场份额；居于竞争优势地位的品牌是什么？与本品牌构成竞争的品牌是什么？未来市场构成的变化趋势如何？

(3)市场构成的特性：市场有无季节性；有无其他突出的特点。

三、营销环境分析的总结

对市场环境的各要素进行分析的目的在于找出企业在市场上面临的主要机会点和问题点。通过以下案例，对此进行说明。

案例分析

保健品市场营销环境分析

我国保健品市场经历了 1994—1995 年的鼎盛时期，以及 1996—1997 年的整顿阶段（由于保健品市场一度出现假冒伪劣产品严重泛滥的情况，使火热的营养保健品销售霎时间跌入低谷，出现了市场疲软）。1996 年，全国保健品产值跌至 200 亿元，1997 年又滑落至 100 亿元，1998 年保健品行业进入修整期，产值在 100 亿元左右，已远远低于 1994 年的 400 亿元。据有关资料显示，到 1999 年底，我国保健品生产企业已发展到 3500 家，产品达到 3000 余种，产值达到 400 多亿元，逐步恢复元气。2000 年，我国保健品市场销售额约为 500亿元，生产企业、产品品种以及产值均已达到或超过 1994—1995 年这一鼎盛时期的水平，产品质量不断提高，新兴产品不断涌现，促进了销售的不断增长。这期间出现了一些引人注目的新品种，如年轻态、补钙类等；女性的"减肥养颜热"产品，学生的"卵磷脂补脑热"产品等，都呈现异军突起之势。

有数据显示，消费者购买营养保健品时，最关注的是产品的保健功能，其次是产品品牌信誉，再次是产品性价比。从目前保健品市场的总体情况看，名牌保健品的市场占有率在稳步上升。国内市场中不到 20％的品种占据了50％的市场份额。这是保健品市场走向成熟的标志。借助高科技的手段完善和发展起来的保健品产业，在 21 世纪初迎来了新的发展期。

通过对一些终端及广告主、广告商的调查后发现，在今年国庆及中秋双节期间，保健品市场的走势将会显淡。得出这一结论的原因主要由以下几方面构成。

1. 宏观政策影响

药健字产品是中国特有的一个产品类别，在国外只有食品与药品这两个品类概念，没有药健字号产品这一说。我国加入世贸组织之后，为适应与国际接轨之需，政府对保健品行业进行了治理调整，规定自 2001 年起不再下批药健字批文，2003 年取缔保健药品。

受国家政策影响,今年保健品行业推出的新品相对较少,行家分析,这与医疗改革有关。一部分以中药为原料、疗效确切的药健字号产品将申请药准字,大部分药健字号保健品将被改成食品类批准文号产品,因此,企业开发保健品变得谨慎起来。受此影响,杭州市各主要平面媒体今年三季度保健品广告发单量与上一年同期相比明显减少,呈下降趋势。

2. 行业自身因素

"我国保健品市场已出现信任危机,不适应世界保健品产业发展的趋势,应奋起直追,迎接严峻挑战"——这是 2001 年 3 月 26 日在上海举行的"保健食品科技与发展国际研讨会"上传出的信息。据介绍,目前我国政府批准生产的保健食品约 3000 种,进入市场的约 600 余种,其中多数为调节免疫能力、调节血脂、抗疲劳的产品,约占 62.2%。专家认为,由于保健食品的国家标准迟迟未能出台,市场监管力度不够,造成国内保健食品市场混乱,保健品生产低水平重复、科技含量低、产品质量不高,再加上虚假广告泛滥,使我国保健食品市场出现了较严重的"信任危机",也造成了国内保健品市场"屡战屡败、屡败屡起"的现象,无法适应世界保健品产业的发展形势。据业内人士分析,今年保健品滞销的主要原因是老百姓对保健品的消费变得理性了。

专家指出,中国保健品市场存在三大弊端。第一,有的保健品企业在宣传过程中片面夸大功效,甚至采取欺骗手法,这无异于杀鸡取卵,自绝于消费者;第二,一些保健品企业急功近利,对产品的研发投入不足;第三,保健品的广告投入成为保健品市场竞争的主要手段,造成"包治百病"的广告漫天飞。据统计,保健品行业广告跻身中国广告投放量前三名,而真正的好药却可能因为"酒香巷子深"而无人问津。广告宣传夸大、不实或闪烁其词,诱导或误导消费者,国家批准的保健药品的功能疗效被人为夸大、引申,结果消费者服用后没有效果却又申诉无门……这些现象在很大程度上影响了消费者的购买欲,也使消费者对整个行业开始产生不信任感。

3. 消费者因素

1994 年至 1995 年,保健品行业出现第一个鼎盛期,此时,消费者对这一新兴产业表现得极不成熟,"跟着广告走",被动消费、盲目消费、畸形消费现象严重。急于"给健康投资"的消费者在对保健品的成分、作用机理、适用范围、功效等都没弄清楚,自己缺什么、该补什么、怎样补都不明白的情况下,乱买、乱服保健品。"广告挡不住"和"模仿消费"也是其中的重要原因。在进补时间上,也并非集中在年底,而是什么时候身体需要就什么时候"补"。在市场销量的表现上,开始淡旺季区分淡化,品牌厂家会感觉到自己的产品在旺季销量方面表现平平,甚至会因此而感到惶恐,销量的下降绝不会是单方面的因素所导致的,特别是对一些行销思路明确、具有较好品牌形象的产品来说。可见,现阶段所谓的淡季将会是一个很好的市场切入点。

4. 终端行销

有权威数据显示,到终端购买产品的顾客,购买指定品牌的占70%,另外30%的人并没有明确的购买目的,这部分消费者主要靠产品包装、POP等终端宣传品的刺激和营业员导购实现购买;而指定品牌购买的消费者经过营业员的极力推荐,会有25%左右的人改变原意,从而购买推荐品牌,这是个相当高的比例。可见,终端工作是营销基础工作中的重中之重。

5. 竞品分析

排毒养颜类保健品市场是云南盘龙云海药业有限公司首先做起来的,同样也是这个概念市场的最大受益者。但在"排毒养颜"这个"树荫"下已集聚了不少乘凉的产品,如香港清波堂的清补养颜胶囊、广州一品堂的芦荟排毒胶囊、上海的双金爱生等,它们作为后来者,在行销方面亦有所成就,形成了一定的知名度,但它们的市场始终处于一种跟进状态,它们的存在抢走了排毒养颜胶囊一定的市场份额,但是从总体上来说,它们对排毒养颜胶囊的市场占有率与市场份额的影响不大。也有业界人士认为,排毒养颜类保健品这个市场已基本饱和,利润回报也不再像半年前那么丰厚了。

综上所述,现在仍属保健品行业的修整期,整个行业销售表现一般,没有热点产品。专家指出,21世纪保健品的发展趋势是天然、安全和功效。保健品产业是一个综合性产业,需要多部门、多学科的联手,需要引入国外先进的技术和管理经验,需要形成现代化的、外向型的大型保健品集团,更要科学地、实事求是地开展保健品的广告宣传,为消费者创造良好的消费环境,引导消费者正确认识、使用保健品。

（摘自中国营销传播网）

第三节　消费者调查与分析

一、消费者消费态势

消费者是企业之间争夺的主要对象。只有获得了消费者的认可,企业的营销才算是获得了成功,产品才能实现销量的突破。因此,我们在进行市场调查的时候,必须把握消费者的消费态势。

消费者的消费态势,由以下五个方面构成:①

1. 消费者何时购买(When consumers buy?)

在进行营销活动之前,营销人员必须充分了解消费者的购买时间、购买频次等。只有这样才能选择最佳营销活动时间,获得事半功倍的效果。比如每年的4月至7月,就是进行啤酒营销活动的最佳时机,中秋节前的一个月是月饼厂家关注的重点营销时机等。而每个周末超市的人比平时多,很多企业就选择在这个时候进行促销活动。

2. 消费者何处购买(Where consumers buy?)

购买地点也是营销人员必须关注的重点。消费者购买物品,不仅受当时情景的影响,之前对产品的接触也是重要因素之一。因此,必须在调查中获取关于消费者购买地点的信息,准确把握营销时机。

3. 消费者怎样购买(How consumers buy?)

消费者的购买方式也是重要的影响因素之一。任何一种产品都有它针对的人群,尤其在市场竞争越来越激烈的当代,不再有万金油似的商品。企业和营销人员必须通过调查,明确消费者的购买习惯和购买偏好。只有这样,才能让产品以消费者喜欢的方式接受。

4. 谁担任家庭的购买(Who does the buying?)

在分析完消费时间、消费地点和消费习惯之后,必须充分掌握主要购买人群,具体以家庭为单位进行细分的话,就是在家庭里具体承担购买行为的那个人。营销人员应明白,谁担任实际的购买,谁作出购买的决定和归谁来使用。一般而言,生活用品以及卷入度较低的商品,购买的随意性比较强,那么往往是女性在逛商场的时候看到比较合适的或者喜欢的就购买了;而卷入度较高的,比如房子、大宗家电、车等,就是由家人一起商量,主要由男性作决策的。明确购买人和决策人的意愿,根据其特征和爱好进行营销活动,是非常重要的。

5. 消费者为什么购买(Why consumers buy?)

消费者为什么购买,也即是购买动机。这是一切购买行为的源泉。无论是想好要买一样东西,还是在商场逛街时无意看到一种东西,觉得比较合适,于是就买了,都包含着动机。这种动机并非是单纯由购买者或者使用者个人决定的,很多时候与企业或者商家给其的利益承诺有关。这种利益承诺既可能是明确的折扣、降价等,也可能是品牌等带来的无形价值。所以,对市场调查者而言,一定要想办法弄清楚消费者的购买动机,把营销活动做到有效。

---

① 张金海:《广告运动策划教程》,北京大学出版社2006年版,第65—66页。

在接下来的内容中,我们将重点分析现有消费者和潜在消费者,总结他们不同的特征,以期对未来的市场调查实践活动有所帮助。

二、现有消费者分析

影响现有消费群体的因素有很多,其中影响较大的主要是以下几种:现有消费者的总量、年龄、性别、收入、职业和受教育程度、地域等。我们便从这几个角度分别进行分析:

1. 年龄

年龄是影响现有消费者消费习惯的重要因素之一。不同年龄的消费者,有不同的心态,这就直接影响了他们对产品功能、式样的选择,甚至也影响了他们对营销活动的接受程度。尤其是针对性比较强的产品,例如时装、化妆品等,更要注意年龄区分。

20世纪80年代以前,资生堂实行的是一种不对顾客进行细分的大众营销策略,即希望自己的每种化妆品对所有的顾客都适用。80年代中期,资生堂因此遭受重大挫折,市场占有率下降。1987年,公司经过认真反省以后,决定由原来的无差异的大众营销转向个别营销,即对不同顾客采取不同的营销策略,资生堂为此提出的口号便是"体贴不同岁月的脸"。他们为不同年龄段的顾客提供不同类型的化妆品。为十几岁少女提供的是 Reciente 系列,为二十岁左右女孩提供的是 Ettusais,针对四五十岁的中年妇女推出了 Elixir,五十岁以上的妇女则可以选用防止肌肤老化的资生堂返老还童 Rivital 系列。

2. 性别

性别在营销中有着重要意义。不同性别的消费者,看问题的角度和方式都是不同的。女性消费者更为细腻感性,关注产品的细微功能、价格和外观,男性消费者则更为理性一些,他们更关注产品的功能。而且,两者受广告的影响是不同的:女性更易接受情感型广告,而男性则更喜欢粗犷的或渲染民族气魄类的广告形式。这就说明了在调查中,必须摸清产品的购买者和使用者,根据性别特征,对广告和其他营销活动进行合理调整。

3. 职业和受教育程度

职业和受教育程度是密切相关的,它们对消费者的购买习惯也是有影响的,在近几年的研究中,这一点体现得越来越明显。因此,很多企业都根据目标消费者的不同职业,对营销活动进行取舍。很多企业甚至是先找好产品定位,再进行研发和设计的。职业对产品功能的要求,主要体现在科技含量较高的产品上,比如同样是手机,同样具有通讯功能,但是白领更加青睐买一部带蓝牙功能、有着强大存储能力的手机,而学生则更关注这部手机带多少万像素的摄像头,是否具有 MP3 或者 MP4 等娱乐功能。

4. 收入

收入对消费者的影响应该是最大的。收入低的消费者,总是为维持生活而操劳,根本没有精力去关注奢侈品消费;收入高的消费者,愿意购买一些他们认为与自己身份和地位相符的产品,体现自己的价值。

当然,在调查中必须重点找出能用来消费的那部分收入。否则,即使消费者收入再高,如果都是用来投资的,那么对企业来说也是没有意义的。因此,在营销活动和广告运动中,必须明确展示产品能给消费者带来的心理感受,让他们明白购买该产品不仅是为了使用,更是一种身份和地位的象征。

5. 地域

消费者所处的地域主要是指其居住地区。处于不同地域的消费者,有着不同的消费观念。不同的价值标准、审美观和文化传统,导致了消费者对广告和营销活动有着不同的认识和接受。

只有充分了解一个地区的消费者心理,才能做出符合实际情况并且行之有效的策划方案。同时,必须尊重不同的文化传统和价值观念,不能将营销人员或者广告人员的观念强加给消费者,这样不仅会影响营销活动的顺利进行,还会损伤企业和品牌的形象。

三、潜在消费者分析

现有消费者是保持销售量的主体,潜在消费者却能给企业带来惊喜。很多新的购买行为,都是由潜在消费者带来的,因此必须对这部分人群加以关注。这也是营销活动的重点之一。

在对潜在消费者进行分析的时候,我们可以从以下三个方面进行:

1. 潜在消费者的特性:总量、年龄、职业、收入、受教育程度及分布。这和上面提到的现有消费者分析有着很大的共同点,由于这部分人群是相对较为隐蔽的,调查难度较大。但是这些特征的把握是十分重要的——企业和营销人员只有通过对这部分消费者的消费习惯和消费方式的把握,才能制定出合适的营销活动,吸引消费者的注意力,最后实现购买。

2. 潜在消费者现在的购买行为:现在购买哪些品牌的产品? 对现在购买品牌的态度如何? 有无可能改变计划购买的品牌? 这种对购买行为的分析,是企业进一步了解潜在消费者的重要步骤。通过分析这些信息,可以发掘消费者的购买习惯和对产品的认知,从而明确主要竞争对手,并据此制定出有效的营销方案。

3. 潜在消费者被本品牌吸引的可能性:对本品牌的态度如何? 他们需求

的满足程度如何？这是挖掘潜在消费者的潜在购买热情的关键步骤。因为无论是对潜在消费者特征的了解，还是对其现在购买行为的分析，都是为了实现一个目标——让潜在消费者把消费转移到自身产品。如果不能明确潜在消费者对本品牌的态度，就无法制定出能够满足他们需求的营销方案，无法提供他们关心的利益点。

第四节　广告运动主体调查与分析

在分析完消费者情况之后，企业和营销人员有必要把目光投向企业自身。作为营销活动的主题，企业希望通过一系列的营销活动，获得营销目标。因此，对自身情况和产品情况进行分析，是十分必要和重要的。

一、企业自身情况分析

"当局者迷，旁观者清"，企业要想自己认识自身情况，是很难的。但是通过营销活动，请专业人士给自己作一个分析，既是可行的，也是必要的。只有客观地认识自己、评价自己，才能使企业有进一步的发展。

1. 企业内部情况

企业内部情况主要是指企业内部的具体情况，社会大环境以内的企业情况，主要包括产品、价格、渠道、促销这些方面的情况。

产品，即 4P 理论中的 Product，是指企业提供的有形产品和无形服务。本节第二部分内容会专门探讨产品情况，因为无论在哪个营销观念主导的时代，只有产品才是营销的生命线，离开质量过硬、符合消费者需求的产品，一切营销都是空的。

价格，Price，它由生产成本、流通费用、国家税金、企业利润四部分构成。价格是商品价值的货币表现，价值是价格的基础，商品的价值由投入的成本和利润组成。企业制定价格是为了促进销售，获取利润。因此在定价的时候，企业不仅要考虑成本，使自己的劳动获得应有的回报，也应该考虑消费者的接受能力，使产品不至滞销，同时还应该考虑到竞争对手的价格情况，有竞争力的价格策略也是企业在市场经济中获胜的重要法宝。

渠道，Place，也被称为营销渠道或配销路线，指商品从生产者向消费者转移所经过的途径，或生产者经过中间商到最终消费者的全部市场营销结构。它由位于起点的生产者和位于终点的消费者以及两者之间的中间商组成，包括商品批发、零售、运输、储存等环节。销售渠道的选择受产品因素、市场因素、企业因素和政策因素的影响，畅通的渠道是企业创造利润的重要条件。

促销,Promotion,通常是指生产者运用各种手段,向消费者推销产品,促使产品从生产领域向消费领域转移。促销方式主要包括广告、直接营销、公共宣传和公共关系、人员促销、销售促进等五种。促销也是现代营销的重要组成部分。我们本书的主要内容广告策划就是属于促销中的广告。

2. 企业外部环境分析

尽管企业外部情况不同于企业内部情况,不具备可控性、可操作性,但企业也能够合理分析所处的外部环境,趋利避害,抓住适合自身发展的时机。在这里,外部环境主要是指除了整个社会宏观的经济、政治、文化之外的营销环境和消费者市场情况。

营销环境主要涉及行业发展状况,这对企业的影响非常大。最近几年外贸行业遭遇困境,几乎所有涉及出口的公司,都受到了巨大的冲击,在这股浪潮中,都有损失。而能源行业由于国家宏观调控和其他行业对此需求加大,获得了巨大的发展机会,创造了高额利润。

消费者市场,是指广义的消费者人群,而不单是指某种产品的某些消费者。因此,企业在寻找商机时,必须以消费者为起点,真正挖掘消费者需求,进行生产,才能杜绝闭门造车,生产出符合消费者需求的产品,从而创造利润。

二、产品情况分析

由于产品是企业自身分析中最重要的内容,在这一部分中,笔者将从几个方面,分别对它们进行探讨。

1. 产品层次分析

如我们在前面的章节中所提到的,产品都由三个部分组成,即:核心产品、有形产品和外延产品。对产品的这三个层次,应该加以具体分析,这样既能把握产品的特征,也有利于营销获胜。

2. 产品特征分析

产品特征是该产品区别于其他产品的关键点,是在产品高度同质化的当代、在激烈的市场竞争中取胜的关键。因此,在调查中,必须明确这个产品最大的特点是什么?只有找到了满足消费者需求的要点和特性,才能确定广告活动的主题和广告的诉求点,从而提出良好的创意。

同时需要引起注意的是,产品特征包括很多方面,如产品的构成成分、产品的价格和质量、产品的使用方法及难易程度、产品在市场中的竞争状况、产品的包装和设计等。抓住其中一种或者几种,进行集中的研究和宣传,能取得很好的效果。

3. 产品生命周期分析

产品所处的生命周期,是企业在进行自身评价时,必须充分掌握的。

在产品的引入期,产品未被消费者了解,知名度低。这时集中宣传,能培养该产品的最早消费者——先驱。广告策略则应采用进攻型战略,选用信息传播速度快、影响大的媒介。如通过电视发布广告且频率要高,采用全面而强烈的诉求点和诉求方式。

在产品成长期,产品知名度上升,市场销量增加,竞争加剧。此时广告诉求的重点应放在突出本产品优于其他同类产品的特性上,以使更多的潜在消费者知道该产品;广告目标对象——社会上大多数使用者,以便进一步扩大市场占有率,除了电视外,还可选用广播、POP 和报纸等,发布频率可略低于上一个时期。

在产品成熟期,消费者进一步扩大后,一般会出现更多竞争对手。成熟期广告策略要将广告诉求放在品牌与产品形象宣传上,诉求对象针对中期和中后期使用者,以便在巩固原有市场规模的基础上进一步提高竞争力。

在产品衰退期,市场饱和,销售量开始出现下降。这个时候营销的重点应放在宣传产品新的改良、新的用途、优惠的价格和售后服务方面,诉求对象是老用户及下一周期的新用户。

三、品牌形象分析

品牌是我们这个时代谈的最多的词之一。它既是一种有形的形式,如标志、名称、标准色、标准字等,更是一种无形的理念,它给予了消费者很多实际利益以外的精神快感,比如地位、身份和荣誉。

品牌包括知名度、联想度、美誉度、忠诚度四个方面。品牌个性的出现,使品牌理论更加完善。品牌个性是品牌给消费者的印象。

大卫·奥格威认为:当同类产品出现了大量不同的品牌之后,每一种品牌的品质已经大同小异,在广告中已很难强调自己拥有某些别人不具有的特色,因而诞生了一种新的方法,使产品具有与其他产品不同的形象特征——产品品牌策略。同时,他认为品牌的个性确定品牌的价值。

例如,长虹跟索尼的品牌不同,可是还有各自的用户群,品牌个性的差异是界定品牌的重要因素。可口可乐"新配方"事件以沉重的代价印证了消费者的品牌印象不会轻易改变这一心理。20 世纪 80 年代,面对百事可乐强大的竞争压力,可口可乐决定以口感更好的新配方来争取消费者。但由于"可口可乐,真正的可乐"这一品牌印象在消费者心目中根深蒂固,新配方推出后遭到消费者的强烈抵制,甚至引发了忠诚消费者的游行示威,抗议可口可乐公司侵犯了他们饮用"正宗"可乐的权利。可见,改变消费者的品牌印象很困难。

因此,企业必须客观评价自己所拥有的品牌,在消费者心目中拥有一个怎样的品牌形象,究竟是正面的还是负面的,究竟是有活力的还是陈旧的,通过对品牌形象的塑造,企业可以创造更高的价值和利润。

第五节 竞争对手调查与分析

在对企业自身状况进行分析之后,应该对竞争对手进行一番调查和分析,即"知己知彼,百战不殆"。分析的角度,和企业自身分析是一样的。

一、竞争对手企业情况分析

1. 竞争对手企业内部情况分析

因为是竞争对手,所以企业大多无法全面地掌握关于对手内部情况的信息。同样,又是因为是竞争对手,所以在产品、价格、渠道、促销上,肯定有着很多的共同点。在这部分调查上,企业应该从消费者、经销商、广告媒介等多种方式入手,仔细分析竞争对手情况,从而制定出适合自身发展,有利于在竞争中取胜的营销策略。

在价格上,通过分析,明确竞争对手的价格策略,从而制定有竞争力的价格。用价格策略占领市场,获得市场份额的上升,给竞争对手一个"攻"势。

在渠道上,企业应该重点关注竞争对手在渠道方面的优势,从而进行学习,为自己所用。同时,也必须关注竞争对手渠道中的薄弱环节,给自身企业的渠道开拓找到新的机会,从渠道上进行突破,可以把产品放在消费者最容易接触到的地方。

在促销上,企业应该分析竞争对手的促销手段和促销特征,取长补短,并通过有竞争力的促销方式,尽快抢占消费者心智,从而树立起企业的形象。

2. 竞争对手外部环境分析

这部分的分析,与前面提到的企业外部环境分析极为相似。因为既然是竞争对手,那肯定处在同一行业。了解自身情况,了解自身企业的发展状态,就是对竞争对手外部环境的分析。但是,必须关注竞争对手在行业中的发展轨迹和行业地位,这样更有利于营销策略的制定。

二、竞争对手产品状况分析

关于竞争对手的产品状况,分析的角度和企业自身产品分析一样,无异于从产品的三个层次、产品生命周期和产品特征等方面进行。

但同时,也应该关注一些新的内容。比如,对产品内在与外在的性能、作用等方面进行深入调查,寻找自身与竞争对手的差距和优势。如对产品的加工工艺、原料、生产能力、外形、包装等进行细致的调查,从而找到自己产品发展的机会点和问题点。

本章小结

调查是一切营销活动的基础,它包括七个方面:产品研究(Product Research)、企业研究(Corporate Research)、消费研究(Consumer Research)、媒体研究(Media Research)、广告研究(Advertising Research)、销售和市场研究(Sales and Market Research)、民意研究(P. O. P)。

广告公司开展市场调查的方法多种多样,但按照调查资料和信息获得的渠道,可分为间接调查法和直接调查法两种。

企业市场营销分析的要点:宏观经济形势、市场营销环境中的微观制约因素和市场概况。

消费者的消费态势,由以下五个方面构成:消费者何时购买;消费者何处购买;消费者怎样购买;谁担任家庭的购买;消费者为什么购买。

产品分析包括产品层次分析、产品特征分析、产品生命周期分析三个方面。

思考练习

1. 为什么企业在进行营销活动之前要进行市场调查?
2. 影响企业发展的内外部因素分别有哪些,它们各自有怎样的作用?
3. 如果有一家企业要你为其生产的饮料产品做一个竞争对手分析,谈谈你的设想。

策划案例赏析

看不见　也耀眼
——方正集团品牌传播方案

广告主:方正集团
代理公司:睿狮广告

案例点评人：伦洁莹(LOWE/睿狮广告传播董事长暨首席执行官)

案例点评

每一个广告主都说品牌很重要,但在中国的媒体上,我们已经很少看到真正的企业形象广告了。为图短暂利益、提高销售而为产品做广告,当然无可厚非,但建立品牌的力度却远远不够。方正集团的业务以 B2B 为主,把广告预算省掉,拨归利润,并无不可。在大多数企业甚少重视企业形象的时候推出这一系列广告,无疑非常明智。

方正集团企业形象广告的创意合适、合情、合理,但同时又令人惊叹、惊讶、惊喜。这一系列广告采用拟人法,很亲和,一点都不夸张或哗众取宠。广告用第一人称,有条不紊地把方正与人们生活息息相关的细节娓娓道来,很窝心,真亏创意者们想得到。看完这个系列的广告之后,观众对方正知道得更多,了解得更多,喜爱度也更多。

背景资料:幕后英雄的尴尬局面

方正集团成立于 1986 年,由北京大学投资创办,它拥有并创造了对中国IT、医疗医药产业发展至关重要的核心技术,并且快速成长为综合实力与华为、海尔同列中国信息产业前三强的大型控股集团公司,现阶段由方正 IT、方正金融、北大资源、北大国际医院四部分主要业务构成。

2010 年之前的方正,在很多人心里,只不过是一个国产个人电脑品牌,这不足以体现方正集团本身的实力和品牌价值。问题存在多年,印象已成习惯,是时候面对现实了,方正集团要挑战消费者认知,在人们心中创建一个完全不同于过去的方正。

2010 年 4 月,方正集团携带 4 支温情脉脉的电视广告来到公众的视野之内。如一阵春风携着暖意沁入人心,方正集团的形象就此获得空前扭转,人们对于方正品牌的熟悉度、信任度均大幅提升。

奇迹是如何成功创造的,且让我们从头看起——

解决方案、策略推导:从小 IT 到大 IT 的价值提升

没有比改变成见更费力的事了。

方正集团品牌与其旗下四大产业品牌之间的关系,目前除了名称上都姓"方正"外,各自品牌的内涵是相对分离的。然而,集团形象和四个子产业应该相互联系、相互支持。至于如何落实这一点,我们且看向自身:

方正 IT 是目前集团业务的主力,全新的方正 IT 体系已经完成。与其在集团层面加强"跨产业概念",将集团下的繁多业务汇于一处,一股脑地向消费者说明方正的业绩,不如在现有的主力业务品牌上做得彻底,以点带面,分阶段将每一个业务领域娓娓道来。方正集团品牌的价值和影响力来自旗下业

务品牌,有了实在有力的产业品牌后,既可以随时以方正集团的名义纲举目张,又可以避免"产业+集团"两条战线全面作战,投入都不彻底的风险。

于是,以方正 IT 为切入点,创作第一支方正集团品牌广告已成定局。四个产业中,IT 最为人所熟悉,想让品牌脱胎换骨,这一点既是考验我们的难题,也是启发我们的钥匙。

在制定策略的过程中,我们将 IT 事业群现状称为"小 IT"。小 IT 是人们心中已有的认知,是只有 PC 业务和激光照排技术的方正 IT。同时,我们将未来想要塑造的形象称为"大 IT",大 IT 是三年后中国综合实力最强的 IT 服务商,是在原先科技的、严谨的、保守的方正品牌形象中注入服务品牌元素的方正 IT。

于是,方正集团"去小 IT 化"和方正 IT "大 IT 化"的战略层层展开,力求让人们超越现有在 PC 层面对方正 IT 的认识,重新在更大、更广的领域构建消费者对方正 IT 的新认识,同时通过强化服务理念来强化品牌亲和力。

明确了战略方向之后,我们将问题指向了传播内容。

长期以来,方正集团一直喊着"世界在变,创新不变"的口号。对大多数公司来说,创新是一个必要条件,但是谁都可以说自己是创新型公司,只有赋予创新独特的诠释并付诸实践,才可以真正"拥有创新"。

首先,什么才是方正创新的独特性? 其次,我们要将这种独特性转化成怎样的传播讯息? 最后,如何简明和清晰地向大众传播这个讯息?

我们仍然回到企业自身,首先,方正的核心理念是"方方正正做人,实实在在做事"。方正这样说了,也确实这样做了。汉字激光照排系统的发明,促进了中国传统出版印刷行业的发展。事实胜于雄辩,方正通过自主和持续地创新,实实在在地解决了用户实实在在的问题,至此,我们得出了"实实在在创新"的传播概念。但是方正 IT 的主要产品和服务大多深藏在终端产品内部或医院等专业领域,难以直面消费者,这样怎能打动消费者,赢得影响力呢?

我们意识到,消费者和方正被一堵看不见的围墙挡在两边,只有让幕后英雄开口表达,才能跨过围墙,直抵人心。结合"实实在在创新"的结论,我们将方正集团塑造成这样一个形象:它存在于你想象不到的地方,用实际行动告诉人们——方正集团的创新产品和服务正深入千百万人们的日常生活中,也许你看不到这些创新的存在,但它们正在为你的生活带来意想不到的改变,那些改变就在你身边。

"方正 IT,正在你身边",一个准确、清晰、与消费者亲密接触的创意水到渠成。

执行及表现:平凡生活中的温暖陪伴

正因为在你身边,所以需要渗透到生活的每一处平凡细节,需要亲和力。那么,用第一人称"讲述英雄自己的故事"是最容易塑造品牌性格,与消费者拉近距离的表达方式。我们将方正IT各个具体产品与服务带来的改变融入一段段温暖轻柔的独白,没有承诺式的造作却让人信服,没有声嘶力竭的呼喊却让人铭记,用一声声"我懂得"、"我祝福"搭起通往消费者内心世界的桥梁,给消费者最贴心的关怀。

方正IT旗下四种产品的具体利益点分别是:地铁售检票系统——改变城市流动的格局和效率;医疗信息管理系统——让就医更加便利,跟踪医疗健康状况;跨媒体阅读解决方案——可跨越各种终端的阅读,给获取知识和获得信息的途径带来极大的拓展,同时解决移动终端上的疑难汉字处理;智能电路板——让所有终端电子产品正常运行,让它们有能力为生活带来乐趣。基于此,我们创作了《地铁篇》、《医疗篇》、《阅读篇》和《城市亮点篇》4则TVC。

(1)医疗篇60秒

这一刻,你的心情我知道——

我知道你无力奔波,我知道你无心等待,我知道你想对一切都了如指掌,我知道你要让遥远不再遥不可及。

我知道你越多,就为你做到更多。因为,你看医生,医生看我。

我是谁？你看不见我。

我是方正医疗信息管理系统——方正IT,正在你身边！

（2）地铁篇 60 秒

每天，我都在这里，向从不迟到的他说一声"早安"（嘀），和刚刚踏上社会的她讲一句"加油"，或是，跟离别的他们道一句"珍重"。这里只是大都市的平凡角落。

人来人往中，我祝福所有的出发，也迎接所有的到达。

我是谁？你看不见我。

我是方正地铁售检票系统——方正 IT，正在你身边！

（3）阅读篇 60 秒

我发现，有些字写在手机上，也写在你的脸上；有些字写在屏幕里，也写在你心里；有些字写进了书本，也写进了你的思绪。

你读懂了文字，我读懂了你。有字的地方就有我，我让阅读无处不在。

我是谁？你看不见我。

我是方正跨媒体阅读解决方案——方正 IT，正在你身边！

（4）城市亮点篇 60 秒

我在这里，你渴望铭记的瞬间在这里；我在这里，你热血沸腾的感动在这里；我在这里，你了如指掌的旅程在这里。

我在哪里，生活的亮点就在哪里。

我是谁？你看不见我。

File Name: (mpg2)Founder_MultiMedia_60s(mand)_14Jul2010.mpg
File Size: 46MB (48787304 bytes)
Resolution: 720x576 (4:3)
Duration: 00:01:02

我是方正智能电路板——方正IT,正在你身边!

File Name: Founder_60s_FinalVer_Rev_Mand_3May2010.mpg
File Size: 46MB (49004392 bytes)
Resolution: 720x576 (4:3)
Duration: 00:01:02

平面及户外媒体的配合

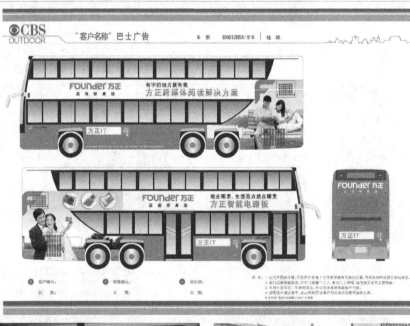

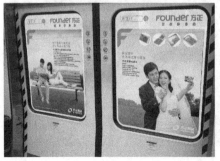

广告效果：掌声响起，品牌之路才刚起步

一轮广告投放之后，反响空前强烈。在消费者调查中，地铁篇和医疗篇两个版本的广告在品牌印象的参数上都表现良好，几乎所有的品牌印象的参值分数都超过了90%。有95%的受访者认为方正IT的广告成功地为品牌创造了积极的影响。与三个月前相比较，目标人群对方正的认知度、熟悉度、总体印象和信任度都肯定地受到了影响。很多受访者表示："真没有想到，我每天也在享受着红橙方正IT产品和服务带来的好处，我要用更多它的产品。"

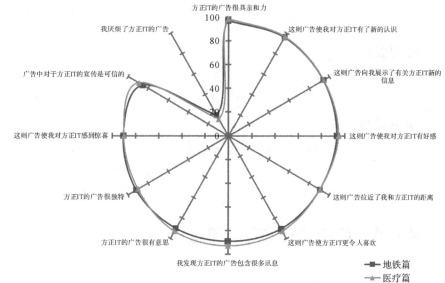

方正集团的品牌之战一炮打响，方正在人们心中再也不是那个只懂得做PC电脑的IT品牌。然而，品牌的建立并不只在IT一战。接下来，以方正金融、北大资源、北大国际医院为切入点的一系列方正集团广告还将对品牌进行更精彩的诠释。在方正品牌建设这条路上，出乎意料的故事将永远未完待续。

第四章　广告诉求和定位策略

关键概念

广告主题　USP 理论　定位

学习目标

1. 了解广告主题的概念、要素和基本要求;

2. 深刻领会经典诉求理论——USP 理论,并能分析相关案例;

3. 掌握定位理论的各种方法,并能根据实际情况做出相应的定位。

第一节　广告主题的定义和意义

一、广告主题的含义

广告主题是广告的眼睛,它贯穿于整个广告活动的全过程中,为整体广告策划做了一个良好的铺垫。广告主题是广告所要表达的重点和中心,是整个广告活动的灵魂所在。作为信息的焦点,广告主题不能宽泛而模糊,而应该根据产品的具体情况进行筛选和取舍。它又是广告创意的主要材料和依据,涉及的核心问题是市场,它的确定建立在市场调查的基础之上。

广告主题是广告所要传达的核心内容,它可以由物质性的东西来支撑,也可以由心理性的东西来支持。广告主题的正确与否直接关系到广告的成效。所以,确立广告主题,可以针对物质利益,也就是产品和服务的实用价值来进行,也可以针对消费者的心理利益,诉诸产品的附加价值,为商品创造出一种消费者心理所期待的幻觉。

任何广告都应该有具有科学鲜明的主题。广告主题是为达到广告目标要表达的中心思想和主要内容。广告主题,从企业或策划者的角度来说是"卖点",从消费者的角度来说是"理由"。人们在购买商品或接受服务之前,总希望能得到一种对商品或服务的描绘。这种描绘就是消费者选择商品的理由,而这个理由必须十分明确。

综上所述,离开广告目标,广告主题就没有了方向;离开信息个性,广告主题就没有亮点;离开消费心理,广告主题就缺乏感召力。所以,任何一个成功的广告都应该包含并达到和谐统一的三大要素——广告目标、信息个性和消费心理。

二、广告主题的要素

广告主题是广告所要传达的核心内容。一个完整的广告主题应该包含广告目标、信息个性和消费心理三个要素。或者说,广告主题是由广告目标、信息个性和消费心理三个要素构成的。

1. 广告目标

广告目标是指广告活动所要达到的最终目的。广告目标是根据企业的目标设定的,营销目标是指通过包括广告在内的多种营销手段所获得的实际物化效果;而广告目标是广告实施对目标对象的最终影响,即沟通的目标。广告目标决定了为什么要做广告和怎么样做广告的问题。确定广告主题,必须以广告目标为依据,针对要达成的广告目标提出广告所要说明的基本观点和要告诉人们什么。广告目标融入广告活动并获得其实现的可能性,必须借助广告主题。没有了目标就没有了责任,没有了考核依据;同时也没有了压力与前进的动力。广告策划需要解决的问题是广告所要传达的核心内容,它必须直接或间接地指向广告目标。因此,广告目标对广告主题的要求是不能无的放矢,不能不讲效果,不能与广告策略相违背。

2. 信息个性

信息个性也称"卖点",这是站在广告主的角度说的,在广告传播中即为诉求重点——广告对商品、服务和观念所要传播的主要内容。当年,饮用水市场曾被乐百氏和娃哈哈两分天下,一个新的产品,如果没有个性是不可能找到品牌间的差异的。农夫山泉的崛起告诉我们:区别就是一切。[①] 它牢牢抓住了人们回归自然的心态,无论是产品的命名还是创意都围绕着这一中心,展开了"农夫山泉有点甜"的攻势,让人喝上一口真的有甜丝丝的感觉,体现了产品的与众不同。信息个性是整个广告活动的亮点,犹如华丽礼服上的一枚钻石胸针,使整套服饰都鲜活起来。因此,信息个性对广告主题的要求就是:主题必

---

① 谢仲文:《广告策划教程》,广西师范大学出版社 2005 年版,第 151 页。

须具有独特的个性信息。信息个性可以从产品的自然特点和社会特点所彰显的个性这两方面去识别和挖掘。自然个性包括原料的品质、产地、历史、制造方法、技术、设备、工艺水平、卫生条件、生产规模、产品形状、视觉形象、听觉印象、触觉印象、使用寿命、用途、方法、方便程度和保险程度等方面;而社会特点则包括商品的经历、用户的构成、社会的评价、同类产品的竞争状况、消费者对产品的态度、使用上的意趣、所代表的地位与身份的象征以及企业规模的大小、历史、声誉。①

3. 消费心理

消费心理是消费者在购买、使用及消耗商品或接受服务的过程中反映出来的心理现象。这种现象不是千篇一律的相似和雷同的,而是多种多样和千姿百态的。消费者的心理把握不准的话,就难以挑起消费者的心理欲望。台湾山叶钢琴广告是一个成功运用心理调侃成功的案例:"爸爸妈妈都希望自己的孩子是最好的,从孩子呱呱坠地起,所有的父母就希望孩子是最好的,希望孩子健康快乐成长。山叶愿与父母共同分担这个心愿。学琴的孩子不会变坏!"一句"学琴的孩子不会变坏"就准确地抓住了为人父母的心理期望,一语中的,给为人父者一片挡不住的甜蜜。一个主题如果将心理因素融合得越巧妙、越合理,广告共鸣的震撼效果就越强烈。因此,消费心理对广告策划的要求是广告目标和信息个性应迎合消费者某一方面的心理需要。

三、广告主题的基本要求

广告主题的基本要求主要包括以下几个方面:

1. 鲜明、突出的要求

广告主题应当力所能及、尽可能多地吸引人们的注意,必须做到观点明确、概念新颖、重点突出、使人一目了然,并鲜明地表达广告的商品或服务的不同之处。成功的主题应该是简单的,结构上不复杂,表达单一明确,不力图表达更多的信息内容,目标集中,重点突出,才能具备思想性与统一性。

2. 新颖、独特的要求

广告主题要有自己独特的新意,要与同类产品的其他广告有不同的销售重点的表达。使广告主题具有新意,其重点在于差别化策略的运作。要善于发现产品或服务之间的差别,可以从质地、制作工艺、效用、心理价值等方面进行挖掘,使广告主题具有个性化色彩。广告主题对于客观事物的揭示,重要的一点是思想深度。广告经营者必须具有敏锐的洞察力,能从平凡的生活细节

---

① 饶德江编著:《广告策划与创意》,武汉大学出版社 2003 年版,第 75 页。

中挖掘出让人激动不已的意蕴来,使之具有深邃的思想认识价值和生活哲理。

第二节　广告诉求相关理论

广告的目的是要使消费者对所广告的企业、产品、服务产生一种认知,或改变对企业、产品、服务的态度,或直接促使消费者产生有利于企业的消费行为。所以,从本质上看,广告诉求策略也即广告的说服策略。广告能否达到说服的目的取决于三个层面的问题:

一是广告是否针对本身需要说服的那部分目标消费者;

二是广告诉求的内容是否刚好符合那部分消费者的需求或喜好;

三是诉求所采用的方式是否是他们愿意接受的,是否有效。

所以,广告要达到有效诉求的目的,必须具备三个条件:正确的诉求对象、正确的诉求重点、正确的诉求方式。

一、广告诉求对象的确立

广告的诉求对象是产品的目标消费群体,是广告信息传播要针对的那部分消费者,我们称之为广告的目标受众。"对谁说"就是目标消费群体定位的问题。这个问题看起来很简单,但在广告中"对谁说"的分析定位上必须要注意一点,那就是目标消费群体不等于目标购买群体。

广告诉求对象的确立取决于产品的目标消费群体、产品定位和产品的实际购买者。

美国市场学家温德尔·史密在 20 世纪 50 年代中期就提出了市场细分的概念:市场细分是根据消费者对不同产品的不同欲望和需求以及不同的购买行为和购买习惯,把整体市场划分为若干有意义的消费者群体的过程。市场细分有利于企业生产真正适合消费者需求的产品,有利于发现市场的"真空"地带,有利于有目的、有针对性地实施营销策划方案。在广告策划中,诉求对象决策应该在目标消费群体和产品定位策略确定之后再进行。因为,目标消费群体指明了广告要针对哪些细分市场的消费者进行,而产品定位策略则再次申明产品指向哪些消费者。

在市场调查与分析中对消费者进行分析时,常常涉及消费者在不同产品的购买中起着不同的作用。比如,在购买家电类等大件商品时,丈夫的作用大于妻子,而在购买厨房用品、服装时,妻子的作用大于丈夫。因而,家电类产品的广告更主要的是对男性进行诉求,而厨房洗涤用品、服装类产品的广告则主要针对女性进行诉求。

在确认三个构成要素之后,要注意挖掘各个要素之间的融合点,即寻找共同点。这种共同的东西,不是指每个要素都具备的某"一块",事实上也不可能从每个要素当中都各切"一块"下来拼凑成广告主题。所谓共同的东西,是指各种要素中所表现出的基本观念的交叉点。进行广告整体策划时一定要注意消费者的切身利益,一定要明确指示可给消费者带来的物质方面的益处。如果忽视这一点,在确定广告主题时只从企业利益出发,只站在企业立场说话,这样的广告主题会导致广告运动的失败。

二、广告诉求对象对其他策略的影响和制约

1. 广告诉求对象制约着广告的诉求重点

因为广告诉求对象都有着各自特定的心理需求,广告要发挥其应有的效果,自然应该以诉求对象最为关心、最能引起他们兴趣的信息为诉求重点。在了解消费者需求的基础上,为更明确地掌握市场,往往要把消费者分成各种类型,并从中选择最合适的一个或两个作为自己的目标市场。成功的广告要做给特定的、具体的、有欲望的、有需要的人看。

就洗发水而言,它一般能满足三个层次的需要:追求廉价实用者;追求洗净头发、令秀发美丽者;有特殊需要比如去头屑的消费者。海飞丝抓住了第三点。由于海飞丝的价格相对偏高,它的定位就是收入较高、需要去头屑保证公众形象的消费者,地区选择上,偏重大中城市,由于年轻人比较乐意接受新产品,特别是白领更关心自己的外在形象,于是,城市的、年轻的、关心自己形象的消费者便成为海飞丝的最终诉求对象。只有在这样严格的对象把握的基础上,诉求才能有效实现。

2. 广告诉求对象制约着广告的诉求方式

由于不同的消费者有着不同的接受信息的兴趣与习惯,因而不同的诉求方式对不同的诉求对象有着不同的作用。一般而言,男性较偏重于理性,较容易被理性诉求方法说服,而女性则偏重于感性,所以运用感性诉求的方法更能打动她们。

3. 广告诉求对象制约着广告媒介策略

不同的消费群体有不同的媒介接触习惯,广告只有通过这些特定的媒体刊播,才能确保广告信息真正传达到广告诉求对象。因而在进行媒介策略的决策时,一个重要的原则就是了解诉求对象的媒介接触习惯,同时按照他们的媒介接触习惯选择媒介和进行媒介组合。

三、经典的广告诉求理论——USP 理论

1. USP 理论的提出和含义

20 世纪 40 年代,罗瑟·瑞夫斯在继承霍普金斯科学的广告理论的基础上,根据达彼思公司的广告实践,对广告运作规律进行了科学的总结,系统地提出了著名的 USP(Unique Selling Proposition)理论——独特的销售主张,这也成为达彼思广告公司的经营哲学,在当时的广告界产生了巨大的影响。

1961 年,罗瑟·瑞夫斯出版了《实效的广告》一书,USP 理论就是在这部著作中正式提出的。其理论要点有三:

(1)一则广告必须向消费者明确陈述一个消费主张;

(2)这一主张必须是独特的,或者是其他同类产品宣传不曾提出或表现过的;

(3)这一主张必须对消费者具有强大吸引力和打动力。

USP 的理论逻辑和完整表述应该是这样的:一则广告必须向消费者明确陈述一个消费主张,告诉消费者您为什么要买我广告的产品,您买我的产品能够获得什么利益,也就是向消费者提供一个明确的购买理由;这一理由必须是独特的,本产品独自具有的,由此提示消费者,您为什么要买我产品而不去买其他产品,因为您能从我的产品中获得其他产品所不能提供的独特利益;这一理由必须是独特的,至少也应该是以前从未展现过,其他同类产品宣传中不曾提出或表现过,以取得产品推广中的优先话语权,这应属于技巧层面的事;这一理由不仅必须是从产品自身寻找出来,产品推广者认为独特,而且还应能吸引和打动消费者——这就是罗瑟·瑞夫斯 USP 理论的基本内涵和要义。

2. USP 广告理论的经典意义及其发展

任何一种理论都有其特定的理论范畴和理论指向。就 USP 理论来说,它集中解决的是关于广告诉求的问题,其理论意义和价值也在于此。

从基本理论倾向来看,罗瑟·瑞夫斯的 USP 理论主张广告必须向消费者提供一个明确的消费主张。USP 理论的精义集中体现在"独特"二字上。所谓"独特",即建立个性化与差异化。我们看到,20 世纪 60 年代以来重要的营销学与广告学理论,都不约而同地在各自的领域里追求和探寻着差异化问题。可以这样说,差异化问题的探寻,是现代营销学和现代广告学最具集约性和根本性的理论问题之一。罗瑟·瑞夫斯可以说是在广告诉求的问题上,追寻个性化和差异化的第一人。从向消费者提供一个明确的购买理由,到向消费者提供一个明确而独特的消费主张,其所显示的差异化理论意义,正是我们尤为注重的,尽管它只限于广告诉求的范围内。

USP 理论的核心之处在于挖掘产品功效中的特质,从而提出其他竞争对手不能或不会提出的销售主张,从而造成产品的差异化。强调产品本身引发人们的兴趣,而不是广告本身。USP 理论本质上是对艺术广告的反动,它使广告由艺术走向科学,尽管它是以产品为本位,探求推销产品的方法,还停留在"术"的阶段,但其主张挖掘产品自身的独特之处,寻找产品所存在的差异,则使之成为 20 世纪 70 年代广告定位理论的源头。

20 世纪 70 年代,在产品的同质性日益增强的情况下,人们不是因为产品之间的具体差异性而购买该产品,而是通过广告创造商品在人们心理上的差异性,广告由原来关注产品的独特性的销售主张,发展到以感性诉求为主,对未来潜在顾客心智下功夫,把产品定位在你未来顾客的心中。这种定位,实质上是一种传播策略,让产品占领消费者心智中的缝隙,形成产品在消费者心中的差异性。在传播的独特性和差异性这一点上,定位理论与 USP 理论有很密切的关系。

20 世纪七八十年代的 CI 理论提倡运用统一的视觉识别设计传达企业特有的经营理念和活动,从而提升和突出同一企业形象,使企业形成自己内在的独特的个性,最终增强企业的整体竞争力。CI 理论强调企业必须有内在的个性,如独特的企业标志、标准字、标准色等,同时还必须有内在的个性,如独特的产品,与众不同的管理理念、营销理念和发展理念等。如此种种主张均离不开"独特"二字,它们都是在"独特"的基础上不断扩大概念的内涵,其独特性不再局限于产品本身,也不再局限于消费者心智中的缝隙,而是涉及从企业的外部具体的标志识别到内在的抽象的经营理念。

就是时下非常流行的整合营销传播理论,其中也不难窥见 USP 的影子。整合营销传播理论认为企业唯一的差异化特色,在于消费者相信什么是厂商、产品或劳务,以及品牌所能够提供的利益。存在于消费者心智网络中的价值,才是真正的营销价值。企业只有实现了独特的品牌价值或品牌承诺才能形成企业的核心竞争力。而企业核心竞争力(Core Competence)是支撑企业可持续性竞争优势,开发独特产品、发展特有技术和创造独特营销手段的能力,是企业长期内形成的、独具的竞争优势,并使企业长时间内在竞争环境中能取得主动的、支撑企业过去、现在和未来的核心能力。

我们看到中国纯净水、矿泉水市场中相关企业对 USP 的精彩演绎:"27 层过滤"的乐百氏纯净水与"有点甜"的农夫山泉——也许所有稍有声望和规模的纯净水生产厂家,其生产工艺和程序都与乐百氏相同和相近,只有乐百氏将"27 层过滤"挑出来作为独特卖点;"有点甜"不过是口渴时饮水的感觉,不信您可以试试,口渴时饮用什么水都会"有点甜",可是只有农夫山泉找到并成功运用了这一 USP。这不正是罗瑟·瑞夫斯所主张的"率先得到 USP"的绝妙注脚？20 世纪 90 年代，USP 理论又有了新的发展，其策略思考的重点不再是罗瑟·瑞弗斯时代所强调的针对产品的事实，而是上升到品牌的高度，强调 USP 的创意来源于品牌精髓的挖掘。

三、广告诉求的基本方法

广告是以说服为目的的信息传播形式，即通过有针对性地传播信息对消费者进行诉求，促成消费者接受广告主所倡导的观念并采取广告主所期待的行为——购买广告主所生产的产品或提供的服务。广告诉求可以诉诸消费者的理性与情感，并由此而分为理性诉求与情感诉求这两大类模式。

1. 理性诉求策略

理性诉求是采用理性说服方法的广告形式，通过诉求消费者的理智来传达广告内容，从而达到促进销售的目的，也称说明性广告。这种广告说理性强，常常利用可靠的论证数据揭示商品的特点，以获得消费者理性的承认。它既能给消费者传授一定的商品知识，提高其判断商品的能力，又能激起消费者对产品的兴趣，从而提高广告活动的经济效益。通常的理性诉求广告有承诺广告、旁证广告、防伪广告、比较性广告等等。这种广告诉求定位于受众的理智动机，通过真实、准确、公正地传达所广告的企业、产品、服务的客观情况，使受众经过判断、推理等思维过程，理智地作出决定。如消费者购买或接受服务会获得什么样的利益，不接受会有什么样的影响。

理性诉求策略更多地运用于消费者需要深思熟虑才能决定购买的产品、服务或性能较为复杂的产品。因为理性诉求以提供信息为重点，突出产品功能优点，因此也较适用于新产品、耐用消费品和生产资料等。诉诸广告对象的理智，让消费者自己去权衡，听从劝说并采取购买行动。

理性诉求广告的特点在于宣传可信性、注重可比性。如果商品的信息具有专门知识，可通过专家权威来肯定的方式向消费者提供进一步的信息，也可以引出本产品与其他类似产品的比较，也可与本产品的历史情况比较，以示现在的优点。

同时，理性诉求并不排斥巧妙的、充满想象的创意，也力求亲切动人，富有情趣，使"硬"广告"软化"。

理性广告要用信息唱主角，"软化"的目的是更好地传递信息。产品功能性诉求主要是指产品在整合营销传播初期或市场开发初期，把产品的功能利益点作为行销诉求的基本要素，并尽量在功能利益点上表现出差异化，进而在品牌多元化的市场上，让品牌有更加突出的功能定位或形象定位。

功能性诉求变得更趋同质化时,产品的利益诉求便很难突出,商家为了突出产品的优势,于是通过概念来解决功能性诉求的种种问题,并在品牌的核心层注入文化、科技含量因素等,以突出品牌的核心优势,赢得消费者的信赖及认可,抢占商机。如现在市场上流行的补钙口服液,就有提出"吸收是关键"的独特诉求及相关概念;在补血保健品方面,也有商家提出了铁、锌等不同的概念,试图以概念的差异突出品牌,提升销售量。这不失为是理性诉求的一种好方法。

2. 感性诉求策略

采用感性说服方法的广告形式,又称情感诉求。它通过诉求消费者的感情或情绪来达到宣传商品和促进销售的目的,也可以叫作兴趣广告或诱导性广告。感性诉求的广告不作功能、价格等理性化指标的介绍,而是把商品的特点、能给消费者提供的利益点,用富有情感的语言、画面、音乐等手段表现出来。"威力洗衣机,献给母亲的爱"就属此类诉求方式。通常感性诉求广告所介绍的产品或企业都是以感觉、知觉、表象等感性认识为基础,是消费者可以直接感知的或是经过长期的广告宣传,消费者已经熟知的。采用感性诉求,最好的办法就是营造消费者使用该商品后的欢乐气氛,使消费者在感情获得满足的过程中接受广告信息,保持对该商品的好感,最终能够采取购买行为。

广告诉求定位于受众的情感领域,通过广告对消费者的情感造成冲击,使他们产生购买产品或服务的欲望和行为。感性诉求广告较适用于日用品、化妆品、服装等。需要注意的是:这类广告不能虚假、做作、卖弄,情感内涵要丰富,贵在挖掘与发现,要尽量以生活为背景。

感性诉求是以当今社会越来越受欢迎的情感消费为契机的。所谓情感消费,就是要求产品或劳务不仅要能唤起消费者的情感体验,也能引起人们的美好的遐想与回忆。"其实,男人更需要关怀",这句极其简单贴心的问候,不知有多少消费者曾为之感动过,在拉近产品与消费者之间距离的同时,加速了产品人性化的进程。虽然只是一粒小小的药片,在消费者手里却成了关怀的象征,它不但治愈了消费者的生理疾苦,也让消费者得到了精神上的安慰和满足,这就是情感营销的魅力。

但需要注意的是,打动不等于说服。人情味浓的广告固然很感人,但有时也会产生副作用,那就是"情感溢出"——广告做成了故事篇、电视剧,使人无暇顾及商品,影响广告效果。所以,情感广告运用之妙在于恬淡自然。

赋予品牌某种感情已成为企业主和广告人塑造品牌形象的有力武器(特别是对那些可替代的产品),广告策划人员总是试图用情感来影响消费者的购买决策。然而,实践中纯粹诉诸情感的广告失败率却相当高,据业内人士估计,这一比率高达 95%。原因何在呢？因为每一个企业都在打情感牌,产生的效果很快就抵消掉了。超市里,面对黎明代言的乐百氏和王力宏代言的娃哈哈,消费者该做何选择呢？但尽管是这样,仍有少数优秀的广告成功地将品牌推上了情感之巅峰,他们的秘诀何在呢？答案还是创意。面对变化越来越快的消费者行为,广告人自我陶醉的情感诉求广告往往很难获得成功,只有富有创意的情感广告,才能打动苛刻的消费者。

从上面案例可以看到,成功的情感诉求广告应该包括以下基本要素:

(1)明确的承诺。仅想占据某种情感并不够,情感必须变成真实的承诺。

(2)可信度。产品的情感价值越直接、越可信越好。先举正面的例子:一块干的尿布可以使婴儿感到舒服,一个洗碗机可以使生活更方便。再举反面的例子:没有啤酒的聚会是多么百无聊赖,没有手机的人在事业上处处碰钉子。

(3)好的创意。创意是情感诉求广告的安身立命之本,无中生有地制造强烈的感情并不能使消费者产生共鸣,较为明智的做法是从在消费者头脑中扎根的那些强烈情感出发,因势利导地展开创意。就像莫里·施瓦茨所说的:"每个人都渴望爱别人或得到别人的爱,但却没有机会。于是只好接受爱的替代品——新车、新房之类。他们希望能得到类似于爱的情感回报……"

因此,要追求品牌忠诚的极致,除了给消费者提供高品质产品、购买便利和优质服务,使消费者产生消费满意外,还应十分注意在广告和品牌形象宣传过程中进行情感渗透。

3. 情理结合诉求策略

理性诉求策略和感性诉求策略各有其优缺点,因此广告策划人往往不是在考虑到底是用理性诉求还是用感性诉求,而是考虑如何将这两者结合起来。正如广告教皇大卫·奥格威所说:"几乎没有一种购买行为完全是基于理性原因的,即使是一种纯粹的功能性产品(洗衣粉),也可以提供那种所谓的情感利益,比如看到穿着靓丽洁净衣服的孩子的满足感。"[①]消费者的购买决策常常是在感性和理性的两种动机之上做出的,因此,在制作有效的广告时,这两种因素都十分重要。在广告诉求中,将感性诉求和理性诉求结合起来、优势互补的策略就是情理结合的策略。情理结合的策略常常利用理性诉求传达客观信息,又利用感性诉求策略引发受众的情感,因此,它既能显示出理性诉求策略的叙述、论证、说明的特性,又能显现出感性诉求的策略叙事、直抒胸臆的优点,做到情理交融,既有说服力又有感染力。

---

① 饶德江编著:《广告策划与创意》,武汉大学出版社 2003 年版,第 85 页。

第三节　广告定位理论

一、定位理论的含义和要点

随着生产竞争的进一步加剧，产品的日益趋同，美国著名的营销专家 A. 里斯(Al Ries)和 J. 屈特(Jack Trout)有预见性地宣告了定位时代的来临。他们认为，"定位是你对未来的潜在顾客心灵所下的工夫，也就是把产品定位在你未来顾客的心中"。

1969 年，A. 里斯和 J. 屈特在美国营销杂志《广告时代》和《工业营销》上发表了一系列文章，首次提出了"定位"这一概念。1979 年，他们在第一本确定定位理论的专著《定位：攻心之战》中宣称提出了一种新的传播沟通方法。他们还声称："'定位'是一种观念，它改变了广告的本质"，"定位已改变了现今所玩的广告游戏的方法"。到 20 世纪 80 年代，经过 10 年的发展和实践，定位论越过 USP 理论和品牌形象论，被奉为经典。定位从产品开始，可以是一件商品、一项服务，甚至一家公司、一个机构。但它并不是要你在产品上作什么重大改变，而是要你在产品的名称、品牌、价格、包装、服务上下工夫，为自己的产品在市场上树立一个明确的、有别于竞争者产品的、符合消费者需要的形象，其目的是在潜在顾客心中得到有利的地位。

产品定位是指建立产品在潜在消费者心目中的位置，这个位置不但考虑自身优势，还要考虑竞争对手的弱点。定位是在对本产品和竞争产品进行深入分析，对消费者的需求进行准确判断的基础上，确定产品与众不同的优势及与此相联系的在消费者心目中的独特地位。所谓定位策略，指的是帮助产品在消费者心目中确立与众不同的地位并获得在同类产品中的更大的竞争优势。

例如，Avis 汽车出租公司凭借"我只是第二"获得成功。它的成功并非是因为它是第二，而是因为靠着"第二"的定位与"第一"发生了联系。

定位论的基本主张归纳为以下五个基本要点：

(1)广告的目标是使某一品牌、公司或产品在消费者心目中获得一个据点，一个认定的区域位置，或者占有一席之地。

(2)广告应将火力集中在一个狭窄的目标上，在消费者的心智上下工夫，是要创造出一个心理的位置。在传播中不被其他声音淹没的办法就是集中力量于一点。换言之，就是要做出某些"牺牲"，放弃某些利益或市场。

(3)应该运用广告创造出独有的位置，特别是"第一说法、第一事件、第一位置"。因为创造"第一"才能在消费者心中造成难以忘怀的、不易混淆的优势效果。

（4）广告表现出的差异性。这里所指的差异性并不是仅指产品的具体的特殊的功能利益，而是要显示和实现出品牌之间的类的区别。

（5）这样的定位一旦建立，无论何时何地，只要消费者产生了相关的需求，就会自动地、首先想到广告中的这种品牌、这家公司或产品，达到"先入为主"的效果。

定位最终的结果就是在消费者心目中占据无法取代的位置，让产品或品牌形象深植于消费者脑海，一旦有相关需求，消费者就会开启记忆之门、联想之门，自然而然想到它。现实中已不乏这样的品牌，如柯达、麦当劳、可口可乐、万宝路等。

二、定位的作用

广告目标是使某一品牌或产品在消费者心目中获得一个据点，一个认定的区域位置。1971 年，美国广告专家奥格威在《具有推销力的广告》一文中指出，广告有 38 个要点，在所有这些定位中，他把定位即"产品的位置"放在第一位，并指出"唯有正确的位置，才是有效销售最重要的一步"。他甚至认为广告活动的结果并不取决于怎样策划广告，而取决于把所广告的产品放在什么位置。同样，20 世纪 60 年代，美国奥美广告公司就指出："决定广告效果的第一要素乃在于应该将此项商品归类在哪个位置。"譬如，推出一种护手霜时，应该将它定位在保护粗糙皮肤的商品种类上，还是定位在美化手指的商品种类上。广告定位并没有改变产品，而只是改变了产品在消费者心中的形象。

（1）它能赋予产品以竞争对手所不具备的优势。这种优势是一种观念上的优势，是一种关于产品的特定的形象、特定的用途、特定的市场、特定的风格的观念。

（2）能为产品赢得特定而且稳定的消费者。如果有一个产品宣称是专门为某一群体设计、专门满足某一群体的生理和心理需求，毫无疑问，这些被"专门"照顾的消费者极容易倾向选择这种品牌。

（3）树立产品在消费者心目中的与众不同的位置。

（4）帮助产品在市场竞争中占据一个有利地位。

定位时代的来临，是广告业的一大转变，厂商应该深思如何提高产品在消费者心目中的地位，然后通过广告来促进销售目标的达成。

三、定位的基本方法

1. 实体定位策略

（1）产品功效定位策略

产品在导入期的广告诉求主要是介绍产品的功能，在这个阶段，不管是感性产品还是理性产品，是功能性产品还是服务性产品，都往往要介绍产品给消费者所能带来的利益。企业应努力让在这个阶段进入市场的产品迅速在市场上被认知，所以在宣传产品的时候，一定要注意选择产品的最佳利益点，要考虑消费者的需求心态和消费者对产品利益的接受程度，这需要我们在做广告定位前，对市场的需求人群做详细的调查研究，找出产品利益和需求的对接形式，直接从产品具有某种功效说起。如"高露洁清洁牙齿，同时清新口气"。

从产品功效的角度入手来确定定位的方法一般包括：传达产品的功能，告知产品的利益对消费者的好处、利益可以转化的结果等等。

（2）产品品质定位策略

产品品质定位策略是指通过强调产品良好的品质而对产品进行定位的广告策略。通过突出其与众不同之处进行诉求，强调产品具有优于其他同类产品的优异品质。这是一般广告中最惯用的一种定位方式，因为创造并展示一个产品的优秀品质，是其谋求市场的最基本要求。品质优劣是衡量产品使用价值大小的重要标志，它是人们在购物时考虑的首要因素，但是在具体运用中应注意不宜笼统地宣传质量高、品质好，而应对产品具有的某些典型的具体品质优势加以描述。如：康师傅"好吃看得见"这句广告词，重点定位在关于"料"的品质上。

（3）细分市场定位策略

细分市场定位策略是指市场细分策略在广告中的具体运用，每一种产品都有自己的目标市场，广告宣传中对特定的市场，将产品定位在有利的市场位置上。如百服宁是感冒用药，为了在众多感冒药中突出自己的特色，它着眼于市场限定，把自己的目标瞄准了儿童市场——"儿童用的百服宁"——从而使自己成为一种广受欢迎的感冒药。选择最有利、最准确的目标市场。如：香港金利来公司，它宣传的口号是：金利来，男人的世界。金利来把产品紧紧定位于中青年成功男士，是身份和成功的象征，几十年来一直畅销不衰，成为男士服饰的经典强势名牌。

（4）价格定位策略

价格定位策略是指在产品的品质、性能、造型等方面与同类产品相似，没有什么特殊的地方得以吸引消费者，在这种情况下，广告宣传便可以用价格进行定位,使得产品的价格具有竞争优势,从而吸引消费者,挖掘出更多的潜在消费者,以有效地击败竞争对手。美国通用汽车公司销售的雪佛莱汽车的价格定位就十分典型。在美国汽车市场上,日本汽车依靠"功效定位"和"外形定位"占领市场,向消费者说明日本汽车如何节约汽油能源和体积小,不占过多的停车空间但又舒适。在严峻的竞争形势下,雪佛莱汽车在节能、小型化方面也有所突破,并采用价格定位与日本汽车展开竞争,它的价格比日本汽车便宜很多,还可以有银行担保和分期付款等优惠,从而使其市场销量进入增长时期。

（5）造型定位策略

造型定位策略指在广告宣传中,利用消费者的视觉与知觉等心理特征,以产品外观、图案、橱窗商标等作为广告的诉求点,向消费者传递情感和意识信息的广告策略。

在这种定位策略中,消费者能够获取的信息不仅包括形状、光线、色彩和空间的深度、广度等视觉信息,还包括温度、味道、声音等知觉信息。这些信息会引起消费者心理上不同的反应,激发其购买欲望。

2. 观念定位策略

观念定位是指突出产品的新意义,以改变消费者的习惯心理,树立新的产品观念的一种广告产品策略。它包含两种方法:逆向定位策略和是非定位策略。

（1）逆向定位策略

逆向定位是观念定位的一种方法,是思维创新的表现。它借助有名气的竞争对手的声誉来引起消费者对自己的关注、同情和支持,以便在市场竞争中占有一席之地的广告产品定位的方法与策略。

逆向定位的特点在于:通常,大多数企业的产品都是以突出产品的优异性能的正向定位为方向的,而逆向定位则反其道而行之,在广告中突出市场上名气响亮的产品或企业的优越性,并表示自己的产品或企业不如它好,甘居其下,但准备迎头赶上;或者承认自己的不足之处来突出产品的优越之处。可见,逆向定位是利用社会上人们同情弱者和信任诚实的人的心理,故意突出自己的不足之处,以换取同情与信任的方法。

（2）是非定位策略

是非定位是从观念上人为地把产品加以区分的定位方法。进行是非定位最典型的案例是美国的七喜汽水。在美国,每三瓶清凉饮料的消费中,几乎就有两瓶是可乐饮料。就在可口可乐与百事可乐激烈竞争之际,七喜饮料也跻身于这场巨人之间的战斗。七喜于1929年问世,当时采用的广告词是"七个醉酒人的良药"。1968年,在各种可乐占满"位置"难以插足的情况下,广告商家运用逆向创意的构想,为七喜重新定位,将其设定为可乐之外的新型饮料,来挤占饮料市场。这一广告策略的成功,在于它巧妙地在消费观念上找了一个空隙,提出饮料分为可乐型和非可乐型两种,可口可乐等是可乐型的代表品牌,而七喜则是非可乐型的代表品牌。七喜于是成了非可乐型饮料王国中首屈一指的名牌。

本章小结

一个完整的广告主题应该包含广告目标、信息个性和消费心理三个要素。广告主题的基本要求主要包括以下两个方面:鲜明、突出的要求,新颖独特的要求。

广告的目的是要使消费者对所广告的企业、产品、服务产生一种认知,或改变对企业、产品、服务的态度,或直接促使消费者产生有利于企业的消费行为。从本质上看,广告诉求策略也即广告的说服策略。广告能否达到说服的目的取决于三个层面的问题:一是广告是否针对本身需要说服的那部分目标消费者;二是广告诉求的内容是否刚好符合那部分消费者的需求或喜好;三是诉求所采用的方式是否是他们愿意接受的,是否有效。

广告要达到有效诉求的目的,必须具备三个条件:正确的诉求对象、正确的诉求重点、正确的诉求方式。

广告诉求分为理性诉求与情感诉求这两大类模式。广告理性诉求定位于受众的理智动机,通过真实、准确、公正地传达所广告的企业、产品、服务的客观情况,使受众经过判断、推理等思维过程,理智地作出决定。理性诉求策略更多地运用于消费者需要深思熟虑才能决定购买的产品或服务,或性能较为复杂的产品。广告感性诉求定位于受众的情感领域,通过广告对消费者的情感造成冲击,使他们产生购买产品或服务的欲望和行为。感性诉求广告较适用于日用品、化妆品、服装等。

1969年,A.里斯和J.屈特首次提出了"定位"这一概念。定位建立在对本产品和竞争产品进行深入分析、对消费者的需求进行准确判断的基础上,确定产品与众不同的优势及与此相联系的在消费者心目中的独特地位。所谓定位策略,指的是帮助产品在消费者心目中确立与众不同的地位并获得在同类产品中的更大的竞争优势。

定位的具体方法分为实体定位策略和观念定位策略,前者包括:产品功效定位策略、产品品质定位策略、细分市场定位策略、价格定位策略和造型定位策略。后者则由逆向定位和是非定位两种策略组成。

思考练习

1. 广告主题的要素包括哪几个?
2. 简述广告诉求对象的确立取决于哪几个要素。
3. 详细论述 USP 广告理论的提出及其内涵与要义。
4. USP 理论过时了吗? 为什么? 试举例说明。
5. 广告诉求的基本方法包括哪几个?
6. 简述定位的含义和要点。
7. 定位的具体方法主要包括哪些?

策划案例赏析

淘宝商城,给你"逛街"新概念
——淘宝商城品牌推广方案

广告主:淘宝商城

代理公司:睿狮广告传播

案例点评人:伦洁莹(LOWE/睿狮广告传播董事长暨首席执行官)

案例点评

淘宝商城的品牌 TVC 在 2010 年 11 月推出,其创意令很多广告人和观众拍案叫绝。其策略意图十分明显,锁定"淘"与"逛"的区别,创意的大意念也很鲜明、很吸引人,是国际级的水准。如果这条片被送到国外参加创意奖项评比,应有斩获。

有人曾经问我,"没人上街,不一定没人逛街"的创意,用于淘宝网不是也可以吗? 在这里,可圈可点的是"可以",当然"可以",不上街购物,绝对是网购宣传的点。淘宝商城的传播,是要宣布网购时代的来临,但是我们取代的不是"淘"价廉物美的宝贝,那是集市、跳蚤市场的东西。片中选取的场景,全部都是购物商场,是高档次的、大型的、消费者平常购物会去逛的地方。在这些橱窗中可以看到流行时尚,吸收新资讯,逛的过程,其乐无穷。现在,这种吸收资讯的乐趣已经有了取代品,到淘宝商城"逛"吧!

还有,片子只有空空的商城,这可能会很闷,但每一个镜头、每一个细节的铺排,又如此有趣味性,没人骑的旋转木马、扶手电梯上被遗忘的高跟鞋、不停招手的招财猫、空荡荡的城中出现的一只梅花鹿……全都出乎意料但又赏心悦目;而购物中心的档次也反映出淘宝商城的高度——不是一般的集市。看似不经意,其实 C2C 和 B2C 的区别,已经壁垒分明了。

案例内容

淘宝,阿里巴巴集团旗下的面向消费者(2C)的电子商务平台。淘宝商城 www.tmall.com,是大淘宝的商业购物网站,独立于 C2C 的淘宝网 www.taobao.com。自 2007 年成立以来,它茁壮成长,现已成为中国举足轻重的 B2C 购物平台。

淘宝商城让所有名牌正品的商户联系网上购物的消费者,用户既可享有淘宝网购物的利益点,更可从商户购买到名牌正品。淘宝商城有超过 50 万个卖家商号,其中有数万家是同时设有实体店的大品牌。问题是,自创办以来的数年间,相对于早已成立的淘宝网,淘宝商城的知名度低,购买者也分不清淘宝商城和淘宝网的本质区别。淘宝商城并不是网上顾客的第一目的地,事实上,大部分消费者是在淘宝网淘宝贝期间,无意间点击进入淘宝商城的。消费者既不知道两者之间的分别,也不一定知道商城的域名。淘宝网和淘宝商城的每天交易额更是相去甚远。

在此挑战之下,2010 年,淘宝商城联手睿狮广告推出了以"没人上街,不一定没人逛街"为主题的大型推广活动,这是尝试改变基本观念的课题,是野心之作。配合了域名的更改,www.tmall.com 走出了淘宝网的影子,加上大规模的媒体预算,在全国电视、平面、网络户外的主流媒体传播,令淘宝商城的品牌迅速提升了知名度,广告推出仅仅 14 天,品牌和广告的记忆度高居网购品牌前三位,域名和广告语"没人上街,不一定没人逛街"也高居非提示情况下的前三位。广告推出期间,淘宝商城于 11 月 11 日举办了大型促销活动,当天销售额打破中国和全球记录,高达 9 亿元人民币,堪称史无前例的创举。

从此,要逛街,就要逛淘宝商城。

以下让我们一起回顾这一成功案例的始末。

背景:国内 B2C 行业迷局渐清

在传统的网购市场环境下,网购以"只有想不到、没有买不到"的海量商品,和超乎想象的低价赢得了大批消费者,而对于网购的这种特色,消费者只能被动地接受,而无法主动选择。在这种情况下,商家只是分散在互联网的各个地方,各自争夺着消费者,重复耗费着资源。实际上,从消费者的购物习惯来讲,消费者更倾向于到专业市场购买商品。

为了使网购的乐趣更为纯粹,消费者得以完全无负担地自由选择享受怎样的购物过程,而不必被动地接受长时间的在线交流等"特色"。抛却此前担心质量、售后服务的负担之后,买家可以真正放心地静待商品上门,将对新购商品的期待感和新鲜感延长至打开包裹的一刹那,网购行业 B2C 的发展至关重要。

因此,一些国内传统的 B2C 网站纷纷在原有优势垂直领域的基础上,借用平台化运营方式,加大了其他行业的引入。而淘宝商城本来就以商品的丰富性见长,不存在此问题,因而在新的垂直化战略发布之后,将在综合性购物平台的基础上形成数个专业市场,无疑进一步稳固了自身竞争力。在推出电器城、名鞋馆、淘特莱斯后,淘宝商城已经在购买流程、服务保证等方面进行了标准化的梳理、尝试。

更重要的是,由于自一开始即坚持平台化运营,淘宝商城扮演的不是市场抢食者的角色,而是开拓者和共享者,从而使所有市场主体都有可能成为其有益的合作伙伴。这一优势又促进了消费者对平台的认知度,形成了良性循环。比如,在淘宝商城历次市场促销等活动中,都有大量各行各业的品牌参与,形成互补,从而保证了活动覆盖人群的普遍性和爆炸程度。

战略:深度细分 品牌聚合

2003 年,淘宝网的出现开启了中国网购时代。7 年后,淘宝商城 B2C 平台全新战略及独立域名的发布将会带领中国网购进入黄金时代。

2010 年 11 月 1 日,淘宝商城宣布启动独立域名 www.tmall.com,同时发布全新战略——秉承大淘宝开放、分享原则,在坚持整体平台化运营基础上,打造分行业垂直化平台,并依据各行业特性制定包括物流、售后服务在内垂直化服务标准。淘宝商城还宣布,未来 3 个月将投入 2 亿元人民币,展开覆盖全国、覆盖多种媒体的立体品牌宣传攻势。

秉承一直以来大淘宝开放、分享的原则,淘宝商城作为 B2C 平台将在现有基础上,根据商品的不同特点为消费者提供个性化消费导航服务,并在后端通过整合物流供应链,集成物流信息,建立分行业的物流服务标准和流程。在网上购物日益发达的今天,消费者的网购正在由"淘便宜"向"淘品质"转变,而淘宝商城希望满足消费者的需求,让消费者真正享受到网购带来的不仅低价而且质优的商品和服务。由此,大量国际国内大品牌及淘品牌在淘宝商城平台上除获得一个崭新的低成本高效率的行销通路外,垂直市场的建立更让商家优质的商品和服务能够按照行业的特点差异化地展示和提供给广大消费者,使消费者获得全新的购物体验。

此"淘"非彼"淘":超越"逛"的体验和保障

网上 B2C 购物平台开启了购物的新时代,是革命性的,是前所未有的。

与网下购物相比,与 C2C 平台购物相比,消费者能够得到更好的购物体验和保障,而且消费者的体验和收获是多层次的……

淘宝网的买家,可以从 3 百万个个人卖家中淘宝贝。他们在淘宝网购物,更有三大原因:①价格便宜;②货品总类繁多;③付款(透过支付宝)安全有保障。

淘宝商城让所有名牌正品的商户联系网上购物的消费者,用户既可享有淘宝网购物的利益点,更可从商户购买到名牌正品。淘宝商城有数十万个卖家商号,其中数万家是设有实体店的大品牌。

睿狮的传播哲学是以高价值理念为客户寻找传播上的解决方案,我们以问题为核心,每个挑战出现在面前,我们着手的第一步,不是立刻一头栽进创意发想,而是即时定义问题,找出困扰我们客户最大的纠结点。我们常问客户:"究竟是什么问题最困扰你,令你彻夜失眠?"

我们发现,淘宝商城在传播上最大的挑战和最急于要解决的问题,第一是知名度,大家都知道淘宝网,却不是有很多人知道淘宝商城,就算是知道,也往往认为它是淘宝网的其中一个垂直产品。第二个是消费者分不清淘宝商城与淘宝网,对它们的功能、相同和相异之处,都无法区别,因此,区分就成了刻不容缓的问题;第三需要纠正的是网民进入商城的路径,淘宝商城不是他们的目的地,可能是碰巧经过,被什么东西吸引了,进去了;或者是在淘宝网太久了,没什么新鲜感了,因为好奇、贪新鲜进去看个究竟,反正是看看而已,并没有太多的目的性,黏度不高。

虽然 B2C 和 C2C 购物网站最大的分别是,通过 B2C 方式可以从名牌正品店购得正货,但单凭这一点,足够吗? 消费者到 C2C 网站购物和到 B2C 网站购物,就只在乎这一点点差别吗? 到淘宝网购物,重点在于"淘",找到心仪已久的宝贝,淘到一些意想不到的东西,那是一种探索未知的刺激和喜悦。到网上商城的心态,其实有些不一样,接近的可能是到实体购物商城购物的体验,这是"逛"。在商城里,我们知道会看到时尚新品,这件看一看,那件试一试,享受逛橱窗的购物乐趣,保持时尚触觉不落伍。喜欢购物的人,就是喜欢"逛"!

"逛"出来品牌

在传播上,单是说"逛",并不足以构成非逛淘宝商城不可的理由。于是我们尝试从这个行为往上推,找出利益点,这是一种在体验的层面上,令各种感官受到不同冲击的愉悦;而从这种体验往上再推进,我们再挖深,从人的欲望和需要本能出发,找到一个新鲜的、震撼的、绝对能打动人心的角度。我们知道,网上 B2C 购物平台其实开启了购物的新时代,是革命性的,是前所未有的,与网下购物相比,与 C2C 平台购物相比,消费者能够得到更好的购物体验和保障,而且消费者的体验和收获是多层次的,这种革命已经在进行中,我们告诉消费者,应该刻不容缓地加入网购阵容"逛"商城了!而淘宝商城更是亚洲最大和人气最旺的品牌商城,有3万多个名牌正品供消费者选择,让人们目不暇接。

随着网购时代的来临,人的逛街购物行为会有巨大的转变,于是有了"没人上街,不一定没人逛街"这一条经典广告语。

电视广告片正是抓住这激动人心的点,配合震撼的视觉冲击,为品牌开创了全新视野,打造了大气的形象。平面和户外广告设计者很好地运用了购物心理学,把琳琅满目的商品纷陈眼前,为购物者提供不能不上淘宝商城的实质理由。

创意:没人上街,不一定没人逛街

B2C的淘宝商城虽然已经存在了两三年,但许多消费者还是没能很清楚地区别出它和C2C淘宝网的差别。事实上,淘宝商城是全国最大,汇聚了数万个正品品牌商家的网络购物中心。如果淘宝网是"淘"的概念,那淘宝商城就是"逛"的区别了。

淘宝商城的客户给我们的任务非常单纯,就是要塑造淘宝商城的全新形象,向现有和将会有的广大消费群传达这个品牌的信息,我们甚至可以以淘宝商城全新开幕的思维来做创意发想。在有了非常清楚的商业模式和策略的前提下,这个时候需要解决的是找到一个符合形象、贴切又印象深刻的说法和说故事方式来表达。

我们在思考这个创意任务之前认为有几个关键点:①必须在这次竞争激烈的比稿中胜出;②必须提出能让淘宝商城形象清晰,让人们增加对品牌的好感甚至有想要购物的感觉;③创意要一出手让客户拒绝不了。

创意,就是一次深入探讨和洞察目标消费群的过程。经过团队反复的推敲与改进,我们订下了"没人上街,不一定没人逛街"这个创意概念。一切的广告传播从这里开始。我们也很幸运,很有缘分地碰上了一群有魄力、有想法、有营销策略和品牌管理意识的好客户。一切一拍即合。

考虑到这是淘宝商城第一次上影视广告,我们希望广告片呈献的气质和气势必须独特和时尚。在挑选合作的制作公司和导演的过程中,我建议客户采用国际知名的英国影视制作公司 Stink,和他们代理的芬兰藉导演 Pakka Hara。全片在上海拍摄,在伦敦完成后期制作。至于平面和户外创意则由新加坡的知名时尚摄影师 Derrick Lim 来负责掌镜,在上海拍摄。

虽然影视和平面户外的创意出发点是一样的,但是考虑到两个媒体的特质和任务的差异,我们让影视广告更多地体现淘宝商城的大品牌形象,让平面户外更多地体现消费者的愉悦体验和品牌描述。

"空城篇"60 秒

没人上街,不一定没人逛街。30000 个热门品牌,汇聚一网。淘宝商城,全新开幕!

平面及户外媒体的配合

逛街大案，史无前例的创举

这场"没人上街，不一定没人逛街"的运动，终结了淘宝网和淘宝商城的胶着状态，为这两个品牌做了一次成功的联体分割手术。这对同母的孩子终于有了各自的春天，启动淘宝商城的独立域名 www.tmall.com 就是最漂亮的分割。

这是一次分割概念但又是整合概念的完美动作——上街和逛街没有人能分得很清楚，这场"没人上街，不一定没人逛街"的运动分好了——那就是不用上街，你只需要逛街，而且只需要逛淘宝商城。概念一分，机会回来。

网络战是当前最激烈的传播战争，这里看不见子弹，却鲜血淋漓；这里看不见善男信女，却闻得到香火气味；这里看不见品牌跳动，却看得见疯狂的交易。2010 年 11 月 1 日，淘宝商城独立域名的启动，把这场本来已经很热闹的网络传播战彻底地推向了高潮，弄得无数网民发出惊叹。许多网民积极地投入精心设计的 www.tmall.com 传播"陷阱"里。它用一句"没人上街，不一定没人逛街"的呼喊征服了无数消费者，完成了令人震撼的交易奇迹。

区分、崛起、个性、成长成了淘宝商城最艰难的突围和升级。这场"没人上街,不一定没人逛街"的运动,像一颗子弹,打中了消费者的要害,强烈触动了消费者逛淘宝商城的兴奋神经。

"逛街大案"充满浪漫,它不仅是一次对生活习惯的颠覆,更是一次生活趣味的升级。

第五章 广告创意策略

广告创意 横向思维 纵向思维 头脑风暴

1. 了解广告创意的概念以及基本要求；

2. 明白形成广告创意的整个过程；

3. 深刻领会广告创意的基本方法，并能学以致用；

4. 掌握各种广告创意的策略和类型，能为具体的产品或品牌做出完整的创意。

第一节 广告创意的含义、特点和原则

一、广告创意的内涵

在广告日益作为商战竞争武器的今天，铺天盖地的广告早已令公众眼花缭乱，目不暇接。但是据统计，在被收看的广告中，只有30％的广告能给观众留下一些印象，而这其中也只有50％能被正确理解，仅仅5％能在24小时内被记住。那么，如何使广告主的广告能给受众留下深刻的印象，赢得他们的好感而为之带来较高的收益呢？显然，只有那些具有较高的现代企业眼光，富有心理感染力和震撼力的广告作品，才可以做到这一点。这正如美国广告巨子奥格威所说："吸引消费者的注意力，同时来让他们来买你的产品，除非你的广告有好的点子，不然，就像被黑夜吞噬的船只"。由此可见广告创意的重要性

所在。[①]

创意不是万能的,科学的创意能成为企业的产品销售或品牌打造的助推器,错误的创意则会使企业的产品或品牌更快踏上不归路。强调创意,重视创意,首先要明白什么是创意。关于广告创意,很难为它找到一个同一、完整的定义,为广告创意进行准确的定义确实非常困难。"旧元素,新组合"更多地反映了创意产生的过程,而对于广告创意而言,它包含了两个层面的意义:创意即创异——创意是创新,不是模仿;创意即创益——创意是为了创造良好的效益。戛纳国际广告节评委迈克尔·康拉德先生说:"你们先别考虑拿奖。尽力立足于本土,用最富想象力的广告为本国的产品树立声誉,并且带来销售量。这样去做,才能真正提高广告的水平。"广告的水准必须立足于市场,只有在经受了市场的考验后才会得到进步和提高。

笔者认为,广告创意指的是:为了塑造良好的企业形象、体现产品个性而进行的新颖独特的创造性思维。它主要包括以下几个要点:

(1)广告创意从本质上讲,是一种创造性思维。它要以新颖独特为生命,唯有这样才能突破广告海洋的包围,产生感召力和影响力。

(2)广告创意的目的是为了塑造品牌形象,体现商品个性。不难看出,广告的终极目的就是促进商品的销售,但是并非每一则广告都是为了直接达到这一目标,具体到创意这个环节,创意的目的只是如何让目标受众了解商品个性,如何让品牌形象在目标受众的心中扎下根,在此基础上再促使他们心甘情愿地采取购买行动。

(3)广告创意是一个动态的过程,而且是一个思维的过程。它是一种智慧的结晶,需要以可视可感的文字或图画作为思维的物质载体。

二、广告创意的特点

广告大师 W·伯恩巴克创立的 DDB 广告国际有限公司制订出的广告策略,对"好的广告"有过独特而明确的总结,认为好的广告应具备三个基本特质:相关性(Relevance)、原创性(Originality)、震撼性(Impact)。

(1)相关性,即与商品、消费者、竞争者相关。伯恩巴克说:"如果我要给谁忠告的话,那就是在他开始工作之前要彻底了解他要广告的商品。""你一定要了解消费者的需要,并不是说有想象力的作品就是聪明的创作了。"贴近生活,才能引起共鸣。

(2)原创性,其要领就是突破常规,出人意表。它的思维特征是"求异",想

---

① 谢仲文:《广告策划教程》,广西师范大学出版社 2005 年版,第 103 页。

人之所未想,发人之所未发。一句话:与众不同。金龟车的广告策划就是一个充分发挥创造力的经典案例。伯恩巴克没有说"这是一辆诚实的车子",而是出人意表地说:"这是一部不合格的车"。广告画面是一辆车和一个标题"柠檬"(Lemon,美国俚语有不合格、次品、冒牌货之意),广告主从来"自卖自夸",突然出现个"自说坏话"的广告,让人忍不住想要看个究竟。当人们不由自主地看过文案之后,"诚实"的说辞就钻进了他们的心中。原来这辆车之所以不合格,是因为严谨的质检员在车门某处发现了一处肉眼不易发现的微伤。

(3)震撼性(冲击力),神经学家说:"当刺激信号没有变化时,脑细胞停止反射活动。只有当刺激活动信号变化时才能引起反射,这种变化越是出人意料,反射也就越强烈。"广告通常只有方寸之地,分秒之时,它的冲击力必须一击即中。这种震撼不但来自正面诉求,也来源于反面诉求,即恐惧诉求。

需要注意的是,震撼效果不一定要靠爆炸或血淋淋的场面,产生震撼效果的方法很多。台湾奥美广告公司的著名创意人孙大伟以真实的空难事件为背景创作而成的平面广告"智子篇",用很强的冲击力将"保德信"人寿保险公司的"没有恐惧,永远安心——与保德信同行"的形象烙印在消费者心中。该广告因而赢得了《台湾时报》广告金像奖。

除此之外,笔者认为,还应加上以下的几个特征:

(1)出人意料性,也就是创新性,在思路的选择上或是在思考的技巧上,都具有前无古人的独到之处,从而在前人的基础上有新的见解、新的发现、新的发明、新的突破,从而具有一定范围内的首创性、开拓性。诺基亚的一则电视广告:欧式公园的长椅上,一名男子正在看报。突然移动电话响了,接电话的竟然不是那位男子,而是他左边的石雕像,雕像活了,"喂"了一声之后,雕像将电话丢给右边的雕像,说:"你妈妈找你。"然后推出"诺基亚"品牌名称以及产品。

韦伯·扬说:"广告的功能就是打破现状。"这里的打破现状也即断念——"突然、故意地打断预想",出乎情理以外。李奥·贝纳所说的戏剧性也是同样的道理:"我们的基本观念之一,是每一商品中的所谓与生俱来的戏剧性,我们最重要的任务是把它发掘出来加以利用。"

(2)简洁性,就是我们常说的"KISS 原则"。KISS 原则是英文"Keep it simple and stupid"的缩写,意思是使其简单而笨拙。广告创意必须简单明了、纯真质朴、切中主题,才能使人过目不忘,印象深刻。"伟大的"通常是简单的。任何形式的广告都会受到时间和空间的限制。"简单"的含义,一是简明,二是单纯。产品概念必须用单一、鲜明的广告形式加以表达,这样的广告更容易直达消费者的心智。

三、广告创意的原则

1. 目标性原则

广告创意要和广告目标、营销目标相吻合。在创意活动中,创意必须围绕着广告目标和营销目标进行,必须是从广告服务对象出发,最终又回到服务对象的创造性行为。任何艺术范围的营造都是为了刺激人们的消费心理,促成营销目标的实现。大卫·奥格威曾经说过:"我们的目的是销售,否则就不是广告。"广告是一种旨在促成消费受众产生某种心理上的、感情上的或行为上的反应的一种说服过程,或者说是一种信息传达过程。广告创意是与广告的目的一致的,既需要想象力又不能让想象力漫无目的。

2. 关注性原则

广告创意要千方百计地吸引消费者的注意力,使其关注广告内容。只有这样才能在消费者的心中留下印象,才能发挥广告的作用,运用各种手段去吸引尽可能多的消费者的注意,是广告创意一个重要的原则。广告创意不仅要简单明了,而且还要生动逼真,给媒体受众留下深刻的印象。广告作品要能吸引媒体受众的注意,进而激发好奇心,使其产生购买欲望,以达到促进销售的目的。另外,需要注意的是,广告创意要以媒体受众的理解为限度。让受众去理解晦涩难懂的广告,只会浪费广告主宝贵的资金。

3. 科学性原则

广告创作活动充满了不同事物之间的、现实与虚幻、真理与荒诞、幽默与讽刺、具体与抽象之间的碰撞、交融、转化、结合,并且需要发挥策划人的想象力,用最大胆、最异想天开的方法去创造广告精品。但是广告的本质是一种产品,而产品的属性就决定了创意想象力和创造力不是无节制的、荒谬的,它必须遵循一定的规律,掌握一定的分寸。

第二节　广告创意过程和思维方法

一、广告创意过程

"创意无法则"被很多创意人奉为教条。头脑活跃的广告人天马行空,灵感乍现,好的创意往往在不经意间迸发,循规蹈矩反而有可能约束创意的发挥,所以有些人认为创意是不需要法则的,甚至认为遵循法则产生的创意一定不是好创意。在广告界流传着这样一句话:创意像爱情一样不可分析。广告创意的最终形成,表面上看起来很短,实际上需要很悠长的酝酿。创意不仅需要关注灵感的过程,还需要掌握其思维方法。

广告创意的过程包含两个不可或缺的部分:第一是战略,即消费者想要听些什么;第二是执行,即广告应该表现出什么。这两个部分都必须非常出众,而且缺一不可,它们是广告策划成功的基础。

概括地讲,广告创意的思考过程可分为下列五阶段:

● 准备期——研究所搜集的资料,根据旧经验,启发新创意,资料分为一般资料与特殊资料,所谓特殊资料,是指专为某一广告活动而搜集的有关资料。

● 孵化期——在孵化期间,把所搜集的资料加以咀嚼消化,在有意或无意之中,使意识自由发展,并使其结合。因为许多创意都是在偶然的机会中突然发现的。

● 启发期——大多数心理学家认为:印象(image)是产生启示(hint)的源泉。所以本阶段是在意识发展与结合中,产生各种创意。

● 验证期——把所产生的创意,予以检讨修正,使其更臻完美。

● 形成期——以文字或图形,将创意具体化。

1. 杨氏程序

杨氏程序是美国著名广告大师杰姆斯·韦伯·杨在其所著的《创意法》一书中提出的,它包含五个基本步骤:

(1)收集资料——收集各方面的有关资料。

(2)品味资料——在大脑中反复思考和消化收集的资料。

(3)孵化资料——在大脑中综合组织各种思维资料。

(4)创意诞生——心血来潮,灵感实现,创意产生。

(5)定型实施——将创意加工定型并付诸实施。

2. 奥氏程序

奥氏程序是美国广告学家奥斯伯恩总结了几位著名广告设计大师的创新思考程序而提出的,它包含三个基本步骤:

(1)查寻资料——阐明创新思维的焦点(即中心);收集和分析有关资料。

(2)创意构思——形成多种创意观念,并以基本观念为线索,修改各种观念,形成各种初步方案。

(3)导优求解——评价多种初步方案;确定和执行最优方案。

3. 黄氏程序

黄氏程序是中国香港地区的一位广告学者黄沾先生提出来的,其程序为:

(1)藏:收藏资料。

(2)运:运算资料。

（3）化：消化资料。

（4）生：产生广告创意。

（5）修：修饰所产生的创意。

4. 詹姆斯·韦伯·扬的"过程论"

詹姆斯·韦伯·扬是全世界公认的广告泰斗,1974年他被授予美国广告人的最高荣誉"美国广告杰出人物"。他在《产生创意的方法》一书中提出了产生创意的方法和过程,其思想在我国广告界影响深远。

詹姆斯·韦伯·扬的创意"过程论"把创意过程分为五个阶段:收集原始资料;用心智去仔细检查这些资料;深思熟虑,在有意识的心智之外对许多重要的事物去作综合;实际产生创意;发展、评估创意,使之能够符合实际应用的需要。在五个阶段中,灵感激发创意只是其中的一个阶段。

（1）收集原始资料。原始材料包括特定资料和一般资料。所谓特定资料就是与产品有关的资料以及那些有关计划销售对象的资料。广告的构成元素是万花筒般的世界中的新花样,因此有必要浏览各学科中的所有资讯,而这些都是一般资料。收集特定资料是目前的工作,而一般资料的收集则是一个广告人终生的工作。

广告创意始于对广告商品、消费者以及竞争广告的调查与了解。创意的基础是及时准确地获得有关商品、消费者、竞争广告等的资料,进行细致的统计调查,并加以比较分析。

原始的资料也应包括对生活中点点滴滴细节的感悟与积累。生活乃创意之母,要善于从生活中挖掘创意,于平凡中见新奇。

（2）用心智分析资料。詹姆斯·韦伯·扬指出:广告创意完全是各种"旧"要素间的相互渗透。这里,"旧"的要素当然是指已收集到的各种资料。至于"新的组合",则有两层含义:一是指这些要素的有机组合,形成对商品、消费的映像;二是这些映像经过广告人群体智慧的作用,形成新的意念,即产生创意。因此,广告创意始于对各要素分散、独立的考察,终于"新的组合"这个从分散的"点"走向聚合的"意"的过程。创意的第一步是为心智的万花筒积聚起丰富多彩的"玻璃片",第二步当然就是毫不犹豫地旋转万花筒——让多彩的"玻璃片"碰撞出绚丽的思想火花。旋转万花筒,实际上就是寻找各种事实之间的相互关系。如果能在看似无关的事实之间,发现它们的相关性并对它们进行新的组合,高妙的创意就在其中了。

表现相关性的方法丰富多彩,诸如联想、比喻、对比、衬托、暗示等。詹姆斯·韦伯·扬告诫我们:所得的创意无论怎样荒诞不经或残缺不全,都要把它们记下来,这样有助于推进创意;再则不要过早地产生厌倦情绪,至少要追求内心火力的第二波,当你感到绝望、心中一片混乱时,就意味着可以进入第三步了。

(3)深思熟虑。在有意识的心智之外对许多重要的事物作综合思考,对有关资料进行调查分析之后,在思考、酝酿、综合的基础上勾勒一种创意的形象。这是广告人的"自由创意"阶段,是对已有映像进行形象的再创造过程。在这个创意过程中,可能会提出很多个新的创意,要注意把每一个好点子或闪光的灵感都记录下来。完全放松,放弃问题,转向任何刺激你想象力及情绪的事情,去听音乐、看电影、打球、读诗或看侦探小说。如果把创意的第一步比作收集食物,第二步就是咀嚼,第三步就是消化。

(4)实际产生创意。詹姆斯·韦伯·扬把它称作"寒冷清晨过后的曙光"。它的特征是突发性,"它就像一棵高居山顶的橡树,每个人都可以看到,又很难摸得着。"

(5)发展、评估创意,使之能够实际应用。找到了创意,这仅仅是曙光。常常还要做许多耐心的工作,以使大多数的创意能够适合实际情况。这时,必须走第五步——把新生的创意交给有深思熟虑的批评者审阅。相对于前面提出的对多种创意方案进行比较、提炼、深化、成型与完善,这是创意完成的最后阶段。经过多方研究与评定,如果认为该创意符合广告总体策划与目标的要求,就可以进入广告的表现阶段。这时你会发现,好的创意具有自我扩大的本质。它会刺激那些看过它的人们对其加以增补。这个步骤为世界上许多大广告公司所认同,有的广告公司还采用"动脑小组"的形式,来进行创意的群体攻关。

可见,广告创意的有序性、和谐性和能动性在创意的流程中得到了充分的体现,这就要求广告公司各部门成员协调工作,默契配合,从而使各种要素的映像有如涓涓细流,在由人组成的创意主体中流动,进行新的组合,直到创意脱颖而出。

二、广告创意经典思维方法

1. 横向思考法和垂直思考法

英国心理学家爱德华·戴博诺博士在《新的思维》一书中,用"挖井"作比喻,论述了垂直思维和横向思维两种不同方法的关系。戴博诺说,垂直思维从单一的概念出发,并沿着这个概念一直推进,直到找出最佳方案或方法。这正如挖一口水井,一直挖,挖得很深但仍不见出水,继续挖。如果选址错误,可能耗费大量人力财力仍达不到目的。而横向思维则要求我们首先从各种不同角度思索问题。思维的惯性很容易使人在一个特定的问题领域中作循环思索。这个时候就需要跳出来,看一看其他领域,从别的地方找一些材料以启发自己。

（1）逻辑的思考方法和分析的方法是按照一定的思考线路，在固定范围内，自上而下进行垂直思考，故被称为垂直思考法。此方法偏重于通过对已有经验和知识的重新组合来产生创意，能够在社会公众既定心理基础上交出广告创意的诉求，但是在广告形式上难以有大的突破，结果比较雷同。

（2）水平思考方法是指在思考问题时摆脱已有经验和知识的约束，冲破常规，提出富有创造性的见解、观点和方案。这种方法基于发散性思维，又被称为发散性思维方法。例如，在人们普遍考虑"人为什么会得天花"问题时，瑟纳考虑的是"为什么在牛奶场劳动的女工不得天花?"正是采用这种发散式思维方法，他在医学方面有了重大的发现。

2. 头脑风暴法

头脑风暴（Brain Storming）是一种集体创造性思考法，由美国企业家、发明家奥斯本首创。它是从群体思维的角度考虑，是目前在世界范围内应用最广泛、最普及的集体智力激励方法。

从20世纪50年代开始，全球范围内掀起了前所未有的创意大风暴，头脑风暴法在英语中的原意是用脑力去冲击一个问题。作为一种创造方法，它在《韦氏国际大字典》中被定义为：一组人员通过开会方式就某一特定问题出谋献策，群策群力，解决问题。这种方法的特点是：克服心理障碍，思维自由奔放，打破常规，激发创造性的思维方式，达到创造性地解决问题的目的。奥斯本创建的这一方法最初就运用在广告创作活动之中。

头脑风暴法运行程序：

（1）准备。在准备阶段需要解决的问题是选择熟悉这一技法的主持人；然后确定会议人选，一般以5～10人为宜，最好是内外行人士都有；再则要提前数天将事项通知与会者，包括：时间、地点、要讨论的问题以及背景。

（2）预热。这一阶段的目的在于使与会人员进入角色并制造激励气氛。通常只需几分钟，在操作过程中的具体做法是提出与会上所要讨论的问题毫不相关的问题。

（3）明确问题。这一阶段的目的是通过对问题的分析陈述，使与会者全面了解问题，开阔思路。主持人介绍问题时需按照最低信息量原则，力求简明扼要。

（4）畅谈。这是头脑风暴法的实质性阶段。在这一阶段中，与会者克服心理障碍，让思维自由驰骋，同时借助于集体的知识互补、信息刺激和情绪鼓励并通过联想提出大量创造性设想。畅谈结束后，会议结束，但与会者会后应继续考虑，以便及时补充设想。

（5）对设想的加工整理。会上提出的设想大部分未经考虑和评价，需要进一步完善加工。这一阶段包括：一是设想的增加，即把与会者的会后新想法予以收集。二是评论和发展,如:提出的设想是否简单、是否恰当、是否具有冲击力、是否具有可行性等等。经过比较、评论,发展出若干最好设想。评论设想的人员可以是设想的提出者也可以不是,但最好应是本问题的内行者。

以上是应用头脑风暴法的一般程序,具体运用时,可以根据经验和具体情况灵活运用。美国学者格力格认为,在一般的"头脑风暴法"中,由于很多参与者不能完全地开放心胸,畅所欲言,所以可以在头脑风暴法之后,另加角色风暴法以激发一些别开生面的主意。比如用传统的头脑风暴法产生 20～30 个创意,然后各参与者选择其中的某一角色来扮演。

头脑风暴法运用的原则和要求有:

(1)会议原则:一是自由思考原则。要熟悉并善于运用发散性思维的方法,如横向思维、纵向思维、侧向思维、逆向思维等;二是禁止批评原则,又叫保留批评原则。过早地进行批评,会使许多有价值的设想被扼杀;三是谋求数量原则。在规定的时间内提出大量观点、设想,多多益善,以量求质。其中有些观点可能是荒唐可笑的,主持人必须都加以记录;四是结合改善原则。这是指与会者要努力把别人提出的设想加以综合、改善并发展成新设想,或者提出结合改善的思路。

(2)会议要求:一是主持人应平等对待每一个与会者,不可制造紧张气氛。将与会者提出的方案一律记下,并适当予以启发引导,掌握进程,能在冷场时提出自己的独特设想。二是与会者不许私下交谈和代表他人发言,始终保持会议只有一个中心;注意倾听别人的发言;设想的表达要简单,最好有幽默感。三是会议的时间以 20～60 分钟为宜,经验证明,独到的设想通常要在 15～20 分钟以后出现,在 30 分钟左右可出现一个峰值。值得注意的是,会议持续时间一般只需主持者心中有数并加以灵活掌握,不宜在会议开始时或经过一段时间后加以宣布或提醒。

3. 李奥·贝纳的固有刺激法

李奥·贝纳被誉为 20 世纪 60 年代美国广告创意革命的旗手和代表人物之一,芝加哥广告学派的创始人及领袖。他所代表的芝加哥学派的广告创意的特征是强调"与生俱来的戏剧性",他说"我们的基本观念之一,是每一商品中的所谓的'与生俱来的戏剧性',我们最重要的任务就是把它发掘出来加以利用。""每件商品,都有戏剧性的一面。当务之急就是要替商品发掘出其特点,然后令商品戏剧化地成为广告里的英雄。"

李奥·贝纳认为成功的创意广告的秘诀就在于找出产品本身固有的刺激。"固有刺激"也称"与生俱来的戏剧性"。广告创意最重要的任务是把固有刺激发掘出来并加以利用,也就是说要发现生产厂家生产这种产品的"原因"

以及消费者购买这种产品的"原因"。一旦找到这个原因,广告创意的任务便是依据固有的刺激——产品与消费者的相互作用——创作出吸引人的、令人信服的广告,而不是靠投机取巧、靠蒙骗或虚情假意来取胜。

按照这种观念,在广告创作中,李奥·贝纳认为,不论你要说什么,一般情况下,根据产品和消费者的情况,要做得恰当,只有一个能够表示它的字,只有一个动词能使它动,只有一个形容词去描述它。对于创意人员来说,一定要去寻找到这个字、这个动词及这个形容词。同时永远不要对"差不多"感到满足,永远不要依赖欺骗去逃避困难,也不要依赖闪烁的言辞去逃避困难。

李奥·贝纳在长达半个多世纪的广告生涯中,创作出了一个又一个传世的广告杰作。如"万宝路"香烟广告、"绿巨人"灌装豌豆广告和"肉"广告等,这些经典之作一直为广告界人士津津乐道。

第三节 广告创意的类型和具体方法

一、广告创意类型

不同类型的广告创意适合不同的商品,在寻找商品卖点时要选择合适的创意类型凸显商品的特征。选择了合适的创意类型,便可以用相应的创意策略来实现创意的独特性。

1. 商品情报型

这是最常用的广告创意类型。它以诉求广告商品的客观情况为核心,表现商品的现实性和真实性本质,以达到突出商品优势的目的。

2. 比较型

这种类型的广告创意是以直接的方式,将自己的品牌产品与同类产品进行优劣的比较,从而引起消费者注意和认牌选购。在进行比较时,所比较的内容最好是消费者所关心的,而且应是在相同的基础或条件下的比较。这样才能更容易地刺激起受众的注意和认同。

3. 戏剧型

这种广告创意类型既可以是通过戏剧表演形式来推出广告品牌产品,也可以在广告表现上戏剧化和情节化。在采用戏剧型广告创意时,一定要注意把握戏剧化程度,否则容易使人记住广告创意中的戏剧情节而忽略广告主题。

4. 故事型

这种类型的广告创意是借助传说、神话等故事内容而展开,在其中贯穿有关品牌产品的特征或信息,借以加深受众的印象。由于故事本身就具有自我说明的特性,易于让受众了解,使受众与广告内容发生连带关系。

5. 证言型

这种广告创意是援引有关专家、学者、名人、权威人士的证言来证明广告商品的特点、功能以及其他事实,以此来产生权威效应。许多国家对证言型广告都有严格限制,以防止虚假证言对消费者的误导。其一,权威人的证言必须真实,必须建立在严格的科学研究基础之上;其二,社会大众的证言,必须基于自己的客观实践和经验,不能想当然和枉加评价。

6. 拟人型

这种广告创意以一种形象表现广告商品,使其带有某些人格化特征,即以人物的某些特征来形象地说明商品。这种类型的广告创意,可以使商品生动、具体,给受众以鲜明的、深刻的印象,同时可以用浅显常见的事物对深奥的道理加以说明,帮助受众深入理解。

7. 类推型

这种类型的广告创意是以一种事物来类推另一事物,以显示出广告产品的特点。采用这种创意,必须使所诉求的信息具有相应的类推性。如一个汽车辅助产品的广告,用类推的方法宣传为:"正如维生素营养你的身体,我们的产品可营养你的汽车引擎。"

8. 比喻型

比喻型广告创意是指采用比喻的手法,对广告产品或劳务的特征进行描绘、渲染,或用浅显常见的道理对深奥的事理加以说明,帮助受众深入理解,使事物生动具体、给人以鲜明深刻的印象。比喻型的广告创意又分明喻、暗喻、借喻三种形式。

9. 夸张型

夸张型广告是为了表达上的需要,故意言过其实,对客观的人、事物尽力作扩大或缩小的描述。夸张型广告创意是基于客观真实的基础,对商品或劳务的特征加以合情合理的渲染,以达到突出商品或劳务本质与特征的目的。采用夸张型的手法,不仅可以吸引受众的注意,还可以取得较好的艺术效果。

10. 幽默型

幽默型广告是借助多种修辞手法,运用机智、风趣、精练的语言所进行的一种艺术表达,采用幽默型广告创意,要注意:语言应该是健康的、愉悦的、机智的和含蓄的,切忌使用粗俗的、生厌的、油滑的和尖酸的语言。要以高雅风趣表现广告主题,而不是一般的俏皮话和耍贫嘴。

11. 悬念式

悬念式广告是以悬疑的手法或猜谜的方式调动和刺激受众的心理活动,

使其产生疑惑、紧张、渴望、揣测、担忧、期待、欢乐等一系列心理,并持续和延伸,以达到释疑团而寻根究底的效果。

12.意象型

意象即意中之象,它是主观的、理智的、带有一定意向的精神状态的凝结物和客观的、真实的、可见的、可感知的感性征象的融合,它是一种渗透了主观情绪、意向和心意的感性形象,意象型广告创意是把人的心境与客观事物有机融合的产物。

13.联想型

联想是指客观事物的不同联系反映在人的大脑里而形成了心理现象的联系,它是由一事物的经验引起回忆另一看似不相关联的事物的经验的过程。联想出现的途径多种多样,可以是在时间或空间上接近的事物之间产生联想;在性质上或特点上相反的事物之间产生联想;在形状或内容上相似的事物之间产生联想;在逻辑上有某种因果关系的事物之间产生联想。

14.抽象型

抽象是与具象相对应的范畴。它是隐含于具体形象内部的质的规定性。在广告创意中采用抽象型的表现方法,是现代广告创意活动的主要倾向之一。也就是说,在现代广告主题的创意表现上,越来越多的广告主和广告公司并不以广告的具体形象的表现为主调。而在某些时候更多地采用抽象式的内涵来表现。这种创意一旦展示在社会公众面前,从直观上难以使人理解,但一旦加以思维整合之后,就会发现,广告创意的确不凡。广告创意并不局限于以上所列示的类型。还有如:解说型、宣言型、警示型、质问型、断定型、情感型、理智型、新闻型、写实型等等,在广告创意活动中,均可加以采用。

二、广告创意的具体方法

1.直接展示法

这是一种最常见的、运用得十分广泛的表现手法。它将某产品或主题直接如实地展示在广告版面上,充分运用摄影或绘画等技巧的写实表现能力。细致刻画和着力渲染产品的质感、形态和功能用途,将产品精美的质地引人入胜地呈现出来,给人以逼真的现实感,使消费者对所宣传的产品产生一种亲切感和信任感。

这种手法由于直接将产品推向消费者面前,所以要十分注意画面上产品的组合和展示角度,应着力突出产品的品牌和产品本身最容易打动人心的部位,运用色光和背景进行烘托,将产品置于一个具有感染力的空间,这样才能增强广告画面的视觉冲击力。

2.突出特征法

这种方法运用各种方式抓住和强调产品或主题本身与众不同的特征,并把它鲜明地表现出来,将这些特征置于广告画面的主要视觉部位或加以烘托处理,使观众在接触言辞画面的瞬间即很快感受到,对其产生注意和发生视觉兴趣,达到刺激购买欲望的促销目的。

在广告表现中,这些应着力加以突出和渲染的特征,一般由富于个性的产品形象、与众不同的特殊能力、厂商的企业标志和产品的商标等要素来决定。

突出特征的手法也是我们常见的运用得十分普遍的表现手法,它是突出广告主题的重要手法之一,有着不可忽略的表现价值。

3.对比衬托法

对比衬托法把作品中所描绘的事物的性质和特点放在鲜明的对照和直接对比中来表现,借彼显此,互比互衬,从对比所呈现的差别中,达到集中、简洁、曲折变化的表现。这种手法可以更鲜明地强调或提示产品的性能和特点,给消费者以深刻的视觉感受。

作为一种常见的行之有效的表现手法,可以说,一切艺术都受惠于对比表现手法。对比手法的运用,不仅使广告主题增强了表现力度,而且饱含情趣,扩大了广告作品的感染力。对比手法的成功运用,能使貌似平凡的画面处理隐含着丰富的意味,展示广告主题表现的不同层次和深度。

4.合理夸张法

借助想象,对广告作品中所宣传的对象的品质或特征的某个方面进行相当明显的过分夸大,以加深受众对这些特征的认识。文学家高尔基指出:"夸张是创作的基本原则",通过这种手法能更鲜明地强调或揭示事物的实质,加强作品的艺术效果。

夸张是在一般中求新奇变化,通过虚构把对象的特点和个性中美的方面进行夸大,赋予人们一种新奇与变化的情趣。

按其表现的特征,夸张可以分为形态夸张和神情夸张两种类型,前者为表象的处理品,后者则为含蓄的情态处理品。夸张手法的运用,可以为广告的艺术美注入浓郁的感情色彩,使产品的特征鲜明、突出、动人。

5.以点见面法

在广告设计中对立体形象进行强调、取舍、浓缩,以独到的想象抓住一点或一个局部加以集中描写或延伸放大,以更充分地表达主题思想。这种艺术处理方法以一点观全面、以小见大、从不全到全的表现手法,给设计者带来了无限的表现力,同时给接受者提供了广阔的想象空间,以获得生动的情趣和丰富的联想。

以小见大中的"小",是广告画面描写的焦点和视觉兴趣中心,它既是广告创意的浓缩和生发,也是设计者匠心独具的安排,因而它已不是一般意义上的"小",而是小中寓大,以小胜大的高度提炼的产物,是简洁的刻意追求。

6.运用联想法

在审美的过程中通过丰富的联想,能突破时空的界限,扩大艺术形象的容量,加深画面的意境。

通过联想,人们在审美对象上看到自己或与自己有关的经验,美感往往显得特别强烈,从而使审美对象与审美者融合为一体,在产生联想的过程中引发了美感共鸣,其感情的强度总是激烈的、丰富的。

7.富于幽默法

幽默法是指在广告作品中巧妙地再现喜剧性特征,抓住生活现象中局部性的东西,通过人们的性格、外貌和举止中的某些可笑的特征表现出来。

幽默的表现手法,往往运用饶有风趣的情节、巧妙的安排,把某种需要肯定的事物,无限延伸到漫画的程度,造成一种充满情趣、引人发笑而又耐人寻味的幽默意境。幽默的矛盾冲突可以达到出乎意料之外,又在情理之中的艺术效果,勾起观赏者会心的微笑,以别具一格的方式,发挥艺术感染力的作用。

8.借用比喻法

比喻法是指在设计过程中选择两个在本拷贝各不相同,而在某些方面又有些相似性的事物,"以此物喻彼物",比喻的事物与主题没有直接的关系,但是某一点上与主题的某些特征有相似之处,因而可以借题发挥,进行延伸转化,获得"婉转曲达"的艺术效果。与其他表现手法相比,比喻手法比较含蓄隐伏,有时难以一目了然,但一旦领会其意,便能给人以意味无尽的感受。

9.以情托物法

艺术的感染力最有直接作用的是感情因素,审美就是主体与美的对象不断交流感情、产生共鸣的过程。艺术有传达感情的特征,"感人心者,莫先于情"这句话已表明了感情因素在艺术创造中的作用,在表现手法上侧重选择具有感情倾向的内容,以美好的感情来烘托主题,真实而生动地反映这种审美感情就能做到以情动人,发挥艺术对人的感染力。

10.悬念安排法

在表现手法上故弄玄虚、布下疑阵,使人对广告画面乍看不解题意,造成一种猜疑和紧张的心理状态,在观众的心中掀起层层波澜,产生夸张的效果,驱动消费者的好奇心和强烈举动,开启积极的思维联想,引起观众进一步探明广告题意之所在的强烈愿望,然后通过广告标题或正文点明广告的主题,使悬念得以解除,给人留下难忘的心理感受。

悬念手法有相当高的艺术价值,它首先能加深矛盾冲突,吸引观众的兴趣和注意力,造成一种强烈的感受,产生引人入胜的艺术效果。

11. 选择偶像法

在现实生活中,人们都有自己崇拜、仰慕或效仿的对象,而且有一种想尽可能地向他靠近的心理欲求,从而获得心理上的满足。这种手法正是针对人们的这种心理特点运用的,它抓住人们仰慕名人偶像的心理,选择观众心目中崇拜的偶像,配合产品信息传达给观众。由于名人偶像具有很强的心理感召力,故借助名人偶像的衬托,可以大大提高产品的印象程度与销售地位,树立品牌的可信度,产生不可言喻的说服力,诱发消费者对广告中名人偶像所赞誉的产品的注意力,并激发起购买欲望。

12. 谐趣模仿法

这是一种创意的引喻手法,它别有意味地采用以新换旧的借名方式,把世间一般大众所熟悉的名画等艺术品和社会名流等作为谐趣的图像,经过巧妙的整形履行,使名画名人产生谐趣感,给消费者一种崭新奇特的视觉印象和轻松愉快的趣味性,以其异常、神秘感提高广告的诉求效果,增加产品身价和注目度。

这种表现手法将广告的说服力寓于一种近乎漫画化的诙谐情趣中,使人赞叹,引人发笑,让人过目不忘,留下饶有奇趣的回味。

13. 神奇迷幻法

这种手法以无限丰富的想象构造出神话与童话般的画面,在一种奇幻的情景中再现现实,造成与现实生活的某种距离,这种充满浓郁浪漫主义色彩、写意多于写实的表现手法以及突然出现的神奇的视觉感受,很富于感染力。

本章小结

创意在整个广告活动中占据着极其重要的位置,它是广告事业繁荣发展的重要支柱。好的广告应具备三个基本特质:相关性(Relevance)、原创性(Originality)、震撼性(Impact)。

广告创意要遵循:(1)目标性原则。广告创意要和广告目标、营销目标相吻合。(2)关注性原则。广告创意要千方百计地吸引消费者的注意力,使其关注广告内容。(3)科学性原则。广告创作活动必须遵循一定的规律,掌握一定的分寸。

广告创意的过程包含两个不可或缺的部分:第一是战略,即消费者想要听些什么;第二是执行,即广告应该表现出什么。这两者是广告方案成功的基础。

英国心理学家爱德华·戴博诺的横向思考法和垂直思考法,奥斯本的头脑风暴法,李奥·贝纳的固有刺激法是广告创意的经典思维方法。不同类型的广告创意适合不同的商品。在寻找商品卖点时要选择合适的创意类型凸显商品的特征。选择了合适的创意类型,便用相应的创意策略来实现创意的独特性。广告创意的类型包括:商品情报型、比较型、戏剧型、故事型、证言型、拟人型、类推型、比喻型、夸张型、幽默型、悬念式、意象型、联想型和抽象型。广告创意的具体方法包括直接展示法、突出特征法、对比衬托法、合理夸张法、以点见面法、运用联想法、富于幽默法、借用比喻法、以情托物法、悬念安排法、选择偶像法、谐趣模仿法和神奇迷幻法。

思考练习

1. 简述广告的含义和特点。
2. 简述广告创意的原则,并举例说明。
3. 试分析头脑风暴法的具体要求和注意事项。
4. 列举至少六种广告创意的类型。
5. 详细论述广告创意的具体方法。

策划案例赏析

今天你要秀哪一面?
——看七匹狼新 TVC 谈男装品牌再飞跃

高级男装大多以休闲及商务类服饰为主。对成功人士而言,稳重、激情、拼搏等精神往往是男性走向卓越路上的徽章。所以,我们往往在电视上看到"简约,不简单!""要改变命运,先改变自己!""我的未来不是梦!"等硬派、犀利的广告语。但是,男性世界真的就只有无止境的奋斗与竞争吗?当大家都把视线聚焦在成功与艰辛这一点时,一头"狼"率先把男人其他方面的特质曝光出来,让男人有了崭新的形象——铁骨,也需柔情。

以往的七匹狼品牌,以硬派的风格著称,从齐秦版的广告开始,一身坚挺冷峻的西装就曾伴随那些听着《狼》、在儿时便拥有雄心壮志的男人走过了多年风雨岁月。而这些男人心中亦明白,在职场、商场、官场中必须狠下心来,抱着一股"狼性"生存,或狡诈、或凶险、或艰辛、或困苦,但无论怎样,他都必须前行。而这种精神——广告学上称之为品牌核心价值,是当年诸多男装发迹时的主要理念。但是,在如今品牌爆炸的年代,这种"狼性"的价值观已经广泛地充斥在了各个国内品牌男装的广告中,同质化的风格又怎能突现品牌个性呢?

图 5-1

开阔的码头上,漫步的一男一女,海风徐徐吹起,男人温柔地给女人围好围巾:男人的温柔面。

图 5-2

嘈杂的公路旁,一名儿童出现在飞奔的卡车前,千钧一发之际,一男人现身,一个翻滚,将孩子抱离现场:男人的英雄面。

图 5-3

空旷的办公室,深夜,男人伏案工作,灯光映照着男人孤独的身影:男人的孤独面。

图 5-4

热闹的大会场，男人在万众瞩目之时徐徐站起，手与手坚定地相握，掌声响起：男人的领袖面。

图 5-5

熟悉的奔狼，伴随着舒缓的音乐，带出一句意味深长的广告语：今天你要秀哪一面。

七匹狼 TVC

深挖男人感性世界，品牌的二次飞跃

看一看诸多的伟人与企业家，他们不仅仅要"在沙场中厮杀"，还要在生活中扮演多种角色。回到理性分析，我们可以看下表：

男人特质	特质特点
温柔面	男人适当温柔是一种魅力，也是一种修养。
英雄面	物欲横飞的现代社会，男人英雄的一面受到环境和事件的挑战与影响。
孤独面	男人的孤独是一种美，亦是一种沧桑，一种无助的回望和满怀目标的期望。
领袖面	男人的领袖气质是一种高度，是一种积累，是一种财富，那是经验、智慧、机遇和拼搏的结晶。
其他面	……

从上表我们不难看出，男人的生活岂止一面？男人也是人，男人的内心也不能只有理性没有感性。而七匹狼品牌的这个创意则如赞美诗般地对男人多彩的内心世界进行了展现，将各个面在浪漫的剧情中娓娓道来，生活中的小细节与常人平凡的情感，构建起人性中最珍贵的点滴，并在奔驰的野狼画面中定格。这就是七匹狼双面夹克的最新广告，更是七匹狼品牌对男性内心的全新捕捉。

回归到品牌学角度来讲，七匹狼的这一广告使品牌形象得以重新定位：他不再是单一的硬汉形象，而是有血有肉的真实男人。生活中，充满热情；对家人，关爱；对爱人，温柔；对儿女，慈爱，这才是男人生活中的真实面貌。但是，一个刚性品牌却没有因为这支广告变得软弱不堪，这是一个由"刚"变"韧"的革新，而非由"刚"变"软"。所以说七匹狼的新广告使品牌得到了二次飞跃，更可贵的是，七匹狼完成了品牌核心价值与其他品牌的差异化，使这头"狼"的形象充满了韧性与平和。

再谈服装品牌核心价值

服装品牌的意义在于它能够创造更多的附加价值。高附加值是所有成功品牌具有的共同特征，因此，名牌服装可以标出非常高的价位，如国际顶尖品牌 VERSACE、HUGO BOSS 等等。但任何一个品牌都是无法向顾客强行推销自己的，顾客对品牌价值的信赖来源于服装品牌传递的丰富内容（如个性、文化、生活方式、价值观念等），在某种感情形成共鸣时，最终就会对该品牌产生好感或偏爱。

由于我国服装行业缔造品牌的起点较晚，所以暂时还未有哪个品牌能够跻身国际品牌之列。同时，各国际男装品牌中主流品牌的核心价值均为成功、尊贵、身份等徽征，在我国男装品牌资历尚浅的前提下，以此为参照还不太适合。所以，国内的柒牌、七匹狼、九牧王、雅戈尔等品牌均以一个"行进在成功路上的男人"的形象出现，这不仅符合了晚起点的历史阶段，也是中高档（而非顶级品牌）男装应有的气质。但是，品牌形象不能一成不变，随着品牌的成长与品牌个性的同质化，品牌思路也应做出相应的调整。否则，各品牌就只能成为大众皆知的"名牌"，而无法令消费者产生更多的联想。七匹狼此次的品牌调整就具有相应的先决条件：第一，七匹狼已经创立10年有余，品牌从嗷嗷待哺逐渐变得会走路说话，"婴儿服"已经显小；第二，各男装品牌理念已经大量趋同，品牌个性得以削弱；第三，"狼性"凶猛冰冷，已经需要注入温暖；第四，品牌认知度较高，拥有了一批忠诚度较高的消费者。正是如此，七匹狼才从诉求狼文化和拼劲，转向了诉求更加真实的现代男人生活情态。

但是，品牌的调整又绝非盲目而冲动的演变。因为，品牌的缔造本身就是一个漫长的积累过程,在这个过程中,品牌发展的方向如果出现了急转弯似的变动必然会影响受众对品牌的认知与体验,从而对品牌产生很多负面影响。所以,品牌调整必须在合适的阶段,并以过去的品牌理念为基点,继而在这个基点上完成对品牌的提升与飞跃。在七匹狼的新版广告中,我们可以看到七匹狼并没有放弃原有的核心精神,相反地,它只是在这种精神上延伸出了更多的层面,以柔情的"血肉"丰满了桀骜的"狼骨",才得以使品牌继续如滚雪球般成长。所以,品牌调整方面的细节要尤其引起各服装企业的注意。

品牌调整到营销格局调整

品牌与营销是对双生子。当品牌进行调整后,那么营销格局也应该随之做出相应的调整。否则,若只是品牌做出了调整,而依然保持着过去的营销方式,那么就好比唱高调一样,整个体系的变革必然前功尽弃。在七匹狼推出新TVC后,其生产及渠道环节也做出了一定的调整。其中,最为显著的即是2007年新品的发布。在这次新品发布会上,七匹狼展出了一系列休闲服饰,除了双面夹克外还涉及航海服、高尔夫等系列服饰,使过去沧桑与硬派的"狼形象"变得更加有品位与运动感。这一举措的实施,侧面烘托了品牌变革中的"男人多面",丰富的产品线从多个角度满足了男性内心世界的需求,最终与品牌变革形成共鸣。

另一方面,七匹狼在渠道方面也将打造全新男性旗舰生活馆。在这种新型终端模式中,七匹狼还根据产品线的多面性与定位将其细分为"红狼"和"绿狼"两种风格。2007年,七匹狼集团将斥资在全国各地营建20家这样的大型店铺。在这两种不同风格的店铺中,七匹狼将把传统男装、男性服饰、家居用品等合为一体,全方位地诠释现代男性生活的方方面面,最终展现一个拥有温柔、孤独、英雄、领袖等多个气质的男性形象。

可以讲,七匹狼的营销格局调整是以品牌的变革为始,将整个品牌进行提升的一次飞跃。而这一次品牌的飞跃也应为国内其他品牌男装敲响警钟——在品牌时代,要想于竞争中保持先机,必须要根据外界与自身的情况进行及时的调整。这种调整应该基于理性、品牌发展阶段与品牌力多个参考面进行,另外再加上营销层面的相应调整方能使变革成功,使品牌的雪球越滚越大!

(资料来源:全球品牌网,http://www.globrand.com/2007/72401.shtml)

第六章 广告媒介策略

广告媒介策略指的是广告活动中关于广告发布的媒介、发布的时机和具体的时间安排的指导性方针,主要包括媒介选择和组合策略、媒介排期策略和广告发布时机策略。

第一节 广告媒介概述

一、广告媒体的概念和特点

媒体,来源于英语词汇 Media,其意为"中间的"、"手段"或"工具"等。广告媒体,是指向受众传播广告信息的物质技术手段。广告媒体很多,如广播、电视、报刊、互联网、路牌、灯箱、包装、交通工具,甚至是一张名片、一支笔、一件工服,凡能起传播作用的物体,均可成为广告媒体。

广告媒介有着显著的特点:

1. 种类繁多。广告媒介包括电子媒介,如电视、电影、电子显示屏幕、电动广告牌等等,印刷媒体有报纸、杂志以及各种印刷宣传品,另外还有各种类型的户外广告。

2. 广告媒介随着科技进步而日益丰富,不断发展。从口头广告、实物广告到印刷广告再到电子广告,一方面,新的媒体不断出现,随着网络广告等新型的媒介的出现和不断发展,传统广告媒体"一网打尽"的神话已经破灭,广告投放的效果越来越被这种新的格局稀释。① 另一方面,原先的老媒体自身也在不断地发展和变化,电视媒体的频道大量增加,节目日益多样化,为策划者提供了更多的选择和组合媒介的机会,报纸媒介的版面增加而且出现了鲜明的专门化趋势,为广告有效锁定诉求对象提供了新的机会。

广告媒介策划在整个广告策划活动之中发挥着一种寻找通往市场之门的作用。如果说丰富而广阔的消费者市场对于广告主而言是其致力挖掘的宝藏,出色的广告创意是开门的钥匙,那么,广告媒介策划就是找到这个"门"的关键。

二、广告媒体的分类

1. 按表现形式分类

按广告媒体的表现形式进行分类,可分为印刷媒体、电子媒体等。印刷媒体包括报纸、杂志、说明书、挂历等。电子媒体包括电视、广播、电动广告牌、电话等。

2. 按功能分类

按广告媒体的功能进行分类,可分为视觉媒体、听觉媒体和视听两用媒体。视觉媒体包括报纸、杂志、邮递、海报、传单、招贴、日历、户外广告、橱窗布置、实物和交通等媒体形式。听觉媒体包括无线电广播、有线广播、宣传车、录音和电话等媒体形式。视听两用媒体主要包括电视、电影、戏剧、小品及其他表演形式。

3. 按影响范围分类

按广告媒体影响范围的大小进行分类,可分为国际性广告媒体、全国性广告媒体和地方性广告媒体。世界性媒体如卫星电路传播、面向全球的刊物等。全国性媒体如国家电视台、全国性报刊等。地方性媒体如省、市电视台,报刊,少数民族语言、文字的电台、电视台、报刊、杂志等。

4. 按接受类型分类

按广告媒体所接触的受众的不同,可分为大众化媒体和专业性媒体。大众化媒体包括报纸、杂志、广播、电视,专业性媒体包括专业报刊、杂志、专业性

---

① 纪华强编著:《广告媒体策划》,复旦大学出版社 2007 年版,第 9 页。

说明书等。

5. 按时间分类

按媒体传播信息的长短可分为瞬时性媒体、短期性媒体和长期性媒体。瞬时性媒体如广播、电视、幻灯、电影等。短期性媒体如海报、橱窗、广告牌、报纸等。长期性媒体如产品说明书、产品包装、厂牌、商标、挂历等。

6. 按可统计程度分类

按对广告发布数量和广告收费标准的统计程度来划分，可分为计量媒体和非计量媒体。计量媒体如报纸、杂志、广播、电视等。非计量媒体如路牌、橱窗等。

7. 按传播内容分类

按广告媒体的传播内容可分为综合性媒体和单一性媒体。综合性媒体指能够同时传播多种广告信息内容的媒体，如报纸、杂志、广播、电视等。单一性媒体是指只能传播某一种或某一方面的广告信息内容的媒体，如包装、橱窗、霓虹灯等。

8. 按照与广告主的关系分类

按照广告媒体与广告主的关系来划分，可分为间接媒体和专用媒体（或称租用媒体与自用媒体）。间接媒体（或租用媒体）是指广告主通过租赁、购买等方式间接利用的媒体，如报纸、杂志、广播、电视、公共设施等。专用媒体（或称自用媒体）是指属广告主所有并能为广告主直接使用的媒体，如产品包装、邮寄、传单、橱窗、霓虹灯、挂历、展销会、宣传车等。

三、广告媒体的特点与主要广告媒介分析

1. 报纸广告

报纸一般是以散页的形式发行，定期、连续地向公众传递新闻、评论等信息，同时传播知识并提供娱乐、消费等生活服务信息。报纸是最早用来向公众传播广告信息的载体，现在仍然是经常被运用的广告媒体之一。

报纸的优势主要是：

(1)覆盖面较广，读者遍及社会各阶层而且读者群也较为稳定。

(2)时效性强，尤其是日报，传递迅速。报纸具有随时间的发展更新信息的顺时性，这有利于读者把握信息的发展。

(3)权威性。报纸是一种纯平面视觉传播媒体，以文字传播为主，相对电波视听媒体更偏向理性。[①] 报纸不仅报道新闻，更重要的是要发挥评述以及

---

① 纪华强编著:《广告媒体策划》,复旦大学出版社 2007 年版,第 38 页。

论说的功能,担当引导社会舆论的角色,这更进一步强化了它的理性色彩。报纸在群众中享有很高的威望,有利于增强广告的可信度。另外,新闻力量的提携也是增加可信度的有效方法,新闻的真实性会不知不觉地渗透到广告中。

(4)令读者印象深刻,便于查阅。由于报纸广告是诉诸视觉的,且报纸可供保存,对于公告、启示、声明等广告,通过报纸媒介刊出等于取得了法律的认可。同时看报纸常常是一种自觉的行为,自觉容易印象深刻,阅读的时间又不受限制,报纸广告可供详尽诉求,以充分说明商品的优点、特色。

(5)非强制性。读者具有信息收受的主动性,即读者有选择阅读内容、阅读时间、阅读地点、阅读速度的主动性。而电波媒体由于其线性传播的特点,使得其传播内容具有稍纵即逝和不可逆转性,对受众有很强的约束力,属于一种强制力很强的媒体。读者可以根据自己的需要和兴趣来选择不同的报纸、版面和内容,根据自己的知识能力对报纸的信息进行解读。

它的劣势主要是:

(1)报纸的有效时间短。很少有人会去翻阅两三天前的报纸,而且反复阅读的可能性很小,随着新闻变成旧闻,广告也可能随之成了明日黄花。

(2)内容庞杂。一张报纸甚至一个版面内各种内容都有,广告极易受其他内容和其他广告的影响。同时,广告效果容易被广告篇幅大小所左右。由此导致了报纸的干扰度很大,报纸运营靠广告收入来维持,刊载不同广告主的广告才可能生存。报纸又是以多条信息在同一版面并置的形式编排,如果管理不当、专业不精,广告版面往往显得杂乱无章,过量与杂乱的信息会削弱任何单个广告的效果。

(3)印刷质量不够精美。那些需要表现美丽、豪华的外观,体现商品质感的广告诉求,在报纸上不能得到充分表现。

(4)受知识程度的影响,知识程度低、文盲较多的地区就不宜运用报纸广告来进行诉求。如报纸在偏僻山区的阅读率就极低。

2. 电视广告

电视是运用声波把声音、图像(包括文字符号)进行同时传送和接收的视听结合的传播工具,是一种具有多功能的大众传播媒体。

它的优势为:

(1)真实直观,表现力和感染力强。电视运用视觉和听觉同时作用于它的受众,"图文并茂"、"声、色、形、动兼备",使其因生动、形象、活泼而独具说服力和生动性。特别是现场直播的节目可以给与人们身临其境的感觉,这是其他媒体无法做到的。电视能把一个产品全方位、直观、真实地表现出来,而且可以真实反映实物的具体操作过程,以指导消费者使用,极易使消费者了解商品的复杂结构,使之一目了然。电视是一种富有动感、视听结合的传媒,是集文字、声音、动作表现于一炉的综合媒体,在各媒体中具有最强的感染力。

(2)电视是一种覆盖率高、速度快、适应性强的广告媒体。电视节目受众几乎包括所有阶层,遇有重大事件发生,电视现场直播可使万人空巷,这是其他媒体都很难相比的。而且它的传播范围有大有小,传播速度快,可重复播放,适应性强。同时,特定的频道和栏目又有特定的受众,针对性强。

它的缺点主要是:

(1)稍纵即逝。由于电视是借助动态视觉画面传达信息,而且电视广告的播出时间十分短暂,因此不能传递较多、较复杂的信息,较难进行理性诉求。电视广告属于时间性媒体,声音和画面稍纵即逝,观众对广告信息的接受较不充分。观众的选择性差,接触广告是被动的。电视广告不像印刷广告那样可以保存,可以查找。

(2)费用昂贵。电视广告的制作过程复杂,制作和播出费用高。因为电视的稍纵即逝的特性,一般电视广告需反复多次播映,必然增加费用。

3. 杂志广告

杂志指的是一种间隔周以上时间、定期发行的具有小册子形式的出版物。杂志与报纸同属印刷媒体,两者既有共同之处,也有自己的个性特点,归纳如下:

它的优势主要是:

(1)宣传针对性强。杂志是一种对象明确、针对性很强的广告媒体。不同的杂志侧重不同的内容,比如《读者文摘》侧重大众文化,《家庭》侧重女性服务,《福布斯》侧重商业。杂志通常以专业性见长,如化工类、医学类、生活类等等,因而目标对象相对明确,容易针对固定的广告对象有的放矢、集中诉求,即使如《小说月报》这样的看似没有明确对象的杂志,一般也有其较为固定的读者群。该群体具有一定的稳定性,成员之间有一定的认同感。他们的读者仅限于专业同列之间。随着多样化和个性化趋势的发展,将会出现更多的针对细分化目标受众的杂志。[①]

(2)较高的重复率和传阅率。杂志的有效期长于报纸及电视。杂志的周期一般以月刊居多,杂志具有资料性和永久保存性的特性,有效阅读时间相对较长,而且反复阅读率高,无形之中延长了广告的生命力。杂志的读者多数是固定订户,阅读时比较专心,实际阅读率在四大传统媒体中最高。杂志被保存的时间较长,反复阅读率高,而且传阅性好,能够深入消费者家庭,能扩大和延

---

① 纪华强编著:《广告媒体策划》,复旦大学出版社 2007 年版,第 40 页。

续广告的传播效果。

（3）较强的表现力。与报纸相比，杂志在印刷和装订上都来得更精美，纸张的质量也比较高；杂志中的广告一般独占版面、设计讲究、印刷精美、传真程度高，给读者的印象强烈，所刊载图片无论在清晰度，还是在色彩的还原上都更具有表现力，能提高表现对象的美观程度和价值感。[①] 杂志的印刷质量优于报纸，在传达商品质感方面明显强于报纸媒体，所以杂志广告更能衬托出项链、珠宝以及食品等商品的外在形象，使这些商品充满诱惑力。

它的缺点为：

（1）内容庞杂，辨识度不高。与报纸一样，杂志往往页码多、内容庞杂，要有较好的视觉效果、独特的创意及一定的面积才能更好地吸引读者的眼球，达到理想的广告效果。

（2）周期太长，灵活性较差。由于杂志的刊期较长，设计印刷较为复杂，截稿期与刊登的时间有时相距甚远，一些新产品及时间性强的广告一般不宜刊登。如遇市场变化、突发事件需要变更广告内容，会显得非常困难。

（3）制作成本相对较高。彩印、制版、加色等费用较贵，加上杂志的发行量一般比不上报纸，因而总成本比报纸广告高得多。

4. 广播广告

广播是比电视更早的媒体，它通过无线电波或金属导线，用电波信号向听众提供信息服务，它只能提供音讯而无法提供视讯。

它的优势为：

（1）简便迅捷、时效性强。广播以速度见长，是目前传播速度最快的广告媒体之一。由于广播媒体本身的特性，决定了广播广告应急性很强的特点，尤其是直播节目方式的普遍运用，更强化了广播广告的时效性，广播广告还具有更改修正十分灵活的特点。

（2）覆盖面广、受众广泛、费用价廉。广播是一种真正的全球性媒体，它不像电视传播那样要受信号制式、收受工具的制约和影响，只要有一台全波段的收音机，就可以听遍全球所有的电台，其覆盖面非常大，受众非常广泛，即使在很多偏僻的乡村，也都能收到广播，而且广播的内容不受收听者文化程度的影响。

它的缺陷为：

（1）有声无形。广播只有声音，没有视觉形象，缺乏直观性，听众看不见商品的实形，对商品的印象不容易深刻。

---

① 纪华强编著：《广告媒体策划》，复旦大学出版社 2007 年版，第 40 页。

（2）稍纵即逝，无法保存。

（3）与电视一样选择性差。

5. 邮寄广告

也称直销广告、信函广告（Direct Mail），简称 DM。美国于 1775 年制定了邮政法，开始有了 DM 广告。在很长一段时间里，美国广告主利用广告媒体的情况是 DM 广告一直居第三位，仅在报纸与电视之后。一般认为，凡是以传达商业信息为目的并进行邮寄的广告品，都是 DM 广告，即 Direct Irect Mail Advertising。

它的优势：

（1）选择性、针对性特强。一般来说，在 DM 广告邮寄之前，其邮寄对象往往是经过选择的，所以针对性极强，不会产生广种薄收的现象。因而，对于 DM 广告而言，正确地选择合适的对象显得尤为重要，它是决定 DM 广告活动成功与否的重要因素。

（2）从邮寄广告的内容来看，DM 广告相对不受篇幅限制，可以较为详尽地表达产品的信息内容。邮寄广告在设计制作上也没有过多的限制，能表现多姿多彩的创意。

（3）传递快、反馈也快。DM 广告采用直邮的方式，直接将信息传递给可能购买的消费者，减少了中间环节，广告主还可以直接附上反馈表，甚至直接邮寄订购单。

（4）广告费用相对低廉、集中，不会造成太大浪费。20 世纪 90 年代初，美国苹果计算机公司从大众媒体广告费中抽出一部分直接用于 DM 广告，结果，媒介花费下降了 32%，而广告效果反而略有上升。

（5）避免与竞争对手直接交锋。某些不想引起竞争对手注意的广告内容，就较适合采用 DM 这一广告媒体形式。

它的弱势：

（1）寻找可能购买者的姓名、地址很不容易。商场常常用发放贵宾卡的方式获得相对固定的消费目标群，而有些企业则通过填写客户资料来了解自己的消费群。

（2）DM 的可信度相对报纸、电视等媒体来说要低得多。大众媒体的喉舌作用提高了广告的可信度，DM 在这方面则明显具有弱势。

（3）如果设计、制作不佳，DM 传达到消费者手中可能会起适得其反的效果，消费者容易产生这样的联想——这种产品如同广告一样缺乏水准。

DM 广告的形式主要有以下几种：

（1）推销性信函（Sales Letter）：这是最具推销力的 DM 之一，一般将销售内容写在信纸上，装进信封，看上去更像属于个人的信函，容易产生亲切感。这种推销性信函的形式也相当多，可以有插图，纸张的形式、印刷的色彩上也有多种选择。对邮寄广告函件来说，推销信便是推销员的口。信的开头第一段便应指出读者可获得的利益，或引起读者的好奇心。邮寄广告是把塑造产品形象和推销工作一同进行，故需要用较长的篇幅去说服产品对象及时订购。

（2）推销性信函附属品（Letter Gadget）：即用金属、塑料或纸、布等材料做的小道具附着在印刷品上一起寄出。这些小道具一般规格很小，形式不拘，但应尽量与特定的销售重点相配合。

（3）明信片（Mailing Card）：在明信片中，印一些有助于促销的广告文、图，也可当作折扣券使用。设计时因为其面积较小，内容不能过于详尽。

（4）产品彩页：其功能是展示产品，利用彩页详细地把产品的颜色、大小、体积、内部结构、质料等呈现在读者面前，以此来增加读者对产品的信心，继而订购。创制产品彩页有两大原则：一要善用图片；二要注意设计。

（5）小册子：一般用于展示一些较为昂贵而复杂的商品，可作资料保存。

（6）目录（Catalog）：也是多种商品的参考书。

6. POP 广告

POP 即 Point Of Purchase Advertising 的缩写，意即商品购买场所之广告，是购物场所内外，比如零售点、超级市场、百货公司、商场等等所做的广告总称。

POP 广告是在 20 世纪 30 年代随着美国超级市场自助式贩卖的兴隆而轰轰烈烈兴起的，可分为室内 POP 和室外 POP。顾名思义，室外 POP 广告是指购物场所门前和周围的一切广告形式。比如设在那些地方的密切配合购物场所内商品销售的广告牌、霓虹灯、灯箱等等，也包括招贴画以及橱窗布置、陈列等。

从整体上看，制作精美的室外 POP 广告是整个城市的组成部分，能给城市增添生机，也能成为美化销售场所、吸引消费者的一种手段。比如现代的橱窗设计追求主题突出、格调高雅，富于立体感和艺术感染力。室外 POP 广告的主要功能是引导和诱发消费者对商店差别化的认识，也就是说，消费者能从 POP 广告的风格来判断一个商场的格调。

室内 POP 广告是设立在商店内部的各种广告，比如柜台广告、圆柱广告、货架陈列广告以及商店内部四周墙面上的广告、模特儿广告、灯箱广告、电子广告等。室内 POP 的特点是：突出商品特点和好处，利用各种广告手段，缩短商品和消费者之间的距离。在超市，如果有 POP 广告存在，即便没有营业员，消费者也可以在各个广告的示意下，找到所需物品。

POP 广告的功能和优点主要是：

（1）引导和诱发消费者对商品差别化的认识，能帮助消费者作出最初的判断。

（2）有利于提醒消费者购买早有印象的商品。一般而言，消费者对商品是有选择的，有些商品的牌子早已列入了消费者的购物清单。POP 广告的目的就是提醒消费者购买。

（3）有益于美化店面环境、吸引顾客，尤其是那些装潢精美、设计新颖的室外 POP，能给路人和购物者留下深刻印象。

（4）POP 广告属于长效媒体，它的有效期一般比报纸、电视要长，能在一段时间内达到对消费者反复诉求的目的，无论消费者的文化程度如何，都能一目了然，并且随时随地都能印入消费者的记忆。

（5）具有无声推销的效力。消费者到购物场所去购买商品，一部分人属于指名购买，但他们的决定有时也受 POP 广告的影响，另一部分则没有预先的打算，这时 POP 广告就会起到不可忽视的作用。

POP 广告可能出现的问题为：

（1）在一些并不宽敞的购物场所，POP 广告太多会造成十分拥挤的现象，不仅不能取得应有的广告效果，反而影响购物环境和商品销售。

（2）POP 广告如若不注意整洁，易沾满灰尘，其广告功效将大为减色，尤其是一些本以色彩和光亮吸引人的商品广告，若不够整洁，其结果是不但起不到吸引作用，反而使人感觉其商品也是毫无光泽。

（3）POP 广告设计以精致美观为前提，如果设计粗陋、毫无新意，也极其容易使消费者失去兴趣。

7. 户外广告

户外媒体是所有广告媒体中历史最为悠久的媒体之一，从庞贝古城的墙壁告示到随商业而出现的各种店面招牌、灯笼与旗帜等，都是户外媒体的原始形式。户外媒体作为继电波媒体、平面媒体以外的第三大媒体，实现了广告信息到达的最大化和暴露频次的最高化。与此相对应的是，中国户外广告发展迅猛，增长速度远远高于电波和平面媒体。随着中国加入 WTO，媒体整合理念也日趋完善并被广泛运用，户外媒体也已经成为中国广告界的新宠。

户外广告的范围非常广泛，它指的是设置在露天场所的各种广告，如路牌广告、招贴广告以及海报等，另外，交通广告媒体具有传播优势，与四大媒体相比成本最低。公交车是市民最主要的交通工具。城市公交车线路覆盖面广，四通八达。车身广告覆盖率高，接触面广，接近售点并起到售点提示作用。受众在闲暇时接受广告信息能产生较深的广告印象；同时，消费者在乘坐交通工具时通常远离四大媒体,交通广告可弥补四大媒体的空白;能使广告信息的到达率和暴露频次都能达到较高的水准。例如,北京地铁作为京城地下交通的大动脉,从清晨5:00至晚23:00为全市居民服务,每天运送乘客140万人次,一般乘客平均在月台的等候时间为5分钟,平均每日在车厢内的停留时间为30分钟,每周乘坐超过6次的占65%。

路牌广告也越来越被重视,甚至被看作一个国家文化水准的体现,并成为现代建筑的一部分。路牌广告一般都投放在最成熟、最密集的区域,如上海的路牌广告可以用简单的"234"来概括,即"2座机场(浦东国际机场和虹桥机场)、3个热点(徐家汇、人民广场和外滩)、4条道路(中山高架、延安高架、南京路步行街和淮海路)"。

户外媒体的作用:

(1)树立品牌形象。户外媒体往往能够依靠相关的周边环境、巨大的表现空间、出色的创意设计,传达给受众过目不忘的震撼力。应该说,合适的户外媒体本身就与产品品牌形象有积极的正相关性。

(2)能对消费者产生购买提示并达成产品购买。对于低卷入度的产品,通过接近通路终端的媒体与顾客保持高频率的接触将有可能引起顾客的购买冲动,对顾客的品牌选择起到提示和导向作用。户外媒体在这方面的作用是无可替代的。

户外媒体在选择和制作方面应注意的有宏观因素(主要来自环境、政策以及广告整体运动等的影响)和微观因素两大类。

宏观因素包括:

(1)政策法规。预选投放城市和区域时务必仔细研究该城市甚至该区域的有关户外广告发布的规定,最好能了解审批部门对以往类似案例的处理方法。由于户外广告带来的不仅仅是商业效应,更可能影响整个城市甚至更广范围的公众,因此有关部门的态度往往相当重要,对于有创意而没有先例的非常规户外广告来说更是如此,烟草、药品户外广告的发布对此也需要引起特别的注意。

(2)广告环境。如同过多的电波广告会对广告讯息传播产生阻塞一样,过于密集的户外广告也会使受众在视觉与记忆上形成"广告盲区"。因此,在选择投放区域前,不仅要分析商业及人口调查数据和照片,更要深入实地对广告环境进行认真考察。广告环境干扰有时表现为另一种形式:在一些区域,广告总体环境良好,但同一类别,特别是构成竞争关系的产品广告相对密集。广告主是否选择在该区域投放户外广告,将取决于整体广告战略的需要。如果广告主采取积极的扩张型广告战略,那他可能会选择在该地区展开大规模的户外广告攻势,从数量、规格、创意或制作上压倒对手;相反,如果广告主选择了较保守的广告战略,例如寻找其他市场空隙,避免正面竞争,那他完全可以放弃该区域,另觅良所。

(3)广告运动。户外广告是广告整体运动和媒体整体投放的一部分,如果广告运动的目的是为了树立或加强品牌形象,往往选择人流众多、视野开阔、知名度高、影响力大的商业区域投放户外广告。由于这些区域媒体价格昂贵,因而通常不可能大量购买。购买的种类也以大型广告牌、霓虹灯或单立柱为主。户外广告往往针对泛目标人群,追求的不是短期销售的提升,而是品牌内在价值的逐渐升值。如果广告运动的目的仅在于短期内销售的提升,那么必须借助网络化的户外媒体渗透到目标受众消费与生活的空间中去。公共汽车、候车亭、加油站、医院、药店、健身房甚至定位准确的一系列餐饮场所等都具有这样的优势。他们的共同特点是:就单个媒体个体而言通常易被忽视,广告辐射面小;但一旦形成网络,就将覆盖很广泛的区域,具有数量众多、定义明确的目标受众,具有产生良好的广告效果的基础。

微观因素包括:

(1)高度。户外媒体并非越高越好,高度的意义在于远距离的广告信息辐射,但距离增加带来的视觉面积减小将在一定程度上减少这种辐射。事实上,最理想的户外媒体高度应保持与受众视线基本水平。由此向上或向下增加或减少若干高度都会对广告效果产生同等程度的削弱。

(2)面积。面积也非越大越好,面积越大虽然会越引人注目,但与之相伴的是高昂的价格。而且过大的面积往往会影响近距离的观察效果,有时甚至会对受众产生压迫感,使之产生自然的排斥。因此,合适的面积应该是在预算允许情况下,目标辐射范围内保证清晰可视效果的面积。了解这个因素影响的最好方式莫过于进行一次全方位的实地考察和感受。

(3)视距、角度与遮挡。千万不要只是相信照片和有关媒体的文字介绍,除了实地考察,几乎没有可能得出这三个方面的正确结论。以所选媒体为圆心,以目标辐射范围(通常 100m～400m 不等)为半径,在周边各主要道路和场所对媒体进行观察。除了步行观察外,如果目标受众也包含车流,那么在主要经过的道路上进行乘车观察也必不可少。

(4)材料、安装、制作与维护是绝对不可忽视的内容。

(5)价格、预算与保险。媒体价格包含很多内容,阵地费、保险费、制作费、安装费(初次或二次等)、材料费、税金等必须都作考虑。要特别强调的是第三方保险费用支付问题。户外保险不同于其他媒体,存在着对他人造成人身伤害的潜在危险,因此必须购买第三方保险。按照惯例,这应该包含在媒体费用中,由媒体供应商支付。但有的供应商为了节约成本,会有意无意地在合同中略去这一部分。这样,一旦发生意外事故(这是完全可能的),纠纷将很难避免,甚至会很大程度上损坏企业形象。

8. 网络广告

因特网的迅速发展和普及为广告业提供了全新的广告传播工具,使其成为继报纸、杂志、广播、电视四大广告媒体后又一广告传播媒介。网络广告又叫 Internet 广告(Internet Advertising),即通过 Internet 发布广告。

如其他各类广告一样,网络广告的目的在于传播信息进而影响市场。戛纳广告节十分重视这一新的广告形式,将网络广告列为继平面、影视广告之后的第三类评奖形式,与平面、影视评奖平起平坐。组委会在网络广告评奖揭晓后举行了新闻发布会,向全球广告界推崇网络广告,这充分显示了世界广告业与先进科技同步发展的时代动向。

网络广告将成为改变传统广告业的催化剂,它对传统媒体带来的冲击和对传统媒体广告收入的蚕食,越来越明显地挑战着电视的地位。正是在网络广告对传统广告形式的压力下,电视传媒为迎接这一挑战,已经开始千方百计地优化电视节目,以求继续吸引受众的注意力。网络广告加剧了传媒之间的竞争,同时也促进了传媒的繁荣。网络使这个世界步入了全面信息化时代,网络广告提供的丰富的信息,倡导了时尚,改变了消费者的生活价值观。网络广告的高速发展,为因特网行业的发展带来了更多的机会。

由于网络广告为用户提供了详细的资料,当你点击网上广告条时,这个图标像一个盒子一样被打开了,广告主在网页上放置的所有内容依次展现在浏览者面前,浏览者如感兴趣可直接在网上向该企业进行询问,甚至可直接进入企业主页的表格订单一栏,直接填写订单。信息化建立起企业与市场之间的桥梁,传统的大规模的推销被灵活高效的信息服务所取代,刺激了受众的购买欲,缩短了流通环节,促进了消费。

网络广告主要的表现形式:

最初的网络广告就是网页本身。当越来越多的商业网站出现后,怎么让消费者知道自己的网站就成了一个问题,广告主急需要一种可以吸引浏览者到自己网站上来的方法,而网络媒体也需要依靠它来赢利。第一种网络广告形式就是网幅广告(banner),它和传统的印刷广告有点类似。但是有限的空间限制了网幅广告的表现,它的点击率不断下降,目前平均的网幅广告点击率已经不到1%。面对这种情况,网络广告界发展出了多种更能吸引浏览者的网络广告形式。下面将介绍当今网络广告界常用的一些网络广告形式。

(1) 网幅广告

网幅广告是以 GIF、JPG 等格式建立的图像文件,它定位在网页中,大多用来表现广告内容,同时还可使用 Java 等语言使其产生交互性,用 Shockwave 等插件工具增强表现力。网幅广告是最早的网络广告形式。IAB 在 1997 年的大规模网络广告综合调查中向广告主、广告代理商和用户征求了关于网幅广告的尺寸意见,目前,绝大多数站点应用的网幅广告尺寸一般反映了客户和用户的双方需求和技术特征。

(2) 文本链接广告

文本链接广告是一种对浏览者干扰最少,但却最有效果的网络广告形式。整个网络广告界都在寻找新的宽带广告形式,而有时候,需要最小带宽、最简单的广告形式效果却最好。

(3) 电子邮件广告

调查表明,电子邮件是网民最经常使用的因特网工具。电子邮件广告具有针对性强(除非肆意滥发)、费用低廉的特点,且广告内容不受限制。它可以针对具体某一个人发送特定的广告,为其他网络广告方式所不及。

电子邮件广告一般采用文本格式或 html 格式。文本格式的电子邮件广告把一段广告性的文字放置在新闻邮件或经许可的电子邮件中间,也可以设置一个 URL,链接到广告主公司主页或提供产品、服务的特定页面。html 格式的电子邮件广告可以插入图片,它和网页上的网幅广告没有什么区别,但是因为许多电子邮件的系统是不兼容的,html 格式的电子邮件广告并不是每个人都能完整地看到的,因此,电子邮件广告做得越简单越好,文本格式的电子邮件广告兼容性最好。

(4) 企业网站的广告思想

对于大多数企业来说,进入网络广告领域的第一步就是建立自己的企业网站。这些网站的建立仅仅是因为这些企业认为有一个网站是一件很时尚的事情,如果没有网站则会在竞争中处于劣势。这种网站的雏形就是企业宣传册的在线版。

但是,广告主慢慢会发现,简单的宣传册并不能把产品描述清楚,这样的网站无法体现网络的优越性。广告主开始把所有的关于产品的信息搬到网上来,让潜在的消费者通过网络知道尽可能多的信息。与此同时,广告主也开始提高网站的趣味性与知识性,这样可以吸引更多的浏览者。当然也不能本末倒置,企业网站还是要以产品为中心。

最重要的一点,企业网站必须要有能把作为潜在消费者的浏览者变成最终消费者的能力。虽然我们讨论的是企业网站的广告思想,但还是有必要提一下企业网站的功能,比如客户服务。拿联邦快递公司的网站(www.fedex. com)来说,它为顾客提供了完善的货物跟踪检索服务,这样的服务可以看作是一种用来建立品牌忠诚的极好工具,在顾客心目中建立了完美的服务形象。

(5)赞助

赞助式广告的形式多种多样,在传统的网幅广告之外,它给予广告主更多的选择。赞助式广告的定义至今仍未明确,Double Click Asia 在中国台湾地区的行销总监伍臻祥提出,所有非旗帜形式的网络广告,都可算作是赞助式广告。这种概念下的赞助式广告其实可分为广告置放点的媒体企划创意、广告内容与频道信息的结合形式。比如"NIKE"赞助了新浪网的"竞技风暴"频道,该频道的名字也相应改成"NIKE 竞技风暴",并配上不同栏目。

浏览者对于他每天浏览的网站往往比较信任,所以在这些网站的信息中夹杂广告主的信息比单纯的广告更有作用。广告不一定能吸引广大受众的注意,位于网页最上方的大块版位也不见得是最好的选择,广告内容若能与广告置放点四周的网页资讯紧密结合,效果可能比选择网页上下方的版位更好。此外,广告尺寸大小也并非是决定广告效果的标准,尺寸小(例如 120 * 30、88 * 31 等)但下载速度快的广告形态,也会受到商业服务或金融业客户的青睐;工具栏形态的广告有如网页中的分隔线,巧妙地安排在网页内容里,虽然空间有限只适于作简单的图像和文字的表达,但对预算有限的广告主而言也不失为一种选择。

(6)与内容的结合

广告与内容的结合可以说是赞助式广告的一种,从表面上看它们更像网页上的内容而非广告。在传统的印刷媒体上,这类广告都会有明显的标示,指出这是广告,而在网页上通常没有清楚的界限。

这种广告以网页内容的形式出现,所以它们的点击率往往会比普通的广告高。然而,广告主在做这种广告的时候需要非常小心,如果让浏览者有受骗上当的感觉,就会对品牌造成负面的影响。内容结合式广告最引人争议之处即在于商业利益与媒体内容混淆不清。国外常见的浏览整合的广告方式是将广告主的网站链接或图像整合在网站首页的功能表中,虽然会降低受众对广告的抗拒,却可能使他们对网站产生排斥与不信任的感觉。值得注意的是,广告主可能为了广告的诉求而提供偏颇的讯息,受众通常也难以分辨其中的真假,这对网络媒体的资讯内容也可能造成冲突。

(7)插播式广告

插播式广告的英文名称是"Interstitial",不同的机构对此的定义有一定的差别。中国互联网络信息中心(www.cnnic.cn)在关于网站流量术语的解释中,将 Interstitial 定义为"空隙页面",并描述道:"空隙页面是一个在访问者和网站间内容正常递送之中插入的页面。空隙页面被递送给访问者,但实际上并没有被访问者明确请求过。"好耶广告网(www. allyes. com)在"网络广告术语库"中对"Interstitial"的解释为"弹出式广告":访客在请求登录网页时强制插入一个广告页面或弹出广告窗口。全球网络经济资讯网(http://www. itbase. com. tw)对"Interstitial"的定义是"插入式广告":它在等待网页下载的空挡期间出现,是以另开一个浏览视窗为形式的网络广告。不过,在中国台湾地区一些学者的专业文章中,也常用"插播式广告"这一概念,有时也常将"Interstitial/ Pop-up"统称为"插播式广告"。虽然一些网站或机构对"弹出式广告"和"插播式广告"的理解有一定的差别,但基本上也可以将两者理解为同一类型,或者说,"弹出式广告"是"插播式广告"中的一个类别。

它们有点类似电视广告,都是打断正常节目的播放,强迫观看。插播式广告有各种尺寸,有全屏的也有小窗口的,而且互动的程度也不同,从静态的到全部动态的都有。浏览者可以通过关闭窗口不看广告(电视广告是无法做到这一点的),但是它们的出现没有任何征兆。

广告主很喜欢这种广告形式,因为它们肯定会被浏览者看到。只要网络带宽足够,广告主完全可以使用全屏动画的插播式广告。这样,屏幕上就没有什么能与广告主的信息"竞争"了。

插播式广告的缺点就是可能引起浏览者的反感。互联网是一个免费的信息交换媒介,所以在最初的时候网络上是没有广告的。有一小部分人认为互联网的商业化和网络广告都是无法容忍的。我们倒不是担心这部分人(除非他们是你的目标受众),我们担心的是大多数的普通网民,他们有自己的浏览习惯,他们选择自己要看的网站,点击他们想点的东西。当网站或广告主强迫他们浏览广告时,往往会使他们反感。为避免这种情况的发生,许多网站都使用了弹出窗口式广告,而且只有屏幕的 1/8 大小,这样可以不影响正常的浏览。

(8)Rich Media

Rich Media Banner 又称 Extensive Creative Banner,一般指使用浏览器插件或其他脚本语言、Java 语言等编写的具有复杂视觉效果和交互功能的Banner,这些效果的使用是否有效一方面取决于站点的服务器端设置,另一方面取决于访问者的浏览器是否能顺利查看。

一般来说,Rich Media Banner 要占据比一般 GIF Banner 更多的空间和网络传输字节,但由于能表现更多、更精彩的广告内容,往往被一些广告主采用。国际性的大型站点也越来越多地接受这种形式的 Banner。①

网络广告的特点为：

1. 网络广告具有较强的互动性。与传统广告媒体相比，互动性是网络广告最显著的优势。首先，网络广告可实现多种交流功能：消费者除了可以自由地查询信息外，还可以通过电子邮件向该公司进一步咨询、订货，从而在单一媒体上实现了整个购买过程，这一点是传统媒体难以做到的。其次，网络广告趣味性强：网络广告的内容完全控制在浏览者手中，他们可以根据自己的兴趣和目标按动屏幕上的按钮，连接并获得所需要的信息，浏览者成了广告的"主宰"，这成为吸引众多消费者的一个主要原因。最后，网络广告提高了目标顾客的选择性：与传统广告不同，网络广告的启动，需要目标群体的主动搜寻和连接，属于"软件广告"。而主动搜寻本公司广告的消费者往往带有更多的目的性，提高了广告的促销作用。

2. 网络广告消除了时间、空间的限制。传统的大众媒介，包括报纸、电视等，往往局限于某一特定区域内的传播，要想把国内刊播的广告在国外发布，则涉及政府审核、在当地寻找合适的广告代理人、洽谈并购买当地媒体等一系列复杂的工作。同时，广告刊播时间受购买时段或刊期限制，目标群体容易错过，并且广告信息难以保留，广告主不得不频繁地刊播广告以保证本公司的广告不被消费者遗忘。而网络则是以自由方式扩张的网状媒体，连通全球，只要目标群体的计算机连接到因特网上，公司的广告信息就可以到达，从而避免了当地政府、广告代理商和当地媒体等问题。同时，网络广告信息存储在广告主的服务器中，消费者可在一定时期内的任何时间随时查询，广告主无须再为广告排期问题大伤脑筋。

3. 与电话、传真之类的个体媒介相比，网络广告的沟通双方无须同时在通道两端固定的时间、空间出现，在时间上更自由。个人的电子邮件通信地址不是与某台计算机连接，而是与一个密码相连的网络使用权，它可在任何一台联入因特网的计算机上使用，相当于一个随身携带的邮箱，不受地点的限制。

4. 网络广告具有较高的经济性。传统广告的投入成本非常高，其中广告媒体费用要占到总费用的近 80%，他们空间有限且价格昂贵，不论购买空间多大，均按宣传的成本和时间计费，空间越大，广告篇幅越大，收费就越高。而网络广告的平均费用仅为传统媒体的 3%，并可以进行全球性传播。因此网络广告在价格上具有极强的竞争力。

5. 网络广告效果的可测评性。运用传统媒体发布广告的营销效果是比

---

① 网络广告资源站：http://www.new54.com/type1.php。

较难以测试、评估的,我们无法准确测算有多少人接收到所发布的广告信息,更不可能统计出有多少人受广告的影响而做出购买决策,网络广告则可以通过受众回复的电子邮件直接了解到受众的反应,还可以通过设置服务器端的Log访问记录软件随时获得本网址的访问人数、访问过程、浏览的主要信息等记录,以随时监测广告投放的有效程度,从而及时调整营销策略。

6. 网络广告的目标性、针对性强。广告是针对消费者的信息传播活动,其目的是使消费者对企业、产品或服务产生认知,改变消费者对企业、产品或服务的态度,促使消费者产生有利于企业的消费行为。但正如并非所有的消费者都是某种产品的消费者和潜在消费者,广告的目标对象也只是一群特定的受众,即产品的目标消费群体。广告只有针对他们进行诉求,才能达到预期的说服效果。与传统媒体的"广播"模式相比,因特网属于"窄播"模式,广告主可以根据自己的宣传目的,有的放矢地选择受众对象,以求得最佳的传播效果。定向发布是广告追求的目标,定向,实际上是对受众的筛选,即广告的显示是根据访问者来决定的。先进的广告管理系统能够提供多种多样的定向方式,如地域定向、时间定向、域名定向、操作系统与浏览器定向。比如,按访问者的地理区域,选择不同的广告;根据一天或一周中的不同时间,出现不同性质厂商的广告。企业还可根据不同用户IP地址所属的网段,判别访问者的居住国家和城市,并在国际性站点选择性地投放广告。网络广告让广告主有可能将广告准确发送到目标用户,而且根据信息反馈发送为用户的特殊口味和兴趣而定制的广告。这种为受众度身定制的个体化传播模式完成了"步枪打鸟"任务。[1]

当然,网络广告虽然拥有许多传统媒体广告无法比拟的优势,但目前仍存在着许多问题与缺陷。比如网络广告的直观效果和吸引力远不能与电视广告相比、网络广告可信度较差等。

作为一个新兴事物,网络在我国要成为新的支柱广告媒介,看来还需一段时间。然而,正如负责宝洁广告业务的客户总监所说:"利用网络,可以更大范围地收集信息,这是在竞争中所拥有的最大优势。"因特网毕竟囊括了传统媒体的一切表现形态和特点,同时具备了他们不具备的特点,给与人们自由想象、尽情驰骋的空间。

---

[1]　陈伟、李政:《网络营销的广告策略研究》,《经济师》,2003年第3期。

第二节 广告媒体的策划

一、广告媒体选择

所谓广告媒体的选择，就是通过具体分析评价各类媒体的特点及局限性，找出适合广告目标要求的媒体，从而使广告信息顺利地到达目标顾客那里。现代广告活动已经发展成为一个全方位的整合性的信息传播活动，因此，各种广告媒体已经不再是各自为政的个体，广告媒体计划与选择已经成为广告活动战略的一个重要组成部分。

影响媒体选择的主要因素为：

1. 广告预算

决定广告预算问题的关键是以地区为单位的消费者的购买力。购买力是有差别的，对于差别的掌握，是依照媒体与它的受众的分布关系加以运作的。比如上海市的个人平均购买力就比贵州省的个人平均购买力强，在购买力强的地区，广告预算的投入就相应地要多。另外还要考虑的一个因素是销售网络的畅通与否。

2. 目标对象

一般说来，目标对象指的是商品的需求群体。此外还有一种理解是商品的目标市场的人群构成。[①]无论是哪一种目标对象，总体看来，他们是一个群体，其中依照性别、年龄、职业、收入、信仰、地域等又可以分为许多类型。媒体形式的选择一定要适应对象的特点，否则事倍功半，甚至功败垂成。另外，还应契合公众的心理。比如街头散发传单的广告宣传形式并非不可，但是，若是不分男女老幼等具体消费群体盲目乱发，如"治斑秃"发给长发女孩，会令人啼笑皆非。

3. 媒体特性

各种媒体的特性在前面章节中已有详细叙述，在这里我们要重点介绍如何依据特性来选择媒体。

(1)感性诉求和理性诉求

广告确定了以理性诉求为主还是以感性诉求为主就基本上已经确定了选择什么样的媒体。长期以来，报纸、杂志等印刷媒体是偏向理性的，广告主可以在印刷媒体上放入复杂的、详细的、大量的信息。因此，印刷媒体比电波媒

---

① 纪华强编著：《广告媒体策划》，复旦大学出版社 2007 年版，第 196 页。

体或户外媒体更容易传递信息。广播电视等电波媒体是偏向感性的,电视用动感的视觉形象来调动人们的触觉,并通过声音、画面、色彩和所有这些构成的感觉来对受众形成影响,电视特别擅长通过画面和声音刻画复杂人物,因而是传递情感最理想的媒体。

（2）权威性与影响力

权威性是衡量广告媒体本身带给广告的影响力大小的指标。媒体的权威性对广告的影响举足轻重,不可忽视。媒体的权威性与影响力,难以从数量上进行分析,只能做定性研究。同时权威性也是相对的,对某一类广告来说,某媒体的权威性高,但对另一类广告来说,这一媒体的权威性可能并不高。因为不同的媒体都有自身的特性和影响力,广告受众自身是有一定的衡量标准的。

（3）覆盖面与触及率

覆盖面是指广告媒体在传播信息时主要到达并发挥影响的地域范围。在选择广告媒体时,首先应考虑的就是这个媒体的覆盖区域有多大和在什么位置。而一则广告借助某一媒体推出后,可能只会让部分受众接收到,媒体的触及率就是用来衡量这一比率的。触及率表征一则广告推出一段时间后,接收到的人数占覆盖区域内总人数的百分比。触及率这一指标有两个特点:一是初级人数不可重复计算,某人虽多次接受同一广告,但也只能算是一个接触者;二是触及率是对覆盖面中的所有人而言,因此,这一指标也不代表所有受众群体。触及率是选择广告媒体的重要指标。

（4）接触频率

广告媒体接触频率指接触过该广告的人平均接触的次数,这一指标的意义在于了解在多次发布广告后,接触者对广告印象的加深程度。计算方法如第一次触及率为 25%,第二次为 30%,其中重复触及率为 5%,那么二次广告的接触频率为 30/25,即 1.2 次。一般来说,二次或多次广告中,重叠多则纯有效范围小,重叠小则纯有效范围大。在制定媒体计划和选择时,必须按照广告目的的要求,弄清究竟是重视广告的有效范围,还是重视广告频率,然后才做出决策。

（5）连续性

广告媒体的连续性是指同一则广告多次在一个媒体上推出而产生的效果的相互联系和影响。连续性也可以指在不同媒体上推出同一则广告,或同一媒体不同时期的广告活动之间的联系和影响。广告媒体不同,对连续推出广告的效果影响是不同的。例如一般杂志是以月为间隔,定期发行的,如果为配合某项时效性强的营销计划而在杂志上刊出连续性广告,这显然是不合适的,但是如果是配合长期销售计划或针对性较强的产品,杂志广告的连续性是比较好的。因此,在研究连续性指标时,应与广告活动做综合分析,这样才能得出正确的判断。

(6)针对性

广告媒体的针对性是表征媒体的主要受众群体的构成情况的指标。媒体的覆盖面和其受众的多少并不是广告主所考虑的唯一指标,一个媒体的受众可能很多,但如果其中只有一部分是广告主的目标消费者,这个媒体对特定的广告主来说,也不是理想的媒体。针对性指标通常包括两项内容:一项是媒体受众的组成情况;另一项是媒体受众的消费水平与购买力情况。

(7)成本效益

广告媒体的成本效益是指衡量采用某一媒体可以得到的利益同所投入的经费之间关系的指标,是对媒体经济效益的度量。广告主在做广告前不仅要考虑"广告能够向市场上百分之几的人传播几次",同时还必须考虑平均每人用多少成本。成本效益不能单纯看媒体费用的绝对值大小,还要看支出的费用、覆盖面与视听者数量之间的比例关系。广告策划人员按照比例成本原则选择媒体,最常用的简捷方法是"千人成本法",也称 CPM 法,即媒体平均每接触 1000 人所花费的广告费,其公式是:CPM=广告费/接触人数×1000。

二、广告媒体组合的原则

媒体组合,即将经过选择的广告媒体进行时间、版面方面的合理配置,以提高广告的传播和诉求效果。媒体组合可以增强媒体效果,补充单一媒体的缺陷,同时扩大影响范围,使更多潜在消费群得到认知,提高产品品牌的普及率,保证在相对较短的时间内更快速、更直接地影响目标消费群,以期占得更有利的市场机会。

一般而言,广告媒体的组合要遵循以下原则:

1. 互补性原则

进行媒体组合的目的在于通过不同媒体间的优势互补,实现媒体运用的"加乘效应"。具体表现在:

(1)点面效应互补。以两种媒体覆盖面的大小为互补条件的组合方法,以提高信息的重复暴露度。当选定某一媒体做一个或数个目标市场覆盖时,还可以选择一种或多种局部区域覆盖的媒体与之组合,这样可以使信息传达更加全面、完整。

(2)媒体传播特性的互补。每一种媒体都有其不同的个性和诉求特点,利用这些不同的个性,进行互补组合,可以使信息传达更加全面、完整。

(3)时效差异互补。通过媒介时效长短结合的组合方法,可以扩大信息与消费者的接触时空,提高信息扩散度。

(4)时间交替互补组合。这种方法利用在时间上的交替形式实行媒体组合。当个别主要媒体得到最佳到达率后,使用另一种较便宜的媒体与之交替作用,提高重复暴露率,使信息送达主要媒体为达到的受众。

2. 有效性原则

有效性原则,即所选择的广告媒体及其组合,能有效地显示企业产品的优势并传递企业的各种有关信息,不失真,少干扰,有说服力和感染力,同时能以其适当的覆盖面和影响力有效地建立企业及其产品的良好形象。

3. 可行性原则

可行性原则,即选择广告媒体还应当充分考虑各种现实可能性。如自身是否具有经营的经济实力,能否获得期望的发布时间;目标受众能否接触你所选择的媒体,理解这些媒体所传递的信息;当地的政治、法律、文化、自然、交通等条件能否保证所选的媒体有效地传播企业的广告信息。

4. 目的性原则

目的性原则,即在选择广告媒体时,应当遵循企业的经营目标,适应企业的市场目标,并充分考虑广告所要达到的具体目标,选择那些最有利于实现目标的广告媒体。

三、广告媒体组合的方法

1. 步骤

首先是准确选择并确定几种媒介。这里包含两层意思,一是从广告内容出发,看这些媒介能否反映出广告的最佳内容;二是从广告费用出发,在资金有限的情况下,能否最佳地反映出广告的内容。

其次是确定媒介使用的重点。其重点可以是一种,也可以是两种或更多种。面向一般消费者的商品,在一般情况下,应当以大众传播媒介为主,如电视、报纸、广播、杂志等等,而户外广告、交通广告、POP广告、直邮广告则是辅助性的媒介。特殊的商品,应当根据商品的特点来选择媒介。

第三是科学合理地进行组合。这是媒介组合成功的关键。要根据媒介的特点和媒介的重点,确定广告投放的时间,确定投放时间的长短;另外,还要确定是同步出击还是层层推进,抑或是交叉进行。

采用媒介组合策略还应注意在准备使用媒介组合策略之前,应当对媒介组合的使用有一个全面的认识,包括对媒介的评价、媒介的确定、媒介组合的确定和重点媒介的确定,这是广告活动的基础,也是广告获得成功的最基本的保证。另外,由于各个地区风土人情和生活习惯的不同,广告媒介的组合和诉求点不一定非得统一,也就是说,媒介组合应当从不同地区的实际出发。比如,在电视较少的地区,如果仍然把电视作为重点媒介,就会出现广告费的浪费,而且达不到预期的广告效果,那么就不如把广播作为媒介的重点。

总之,在进行媒介选择时,应综合考虑各种因素,总原则是广告效益的最大化。

2. 常用的媒介组合策略方式

(1)视觉媒介与听觉媒介的组合。视觉媒介指借助于视觉要素表现的媒介,如报纸、杂志、户外广告、招贴、公共汽车广告等。听觉媒介主要借用听觉要素表现的媒介如广播、音响广告,电视可说是视听完美结合的媒介。视觉媒介更直观,给人以一种真实感,听觉媒介更抽象,可以给人丰富的想象。

(2)瞬间媒介与长效媒介的组合。瞬间媒介指广告信息瞬时消失的媒介,如广播电视等电波电子媒介,由于广告一闪而过,信息不易保留,因而要与能长期保留信息、可供反复查阅的长效媒介配合使用。长效媒介一般是指那些可以较长时间传播同一广告的印刷品、路牌、霓虹灯、公共汽车等媒介。

(3)大众媒介与促销媒介的组合。大众媒介指报纸、电视、广播、杂志等传播面广、声势大的广告媒介,其传播优势在于"面"。但这些媒介与销售现场相脱离,只能起到间接促销作用。促销媒介主要指邮寄、招贴、展销,户外广告等传播面小、传播范围固定、具有直接促销作用,它的优势在于"点",若在采用大众媒介的同时又配合使用促销媒介,能使点面结合,起到直接促销的效果。

第三节 广告发布时机和媒介排期理论

一、广告发布时机策略

广告发布时机策略指关于广告发布的时间、广告发布持续的时间、各媒介的发布顺序、广告发布频率等媒介计划的要素的指导性方针。

1. 广告发布的时间策略

(1)提前策略:市场预热,较适合新产品上市。如沙宣洗发水的电视广告在沙宣产品正式上市之前就进行了强烈攻势。野马汽车在亮相之前也是"先声夺人",在面向63种不同目标市场发行的报纸中有191张登载着介绍野马汽车的彩色插页。

(2)同步策略:产品与广告宣传同步进行。

(3)延迟策略:产品上市后过一段时间再进行广告发布。

2. 广告发布的时限策略

指广告发布的持续时间。受众接触广告次数的多少,与他们对广告产品所产生的反映有直接的关系。广告次数过少,留给受众的印象就小,广告效果就差;广告次数过多,不但会造成浪费,还会引起消费者的厌烦。

消费者在购买商品之前一般都经历了一个从接触广告到最终产生购买行为的层级反映过程,即从知名到理解,从理解到喜欢、偏好,最后产生购买。由此可见,购买的促成有赖于广告频次的累积。

那么,对一个品牌来说,究竟多大程度的广告量才算适当? 这就有一个"有效暴露频次"的问题。在理论上,有关"有效暴露频次"的问题争论已久,至今尚无定论,主要原因是影响它的因素实在太多。一般认为 3 次为"有效暴露频次"的底限。事实上不同的品类、市场、竞争媒体环境和创意等,都会影响到"有效暴露频次"的界定。比如,竞争激烈时比竞争缓和时所需要的有效频次当然要高。在具体确定"有效暴露频次"时,常常要考虑的问题有:营销因素(产品的生命周期状态、市场份额、消费者忠诚度、购买与适用周期、竞争压力……)、创意因素、媒体因素。这也是 4A 公司进行广告策划时普遍考虑的因素。

3. 广告发布的时段策略

黄金时间并非是唯一的标准,应以诉求对象的集中接触时间为选择的标准。电视媒介中的"黄金时段",是指在一定的时段内收视率和覆盖率最高的,根据"每一收视点数成本"和"每千人成本"计算是最具"经济效益"的时段。在"黄金时段"播出广告有助于品牌形象塑造,但"黄金时段"并不一定是最具实效的。"黄金时段"虽然在覆盖率上非常大,但是覆盖的消费群体层次非常复杂,目标收视群体非常不集中,这就导致"黄金时段"有了"宽度"而失了"准度"。举个例子,你的产品假如是汽车的话,在"黄金时段"覆盖的 10000 人中只有 100 人有能力购买你的产品,由于"黄金时段"相当昂贵,那就等于你多付了 9900 人的宣传费,付出和回报相差太远,实效很差。

二、广告发布的媒介排期

广告发布的媒介排期指的是根据人们的记忆能力的曲线来确定广告排期的策略。这种广告排期策略又分为连续性投放排期和间歇性投放排期。用哪种排期方法会直接影响到广告投放的实效,一般来说要根据产品的推广周期而定,如果是产品的上市期、促销期或销售旺季,一般采用连续性投放排期;而在产品的销售淡季或成熟期,则可采用间歇性投放排期。

选择好适当的媒介之后,媒介策划人员就要决定在每个媒介购买多少时

间或单元,即确定广告发布的媒介排期,然后安排在消费者最有可能购买的时期发布广告。媒介排期的主要方法有:

1. 集中式排期:将广告安排在一个特定的时间段内集中发布,也即集中力量进行突击性广告攻势,这种策略由于在较短时间内集中多种媒体进行广告宣传,无论是策划、组织还是实施都较为复杂,因此运用难度相对较高,风险较大,如果缺少后续,强大的广告攻势之后容易热潮消散,甚至造成产品销售的忽冷忽热。这一策略较适用于在短时间内打响产品的知名度。

2. 持续式排期(连续式排期):在一定时间内有计划而持续均衡地安排广告展露的时间,目的是保持记忆度。应注意科学合理地安排进度,同时注意内容有所创新。宝洁公司常用此策略。这种方法的优点在于广告持续地出现在消费者面前,不断地累积广告效果,可以防止广告记忆下滑,持续刺激消费动机,行程涵盖整个购买周期。其缺点为在预算不足的情况下,采取持续性策略可能造成冲击力不足。采用这种方式的产品主要有汽车、电视机、房地产以及一些日常用品等,因为这些产品我们一年四季都可能用,没有什么季节性差异。

3. 时段式排期:在某些时间刊播广告,然后间隔一段时间,再继之以第二时间段的广告,也就是有广告期和无广告期交替出现,也称交互安排法。这种间歇性排期比较适合于一年中需求波动较大的产品和服务。这种排期的优点在于可以依竞争需要来调整最有利的广告暴露时机,可以集中火力以获得较大的有效到达率。其不足在于广告空档过长,可能使广告记忆跌入谷底,增加再认知难度,还存在竞争品牌切入广告空档的威胁。季节性产品较适合这一排期策略。

4. 脉冲式排期:连续地以一般水平开展广告活动,但不时以间歇性的大量集中广告攻势来加以强化。它是持续性排期和起伏式排期的结合体。一般而言,消费者的购买周期越长,越适合采用脉冲式排期。这种排期的好处在于持续累积广告效果,可以依品牌需要,加强在重点期间广告展露的强度。而缺点是必须耗费较大的预算。采用这种排期时,广告主全年都维持较低的广告水平,但在销售高峰期采用一时性的脉冲排期,以增强效果。采用这种方式的产品主要有饮料、空调等,虽然消费者对这些产品一年四季都有消费需求,但这些产品在夏季时消费需求猛增,需要在此时采用脉冲排期。

策略性的媒介排期可使同样的媒体投资获得更多的回报,而这种回报并不是因为改善了媒介购买,或通过拿更多的折扣来获得的。飞利浦剃须刀在印度原月媒介投放额为650万卢比,而此剃须刀在市场的知名度已达88%,但原月销售量仅为1300个剃须刀。问题在哪里?经过市场调研分析发现,高知名度低销售量的原因在于消费者对电动剃须刀的两个误解：一是感觉会使皮肤粗糙，二是剃不干净。而广告创意并没有针对这两个误解。后来飞利浦公司对广告的排期策略进行了改进，将原先的持续式排期改为脉冲式排期，通过安排 40 天的高密度产品演示来消除消费者对电动剃须刀的误解，用报纸首页广告来传递演示的讯息，并列出演示点的详细地址，所有媒介都集中投放在从周五晚上到周日早上的时间。在广告花费基本不变的情况下，新的媒介排期策略使销售量增长了 10 倍，投资回报率比过去提高了 5 倍。

广告效果的决定性因素不一定是投放量的大小，在媒介总投资和比重不变的情况下，策略性地安排排期可获得更佳的广告效果。

最后要强调的是，任何一种产品的当前市场份额和品牌资产，都是长久广告投资的累积结果，对于长远的媒体投放要清楚地认识到这是一种增值投资行动。因为很多企业在急功近利的费用心态意向下，期望在短时期内达到某种销售目标，把广告活动与广告的销售效果之间的不同步性看成是广告活动的失败，广告预算花下去的头一个月就奢望收到立竿见影的广告效果，一旦广告的销售效果不太明显，就马上"泄气"，结果因为火候未到，反而前功尽弃。

也有些企业在短期内倒是采取了连续广告攻势，以排山倒海般的气势迅速打开市场，一旦成功，就以为大功告成，可以休养生息了。在这种一劳永逸的思想支配下，企业开始缩减广告开支，而广告开支的缩减，给竞争对手的反攻以可乘之机，结果是千辛万苦打下的"江山"却无力守住，只好拱手相让，前面的努力都付诸东流。

广告是一种连续性的投资行为。只有长期发挥广告的投放实效，方能获得消费者良好的记忆，进而取得受众的信赖。为确保媒介策略决策活动高效、有序进行，充分利用各种决策资源，媒介策划人员必须通过一系列科学的决策步骤来制定媒介计划。有效的媒介策略一直是广告活动追求的目标。有效的媒介策略能使广告以低廉的单位成本将可控信息同时传送给尽量多的目标消费者。理性地认识媒介是追求有效媒介效果的基础。一定的"量"与"质"、相对的成本优势，以及保有一定弹性是有效媒介策略的基础。[1]

本章小结

广告媒体，是指向受众传播广告信息的物质技术手段。广告媒体很多，按照不同的标准，媒体可以有不同的分类，而且不同类型的媒介有着各自不同的

---

[1] 纪华强编著:《广告媒体策划》,复旦大学出版社 2007 年版,第 192 页。

优劣势。我们在进行媒介策划时一定要认真分析不同媒体以选择最优的策略,根据不同的消费市场和不同层次的消费者的需要来选择媒体。

媒体组合,即将经过选择的广告媒体进行时间、版面方面的合理配置,以提高广告的传播和诉求效果。媒体组合可以增强媒体效果,补充单一媒体的缺陷,同时扩大影响范围,使更多潜在消费群得到认知,提高产品品牌的普及率,保证在相对较短的时间内更快速、更直接地影响目标消费群,以期占得更有利的市场机会。

广告媒体的组合要遵循以下原则:互补性原则、有效性原则、可行性原则、目的性原则。

广告发布的媒介排期指的是根据人们的记忆能力的曲线来确定广告排期的策略。这种广告排期策略又分为连续性投放排期和间歇性投放排期。用哪种排期方法会直接影响到广告投放的实效,一般来说要根据产品的推广周期而定,如果是产品的上市期、促销期或销售旺期,一般采用连续性投放排期;而在产品的销售淡季或成熟期,则可采用间歇性投放排期。选择好适当的媒介之后,媒介策划人员就要决定在每个媒介购买多少时间或单元,即确定广告发布的媒介排期,然后安排在消费者最有可能购买的时期发布广告。媒介排期的主要方法有:集中式排期、持续式排期(连续式排期)、时段式排期、脉冲式排期。广告效果的决定性因素不一定是投放量的大小,在媒介总投资和比重不变的情况下,策略性地安排排期可获得更佳的广告效果。

思考练习

1. 简述广告媒体的分类。
2. 简述网络的特点以及网络广告的特点。
3. 简述媒体评价的指标。
4. 请详细论述广告媒体组合的原则。
5. 试分析脑白金广告的媒体策略的成功之处以及给你带来的启示。

策划案例赏析

碧桂园凤凰城"封锁性"广告投放策略探因

碧桂园凤凰城的销售奇迹是如何创造的呢?我们认为整合营销传播功不可没,更重要的是广告的封锁性投放策略点燃了导火索。

如果你有 100 块,现在有两种花费方案,你可以一次性花掉全部的 100 块,你也可以分 10 次每次花 10 块,你会如何选择?

我们可以把类似的思维模式运用于广告的投放策略上,不同的媒介投放策略必然会导致不同媒介排期,从而会达到不同的效果!

前一种一次性花 100 块的做法,我们的专业术语是"集中式投放策略",即将广告安排在一个特定的时间段内集中发布;后一种分 10 次,甚至更细化为 50 次、100 次的花费方式,我们称为"连续式投放策略",即在一定时间内均匀地安排广告播出时间;还有就是夹在两种策略之间的猛打一阵,停一阵,再打一阵,我们姑且把它形容为"间歇式投放策略"。广告的媒体投放策略大致分为以上三种,当然,我们还可以对策略进行深度细化,找出更多不同策略,如可以对连续式和间歇式折衷创造出一种"脉冲式"。

在长期以来的广告媒介计划中,我们一般采用的是交互安排法,所谓交互安排法就是广告大量出现在某一段时间内,然后静止一段时间,再大量出现,广告就是这样走走停停,类似于"间歇式策略"。这是没有错的,企业的广告费用是有约束边界的,如同上面的"100 块"限额,有限的费用无法担负长期的高频率的广告,采取"间歇式策略"可以产生不低的到达率,也可以保持一定的暴露频次。

但是,我们注意到,我们现在处于一个传播过度、信息爆炸的时代。面对如此众多、又如此杂乱的信息,如何让自己的广告信息受到消费者注目,突破其大脑的壁垒,在其心目中占有一席之地呢?

从心理学角度看,人都有一定的心理阈值,而且心理阈值会随着不断的刺激而提高,例如,经常看暴力和残忍镜头的人容易提高其忍受暴力和残忍现象的心理阈值,当信息对我们冲击的强度和频率低于我们的心理阈值时,我们基本上不会感知到信息。如果你走在大街上,你不会注意姿色平庸的女子,就算她在你身边走来走去,但如果是美女,只要看到一眼你就可以记住,也就是说如果每次 10 元投入的产出是可能 0,最后相加的结果也是 0,在这种情况下,或许把 100 块一起花掉的效果会好得多,这也可以在一定程度上解释为什么某些好广告斗不过那些"狂轰滥炸"的一般广告作品。

"封锁性"投放策略

在前面假设的基础上,我们提出一种比"集中性"更集中的广告投放策略,若使用"集中性策略",我们一天花掉 100,而"封锁性策略"可能要求一个小时就把 100 块花掉,远远打破受众原来的心理阈值,给予毁灭性的灌输。如果把企业原来的广告投放策略比喻为慢慢把水烧开,现在则是一下子就要让水沸腾!

在碧桂园凤凰城"一天狂销七个亿"的案例中,首次出现了"封锁性"广告策略的提法,碧桂园的前董事长助理刘文伟在评述凤凰城投放策略时称之为"封锁性",并带有垄断的性质。

2002年"五一"前后,凤凰城展开了强劲的媒体攻势,其广告在传媒密集投放,密集到让人喘不过气来,只要你看报纸、电视,你就躲不开凤凰城广告的袭击,报纸广告基本上是整版的,电视广告投放频率也极高,甚至引起部分人的反感。其中一个隐含的目的是垄断这个时间段的主力媒体,让同行没有机会、没有地方可以打广告,让消费者只能看到凤凰城的广告。一位网民甚至如此表述:"凤凰城的广告让我想到了另一个产品——脑白金。"

同时有一个数据可以佐证:据碧桂园内部人士的说法,单"五一"期间的广告投放额就有2000万到3000万。当然,在房地产业正常广告投放额与销售额的比例在3%内很正常,而实际上许多楼盘的这一比例已经上升到7%~8%。因此凤凰城的广告投入并不算太高,但由于周期非常短,加上选择的媒介非常集中,产生的效果是爆炸性的。最后的结果大家都知道,10月1日一天凤凰城销售额突破7个亿,成为经典案例。

李奥·贝纳广告公司就媒体的接触率与持续安排法的问题得出结论:广告的排期安排应该根据品牌所要达到的传播效果而定,而接触率只是在媒体计划中的一种策略性角色,它是评估工具,而非广告行销的最终目标,对企业而言,广告效果是最重要的。我们同意这个观点,当我们从最终销售效果来看,看似不理性的"封锁性"策略也有许多值得称道之处!

我们再明确一下"封锁性"的广告投放策略的含义,它类似于"集中性"又有所超越。封锁性,顾名思义,指在广告投放的一段时期内,企业不惜巨资,让竞争对手的广告几乎绝迹,即使有竞争对手的广告,也要让它的信息淹没在我们的广告信息之中;并造成在一段时间内消费者看到的、听到的、谈到的,几乎都是本企业的产品或者广告。这也带点"集中优势兵力,歼灭敌人"的味道,将企业有限的广告预算集中在一段极短的时间内。

国内很多企业其实是很擅长这一招的,比如目前保健品行业中的脑白金,采取的就是这种策略,让竞争对手的广告无机可乘。在国外,由于市场的相对理性,不会出现如同凤凰城和脑白金这样的非常极端的案例,但相同的行为还是很多,我们来看看微软是如何推广视窗95的!

视窗95和2亿美金

我们一直认为,微软不是一个以技术见长的公司,而是一个以营销领先的公司。比尔·盖茨决定用2亿美元来进行视窗95的全球推广时,许多人感到愕然,这是一个怎样的天文数字,简直可以把其他软件商的声音都压至无声!

视窗95根据"新新人类"这一市场定位,将新奇、轻松、活泼定为推广活动的基调,全球宣传策略都在这个基调上进行。在美国,微软买下了流行的综合性刊物《今日美国》的大量版面做联版广告;在法国,为他们的"国车"雪铁龙轿车绘上视窗95的标志,以象征时尚、速度,并引发既是电脑迷又是爱车一族的新新人类的关注;在英国,微软以60万美元的天价在视窗95上市当天,买下登有广告的《泰晤士报》原发行量两倍的报纸,免费赠送给读者,创下该报百年未有的记录,此举除本身的宣传效应外,还引来世界各大新闻媒体的报道,又免费大作了广告;在中国台湾地区,推出歌星童安格演唱的广告歌《看未来有什么不一样》,歌很快流行,视窗95也成了新一代耳熟能详的新名词,另外还以便利店7—11店为主要销售店,象征这个软件不仅新潮、流行,还像日常用品一样必不可少。

除了这些常规的行销活动,比尔·盖茨还选择了许多独特的"市场接触点",如利用电脑网络主画面向全球资讯网的用户推介视窗95,这一接触点的运用把信息传给了软件产品最直接的用户。在促销方式上,有特价、赠送、免费20小时播接账号等,还进行了规模宏大的记者招待会、新闻发布会、产品展示会、有奖回答、免费上机操作、咨询等公关活动。例如,视窗95在台湾上市时,比尔·盖茨亲自出马,在台湾举行记者会,引发了众多媒介的报道。同时,还在台湾开展"全民电脑运动",在45个据点向两万余人次提供免费上机操作视窗95的机会,接着在1996年举办1000人种子教师演习营,筹办了200场校园巡回讲座及数千人参加的视窗95先锋营。

视窗95的传播活动,以2亿美元的巨额投入在全球同步推出,电视、广播、资讯网、MTV、CD、录像带、印刷品、SP活动、公关活动各种工具无所不用其极,无孔不入地钻进每一个能接触到目标对象的空间。

其实,从纯技术的角度看,视窗95可能并非最好的软件。有的电脑专家说:IBM的OS/Z软件比微软的视窗95性能好,何以在市场上黯然失色?症结在于IBM面对微软强大的宣传攻势,没有采取相应的对策,只能拱手将市场让给了微软。微软的传播上的成功,带来了伟大的销售神话,在北美,视窗95上市仅4天就卖出100万套,在全球,视窗95成为操作系统新的标准。

封锁性的背后奥妙

从传统的投放策略来看,这样的"封锁性"广告投放似乎有失理性,因为从经济学的原理出发,任何物品在投入达到一定程度后,就会发生边际效用递减,也即每一单位的投入的产出会随着投入数量的增加而减少!

广告作为经济现象的一种,也不可避免地遵循这一规律,任何广告投入费用到一定程度后,都会呈现效用递减甚至是负效应。现在,中国的媒体市场越来越复杂,经过成千上万种媒体广告狂轰滥炸的洗礼之后,消费者越来越理性了,即使最具专业水准的有的放矢的广告,也难以激起消费者立即购买的冲动。许多企业发现,以前一投广告马上就有很好的市场反映,现在则不同了,打了同样的广告费,但市场却是死水微澜,原因就在于整个行业的传播的信息过多,导致了回报急剧降低。

那我们应如何解释"封锁性"策略的存在以及成功案例呢?我们认为,我们对消费者的心理阈值考虑得不够充分,心理阈值会随着不断的刺激而提高,以前或许 10 元的广告费用可以打动,但现在由于广告的轰炸提高了阈值,要成功地打动消费者需要 20 元。

凤凰城和视窗 95 的广告策略能够获得巨大的成功是有理可依的,并非是毫无科学依据的赌博。当你的声音可以把其他的声音都压下去时,你获得的注意与投入之间是呈现几何性增长的,你分贝可能只不过高别人一点,但我们可以肯定,全场的目光都会转向你!

当然,如果想要获得最优的收益,深刻地把握消费者的心理是必须的,因为你必须找到消费者最佳的受刺激位置,如果太低效果不好,如果太高则是费用的浪费并可能导致反效果,"封锁性"策略也应当有一个适当的度。

结语

在广告运动中,广告主 80% 的广告费用预算将投向广告媒体。因此,广告投放媒体的选择和排期就显得非常重要,如果这方面差强人意,可能导致即使我们的广告费用投入很高,实际的传播效果也不尽如人意的情况。

中国目前有些企业采取的在某一段时间"广播中有声、电视中有形、报纸上有字",并让竞争对手的广告抢不到强势或主流媒体的"封锁性"广告投放策略,只能说是在目前阶段的一种过渡性策略。存在就有其合理性,这也只能说是中国的消费者购买行为容忍了这种企业策略的存在。

有效的宣传一定要集中在特别重要的两三点上,而且要将这两三点反反复复出现在标语口号之中,务必使广大群众中的每个人,都能了解你在标语口号中要他明白的道理。

(资料来源:http://www.ad2003.com/index/showjishu.asp? id=78)

第七章 广告效果评估与测定

广告效果　广告效果评估　事前评估　事中评估　事后评估

—— 学习目标 ——

1. 明白广告效果的含义和三个类型,理解它们之间的关系;
2. 把握广告效果评估的原则及其重要性;
3. 明确广告效果的事前评估、事中评估、事后评估,掌握其方法,能够在实践中加以运用。

广告效果评估一直是广告策划的重要组成部分,却常常被营销策划人员忽略。究其原因,不外乎以下两个方面:第一,广告效果评估程序复杂,执行相对困难,且不能让营销人员马上看到利益;第二,之前的广告策划整体性不强,没有强调广告评估,也没有认识到其重要性。

近些年,随着营销观念的成熟和广告行业的发展,广告效果评估越来越体现出它的重要性,也得到了学界和业界的高度重视。

第一节 广告效果的含义、类型和特征

广告效果通常是指广告主把广告作品通过媒体披露之后,该广告对于受众所产生的心理影响。受众接触广告之后,首先对广告诉求产生认可或者反对的心理反应,之后对广告产品产生感情,经过对广告的各方面的评价,就会有相应的动机产生。

一、广告效果的类型

广告效果是作用于受众的,因此它的效果可以分为三个方面:心理效果、

经济效益、社会效应,这三个方面既是独立的,又相互有着密切联系。

1. 心理效果

顾名思义,广告的心理效果是指受众接触到广告作品之后,在心理上发生的变化和影响,比如认知、情感、劝服、动机等。这也是广告作品要实现目标的第一步。只有让受众对广告有一个正面的、积极的认知,让消费者对产品和品牌产生好感,引起共鸣,并产生购买和使用的欲望,才有可能实现下面两个效果。

在广告理论中,无论是制造需求还是创造消费者欲望,无论是 USP 理论还是定位理论,目的都是在消费者心智中占据属于品牌和产品的空间,培育这种好感,引导购买行为,从而实现广告的经济效益。

2. 经济效益

经济效益是广告主最关注的效果。它是指广告通过传播之后,所引起的产品销量和利润的变化。销量和利润的改变,很容易从数字上体现出来,因此这部分的效益又是最容易评估和衡量的。

值得注意的是,在广告效果中,不能过分关注经济效益,否则就会在营销中采取一些极端方式促进销售,比如虚假广告等。这在短期内可能会促进利益增长,但是从长期来看,却是自毁品牌、杀鸡取卵。

3. 社会效应

广告传播作为大众传播的一个部分,面对的是社会公众,因此广告的社会效应就是广告作品对社会文化、道德等方面所起的影响。在广告中,这部分的影响是应该引起重视的,因为它代表了社会公众对广告和品牌的看法是接受还是反对。企业应该根据公众的态度,对自己的营销策划进行调整,给自身发展创造一个有利的社会环境。

二、广告效果的特性

1. 迟效性

广告活动的效果通常在广告活动进行后的一段时间内才能充分地表现出来。在通常情况下,大多数人看到广告后,并不会立即购买该商品,这主要是因为:该消费者正在使用的某种品牌的商品还可以继续使用;消费者通常要确认使用广告商品能够给他带来更多的利益。广告效果的迟效性使广告效果不能很快、很明显地显示出来。因此,评估广告效果首先要把握广告产生作用的周期,确定广告效果发生的时间间隔,这样才能准确地评估广告活动的效果。

2. 累积性

大多数广告通常不能立竿见影,其效果是逐渐累积而成的。也就是说从广告播出开始,一直到消费者实际从事购买的这段时间,就是广告的累积期。

如果没有"量"的累积就很难有效果的"真正体现"。比如有一个企业在一段时期内连续播放了五次广告,但市场没什么反应,直到第六次广告播出后才有较为明显的反应,这并不意味着第六次的广告效果好于前几次。可口可乐品牌价值接近 435 亿美元,这是 100 年来用同等甚至超过这一数目的广告费累积起来的,而且会在相当长一段时间内起到提醒购买的促销作用。广告效果的这一特性说明企业不能过于急功近利。

3. 间接性

由于广告信息在消费者当中有"梯形传递"的特点,即直接接触广告信息的人会向亲戚、朋友、同事传递该信息,"一传十、十传百",并由此影响其他人对广告商品的态度,形成对广告商品的偏好。

4. 复合性

广告效果是由企业的广告活动与本企业或竞争企业的其他营销活动相互作用而体现出来的。主要表现:企业整体广告效果是多种广告表现形式、多种媒体等因素综合作用所产生的结果;企业广告活动与同时开展的其他营销活动(如公共关系、促销员推销等)是相辅相成的,因此广告效果也就必然会由于其他营销活动效果的好坏而增强或减弱;同行业其他竞争企业所进行的同类产品的广告或其他营销活动也会对本企业产品的广告活动效果带来影响。如竞争产品的广告攻势强大,就会给本企业广告商品的销售带来影响,而竞争产品的广告投入量少且缺乏新意,就会反衬出本企业广告产品的特色。

第二节　广告效果评估概述

通过上节对广告效果的分析,我们明确了广告效果分为心理效果、经济效益、社会效应三个方面。本节的内容,将对广告效果评估这一具体行为展开论述,试图使读者明白广告效果评估的涵义、原则和意义。

一、广告效果评估的涵义

广告效果评估是指采用科学的方法和手段,测量和评定广告目标通过广告实施后的实现程度。广告效果由心理效果、经济效益和社会效应三个部分构成,它的评估也从这三个方面开展进行。

广告心理效果评估也称广告本身效果评估,它并非直接以销售情况的好坏作为评判广告效果的依据,而是以广告到达、知名度、偏好、购买意愿等间接促进产品销售的因素作为依据来判断广告效果的方法。

广告经济效益评估,就是评估在投入一定广告费及广告刊播之后,所引起的销售额和利润的变化状况。尽管它的影响因素很多,比如广告促销、销售时间、地区、经济、风俗习惯、价格、质量等,但这种经济效益的变化是可以用数据来证明的,因此在评估的时候要客观科学地用具体数据来反映这一变化。

广告的社会效应评估相对较难,因为如第一节所说的,社会效应涉及的受众范围广,内容复杂,影响也是长期性的。这就要求营销人员在进行社会效应评估时,必须充分考虑各方面的情况,对广告的社会效应做一个客观评价。

二、广告效果评估的原则

广告效果评估由三个部分构成,只有遵循一定的原则,才能真正实现评估目标。

1. 科学性原则

广告效果评估的首要原则是科学性。必须保证用科学的方法进行测定,进行评估的营销人员也应该尽可能地公正客观,不能因为这是自己做的广告策划而有所放松或者偏袒。因为,任何一点疏忽都可能引起评估结论的巨大变化,广告策划的继续开展就会有偏差。

2. 目标性原则

广告效果由心理效果、经济效益、社会效应三方面构成,如果不明确所要测定的效果,就会陷入一个理不清的状态。因此,在进行广告效果评估的时候,必须明确自己想要评估的是哪部分内容,只有目标明确,才能选择科学的评估方法进行测定。

3. 综合性原则

由于广告效果的复杂性,营销人员必须充分考虑,在评估的过程中综合考量每个可能影响评估的因素。同时,不能因为只重视经济效益而忽视其他广告效果,应该全面地看待整个广告效果,不能厚此薄彼。

4. 动态性原则

广告运动是动态进行的,营销人员应该因时因地不断做出调整。广告效果评估也应该时刻调整,因为某一时间的广告效果并非是最终效果,也未必是真实效果。所以,在广告评估中,必须采用动态的方法及时跟踪广告运动效果,并不断调整,以实现广告效果的准确化和最优化。

三、广告效果评估的意义

广告是企业促销工具的重要组成部分,具有资金投放较大、效果较快、影响面广的特点,因而一直被企业反复运用。尤其在现代营销中,广告更是不可或缺的一环。广告效果评估的目的就是向广告主提供客观科学的广告执行情况和执行效果,提高广告运动的效果。

1. 广告效果评估是检测广告决策正确与否的重要手段。高昂的广告费用,使得检测其正确性显得尤为重要。通过科学检测得出的广告效果评估结论,能够很好地反映广告决策的正确性,为下一次的广告策划做准备。

2. 广告效果评估为企业调整和完善广告计划提供依据。企业的广告策划活动是一个动态的决策过程,而在企业广告计划指导下的广告活动也必须随市场情况的变化而加以调整。通过效果测定,不断调整和完善企业原有的广告计划,使之更好地适应市场的需要。

3. 广告效果评估为企业制定新的广告计划和不断提高广告设计与制作水平提供第一手资料。通过广告效果的测定,了解消费者对广告作品的接受程度、广告画面是否富于艺术感染力、广告语言是否易于记忆、广告主题是否明确等等,这些都将会对企业以后的广告活动提供极大的帮助。

4. 广告效果评估可以使企业把握广告活动与其他营销活动之间的联系,了解影响企业广告活动的各种因素,并努力加以调整,优化组合,从而最终实现企业的经营目标。

第三节 广告效果事前评估概述

一、广告效果事前评估的含义

广告的目的在于传达有关信息,从而使消费者认识商品、改变态度,最终产生购买行为。一个广告能否达到其目的,若要等到广告运动真正实施后才知道,就难免让广告主在投入大笔资金时顾虑重重。

广告事前效果评估就是在制定了广告草案之后,广告战役实际展开之前对其进行检验、评定。这种测验主要在实验室中进行,也可以在自然情境中进行。主要目的有两个:一是诊断广告方案中的问题,避免推出无效、甚至有害而无益的广告;二是比较、评价候选方案,以便找出最有效的广告方案。

事前测定可以对广告毛片效果进行测评,如对于印刷广告,可采用草图,大致绘出图样、标题,并写出文案内容;对于广播广告则采用毛带,将声音录在磁带上,并配音乐,如果实际完成广告时将用整个乐队,此时只用钢琴奏出基本旋律即可;对于电视广告则采用故事板形式,即用一系列草图告诉受测者他们将会在电视上看到什么,并说明他们将听到什么,有时还可以把声音录在胶片上,将声音与故事板合成。但是,不用完成形式,往往不能把广告效果完整地表现出来,也就难以得到消费者的真实反应。用广告完稿或正片做事前测试,虽然费用昂贵,但对于较大的广告运动来说是十分必要的。

二、广告效果事前评估的内容

1. 测试广告的文字、图案、声像、人物、表达方式等对目标消费者的视觉、听觉、心理的影响以及受访者对广告的理解,从而测试广告中的关键信息是否能被目标消费者准确理解。

2. 通过分析广告片的冲击力,了解自己的广告在诸多广告中被留意的程度,预测广告所要播放的频率,结合目标消费者对广告的记忆率和理解度,来调整广告的表达方式。

3. 当同一种广告存在几种表达方式时,事先对它们进行比较,从中选择最佳方案。

三、广告效果事前评估的优点与局限

事前评估就是在广告实施前选取部分目标市场顾客,根据他们的反应,研究广告目标实现的程度。也就是说,事前测试是在研究消费者,促使我们产生更有效的广告构想,保证实现目标的更大可能性。它可以做到:

1. 避免大的错误。有的广告创意从一开始就是绝对的错误,例如你诉求的重点根本不是消费者的关注点所在;或者你的说辞会使消费者产生反感并赶走他们。事前测试虽然只能给出少量的信息,但足以将一些酿成大错的祸根及早清除。

2. 对几种方案进行比较,择优选用。广告要宣传产品或服务能提供给消费者的利益,对于同一种利益可以有多种广告说辞,而哪种更好、更有效,这得问问消费者才知道,仅凭创意者的自我感觉往往会有失偏颇。

3. 初步测试广告达到目标的程度。通过事前测试,可以对日后广告活动的效果做一个初步的估测,使广告发起者心里有数。如果效果不够理想,就要尽早采取行动加以改进。

4. 节约广告主的费用支出。表面上事前测试要投入费用,但它能在正式制作或投放广告之前将未能预见的缺点加以改正,从而能避免资金的浪费。对于一个大规模的广告活动来说,不做事前测试的风险很大,这也正是谨慎的广告主或广告代理公司要做事前测试的原因所在。

事前评估会存在因受测者的一些心理因素而影响测试的效果。如人们往往把第一印象最好的广告评为最佳,此谓"光环效应";再如,有些人不愿承认自己会受到广告的影响;还有,娱乐性强、轻松幽默的广告在测试时比在正式播映时会受到更多好评;否定诉求广告在事前测验中往往分数不佳,而其实际效果可能颇为成功。因此,对广告事前测定的结果还要加以分析,千万不能教条地、机械地运用。

广告效果事前评估的局限性主要体现在以下方面:

1. 事前评估只能在被测广告中选出最好者,不要希望事前测试为你提供最妙的良方;事实上,它只能在你设定的几个方案中帮助你进行挑选。

2. 事前评估只能测试个别广告,因为一切事前测试都是在特定情况下对个别广告的测试,而不是对整个广告活动的测试。广告事前测定大都是在受测者看了一次广告后进行的,无法测出他们多次接触广告后或在其他营销活动配合情况下的广告反应。因此,所测的是个别广告的效果,而不是广告战役的效果。

3. 受测者被"强制阅读"。在很多事前测试的方法中,受测者被置于"强制阅读"或"强制观看"广告的情境之中,这与广告实际接触目标顾客的环境显然不同。因此,事前测试存在着测试效果与实际情况大有出入的危险。

四、广告效果事前评估应遵循的原则

对于事前测试必须制定计划、编制预算,并且将其纳入广告运动的整体计划中。除此之外还应注意:

1. 在进行事前评估时要有一个主要的评估目标,评估目标应该根据广告运动的整体目标来决定。要明白需要测试的是:广告中是否提供了足够的利益承诺而使消费者跃跃欲试,是要测定广告说辞的可信度还是消费者对品牌名称和销售信息的接受程度,等等。总之,要紧紧围绕目标来评估广告的效果。

2. 评估的结果必须为广告目的服务。广告是传播商品信息的工具,其娱乐性、观赏性、幽默感都只是手段而不是目的。不能以多少人"喜欢"某个广告来作为测试的基础。我们应确立与销售信息的传播有关的测试目标,如商品信息的记忆程度、可信度、说服力、态度的改变等。

3. 对目标市场进行测试。事前测试的受访者或受试者应是广告运动的目标市场。对于广告的效果,即使专家、权威也没有目标顾客的反应更有发言权,同样,孩子的父母也不会知道他们的子女对一个广告或产品的感觉,因此,在测试时绝不能用目标顾客以外的人来代劳。

4. 避免受测者的偏见。如果受测者知道他们在为某个广告做事前评估,他们就会觉得这个广告一定有什么不对的地方,因而急于挑出毛病。这种现象被称为"广告专家"现象。与此相对的是某些受测者存在"迎合心理",他们在潜意识里想讨好调查人员,因而给出一些他们认为"理应如此"的答案,但是在实际生活中他们可能并不那样做。事实上这些问题是难以避免的,但有几点可以尝试一下:(1)不要在所给的答案上引导受测者。(2)问直接的问题,如"这个广告会使你想买某产品吗"。(3)问受测者有能力回答的问题,否则他们会编一个答案而不承认自己无知。(4)对一些问题要有进一步的探究,比如要问:"你为什么那样说?"这样受测者在给出答案时会慎重一些。

五、广告效果事前评估的方法

事前测试的方法有很多种,而且随着技术手段的进步,新的方法不断出现。这里做一些简要的介绍。

1. 印刷广告的事前测试

(1)内部审核表。广告主或广告代理商所做的内部评估。一些广告公司开发出了复杂的内部审核表,详细列出各项指标,如"品牌名称在布局中是否能被一眼看到"、"广告文案中'你'字的使用次数"等等。这种机械的方法目的在于确保广告的所有要素、产品的主要特色都包含在内,保证广告的完整,无明显错误,但对于了解广告对消费者的效果没有什么帮助。

(2)亲身访问。对受测者进行当面访谈。首先要肯定被访者是目标市场的对象;若事先不能过滤,则需收集人口统计资料。

(3)焦点小组。请8~12人组成讨论小组,在训练有素的引导者的引导下自由讨论。谈话被录音后加以分析,也可以用单面反光透镜(即一面看起来是平面镜、一面是透明玻璃的特制光学玻璃)进行现场监测。一般通过组织3~5组讨论,就可以发现消费者关心的焦点所在或广告中的明显失误,也可以为大范围的问卷调查提供基本思路。

(4)评定等级法。请受访者按照广告说服力的强弱来排列次序。如:"哪个标题使你最想读下去?"这时最好再问一个为什么,这样有助于调查者获取更多的信息,也可以促使受测者经过一些考虑再排列顺序。

(5)评分量尺。请受测者在两极化的形容词之间做选择,再通过对各个受测者的答案的总结,得到一个量化的数字,便于不同方案的比较。

(6)成对比较法。请受测者将一组中的每一个广告与另一个广告相比。这种方法通常限于8个广告,即需28次比较,超过此数会使受测者厌烦。

(7)搭配测试法。将受测广告同其他的广告、编辑内容放在一个文件夹内,展示给接受测试的消费者,允许他们花任意时间来看。之后询问他们记住了哪些广告,都有些什么内容,最喜欢哪个以及为什么等等。

(8)仿真杂志法。将上述文件夹换成一本真正的杂志,将受测广告插入杂志的广告版位。这种方法需用完稿做测试,并且需要取得特制的杂志。

2. 广播电视广告的事前测试

除了可使用印刷广告测试的一些技术外,适合广播电视广告的特殊方法有:

(1)购物中心播映。在购物中心播放被测广告,播放前后分别向消费者提问,以考察被测者对品牌的认知度,发现广告中的缺点。

(2)剧场测试。请受测者到一个剧场中,节目开始前请受测者从不同类别中选择一些品牌,然后放映一些娱乐片或电视样片,再放映一系列广告片及更多的娱乐片。放映之后,请受测者做选择,前后对照,分析广告对消费者的影响。

(3)活动房屋法。在购物中心搭建一个活动房屋,提供模拟的购物环境,发给受测者优惠券,让他们对一系列品牌进行选择。请这些人观看广告影片后,再发给他们优惠券,让他们在实际购物中使用。对比前后两次收回优惠券的情况,可评估广告对购买行为的影响程度。

(4)电视播映测试。通过闭路或有线电视播放广告,再利用电话访问受测者,也可通过考察放映地区的销售业绩来评估广告。

还有一种不太常用的测试方法就是仪器测试,因为,往往人们所说并非其所想,仪器测试则试图直接获取人们的心声。它假定人的心理活动与生理现象有密切联系,因而通过测定受测者的生理变化来推知其对广告的实际感受。

第四节　广告效果事中评估概述

广告效果事中评估就是在广告运动进行的同时,对广告效果进行测量。它的主要目的是测量广告事前评估中未能发现或确定的问题,以便尽早发现并及时加以解决。这种测试大多是在实际情景中进行的。

当今媒体费用昂贵,营销状况不断变化,市场竞争日益激烈,在广告战役的进行过程中常常会发生一些意想不到的情况,从而影响原定的广告方案。因此,越来越多的广告主十分重视在广告战役进行中对其广告的效果进行测量、评估,以便及时调整广告策略,对市场变化尽早作出反应。

一、事中测定的主要内容

广告效果的事中评估伴随着广告运动的始终,因此它的内容也比事前评估更加广泛:

1. 本次广告的知名度、回忆度、理解度、接受度、美誉度等。

2. 品牌的知名度、美誉度、忠诚度等。

3. 广告目标群体的行为特征。

二、广告效果事中评估的主要优点

与广告效果的事后评估相比,事中评估能及时收集反馈信息,依据这些信息发现广告沟通中的各种问题,并能迅速有效地加以纠正。广告事前评估往往是在人为的情境中、在较小范围内进行的,而广告效果事中评估是在实际市场中进行的,因而所得的结果更真实,更有参考价值。

三、事中评估的主要方法

1.直邮测试。将供选广告分别寄给不同顾客,以取得最大订单数量的广告为最佳。

2.分刊法。在所使用刊物的不同期数上刊登不同广告;或在半数刊物上刊登一个广告,另外半数上则刊登另外一个,然后根据销售反应来确认哪个广告效果最佳。

3.销售试验。供选的广告在两个或两个以上不同市场播出,比较哪个广告带来更大的销售增长。

4.扫描器。在受测者的电视中装上自动记录装置。

第五节 广告效果的事后评估

一、广告效果事后评估的含义和内容

广告效果事后评估就是在整个广告战役结束后对广告效果加以评估。它是根据既定的广告目标来测评广告结果。因此,评估内容视广告目标而定,包括品牌知名度、品牌认知、品牌态度及其改变、品牌偏好及购买行为、与预设广告目标的差异、销售市场占有率的变化等等。

从广告效果评估的目的看,广告事前评估、事中评估与事后评估的最大差别在于:前两者的作用在于诊断,目的是找出并及时消除广告中的沟通障碍;而广告效果事后评估的作用则是评价广告刊播后的效果,目的是了解广告实际产生的结果,以便为今后的广告活动提供一定的借鉴。

广告效果诊断、评判的三个方面是:

1.广告策略与定位诊断:即判断你的广告关于"向谁说、说什么、如何说"的问题是否准确有效。

2.广告创意表现诊断:判断你的目标受众对广告创意表现的接受度和购买动机与行为变化。

3. 媒体组合与广告发布诊断：视听率、接触度、接触频率、每千人成本（CPM）、媒体组合效果、目标受众是否接受所选媒体、媒体覆盖率、媒体发布到达成本率等等。

二、广告效果事后评估的作用和问题

在美国，广告效果的事后测定几乎成为广告主和广告公司的惯例。如同广告事中测定，广告效果的事后测定也是在自然情境中进行的。其作用主要是：

1. 评价广告战役是否达到了预定的目标。

2. 为今后的广告战役提供借鉴。

3. 如果采用了几种广告方案，可对不同广告方案的效果进行比较。

同样，广告效果事后评估也应该注意以下问题：

1. 选择好测验样本（即受测者）。首先，测验样本中的受测者必须是该广告产品的目标消费者。如果以非目标市场中的消费者为测验对象，测验结果对广告主是毫无价值的。例如，用成人受测者来评估儿童产品的广告，或以工薪阶层的消费者为受测者来测试高档服装广告的效果，这些测试都是不合适的。其次，受测者必须达到一定的数量。如果参加测验的人数太少，测验结果很难反映出真实情况。

2. 制定恰当的测量指标。一个广告是不是有效，在很大程度上取决于所使用的测量指标。而测量指标又取决于广告目标或测量目的。广告目标不同，所选定的评估标准也不同。如果广告的目标是让消费者知道这种新产品，那么，评估标准就是目标消费者对所广告的品牌的知晓度。如果广告的目标是提高目标消费者对广告品牌的好感，那么，评估标准就是消费者对这个广告品牌的态度。

3. 同时做好广告活动前和广告活动后的测试（一般应运用在非新产品推广活动之中）。即在广告正式刊播前对市场进行必要的调查，了解目标消费者在开展广告战役之前对广告品牌的了解程度与所持的态度。在广告战役结束后，再进行广告调查，并将广告活动后的结果与广告活动前的结果相比较，两个结果之差便是整个广告战役的效果。如果没有广告活动前的调查了解，就无法确定广告活动后的评估结果是早已存在的还是广告战役带来的效果，也无法确定广告战役的效果到底有多大。事前、事后测验的比较，能较好地解决这一问题。例如，一个广告战役结束后的测验结果表明，目标市场中广告品牌的知晓度达到 80％，而事前测验表明，在广告战役前，广告品牌在目标市场中的知晓度是 16％，则可认为这个广告战役是非常成功的。如果没有在广告活动正式推广前的调查,就无法确定这一广告战役是不是成功、取得了多大的成功。

三、广告效果事后评估的方法

1. 购买者拦截询问法

(1)时机:广告信息发布最密集时或广告发布结束后马上进行。频率2～4次。

(2)诊断方案确定:询问问题应尽可能少而简单,一般以不超过五个问题为宜。例如:

- 您为何购买××产品而不购买其他牌子的同类产品?
- 您是怎样知道××牌产品的?(如回答不出时,可以问"看过该产品的哪种广告?")
- 是广告吸引您来购买的吗?广告留给您最深的印象或记忆是什么?
- 您觉得广告上说得对吗?
- 您是在何日何时何地接触到该广告信息的?

(3)操作人员培训准备:操作人员一般为企业市场部或公关部的职员,也可选择在校的大二、大三学生,培训内容:

- 熟悉所诊断的广告内容,至少能熟练复述平面广告内容。
- 模拟提问,练好开头语和询问的语调表情等。
- 把提问的问题细分为尽可能多的选择答案,受访者回答后马上在标号前打钩"√"即可记录,以便缩短记录时间。
- 事先准备好小礼品、记录用笔和拦截询问问卷。
- 现场询问购买者与记录时,要注意尽量缩短时间,尽量不影响商场营业。

(4)统计、分析、诊断、对比询问结果。撰写广告促销效果诊断报告,报告要尽可能地写得真实、客观。

2. 销售实验对比法

(1)纵向对比法:即把今年的广告效果与去年的广告效果相比较,具体方法是比较去年的销售量与今年的销售量,扣除销售量自然增长率,即可得出广告对促销的作用有多大。

自然增长率可从公开公布的统计数据中查得,也可通过调查广告力度较小或不做广告的一个竞争对手的销售增长率来判断自然增长率的大小。

(2)横向实验对比法:即选择两个规模、容量、人口、铺货率、居民收入水平基本相当的城市作为试点城市,一个做广告,一个不做,对比其效果。

3. 广告效果指数(主力方法)

评价广告价值的关键是看其是否促使消费者购买。关于广告所产生的购买阶段效果,扬思公司通过广告效果指数——AEI(advertising effectiveness index)进行分析。从看到广告而购买的 a 人当中,减掉因广告以外影响而购买的(a+c)×(b/b+d)人数,得到真正因广告而唤起购买的效果,将这个人数以全体受调查的总人数除之所得的值,其公式如下:

AEI＝1/n[a－(a+b)b/b+d]

其中:a＝看过广告而购买的人数。

b＝未看过广告而购买的人数。

c＝看过广告而未购买的人数。

d＝未看过广告亦未购买的人数。

本指数主要用于对比分析。

值得注意的是,最广泛的消费者不一定是最有潜力的消费者,覆盖面最广的媒介不一定是对诉求对象最有效的媒介,最高频率的广告发布不一定给受众留下最深刻的印象,因而,单纯通过加大广告投入来提高广告效果,对广告主来说并不是明智的办法。最有购买产品潜力的消费者群体才是企业最值得追求的目标市场,目标消费群体才是广告的诉求对象;对这部分受众最有说服力的诉求策略才是最有效的诉求策略;最符合诉求策略的广告创意,才是最有效的广告创意;最能够覆盖广告诉求对象而千人广告成本最低的媒介,才是最经济有效的媒介;不同媒介的传播效果互为补充的媒介组合才是最合理的媒介组合。其中任何一个环节有问题,都会削弱广告效果。企业的广告活动应当通过最佳组合来实现广告效益的最大化。

本章小结

1. 广告效果通常是指广告主把广告作品通过媒体披露之后,该广告对于受众所产生的心理、经济和社会影响。可以分为三个方面:心理效果、经济效益、社会效应。

2. 广告效果的特性包括:迟效性、累积性、间接性、复合性。

3. 广告效果评估是指采用科学的方法和手段,测量和评定广告目标通过广告实施后的实现程度,它遵循科学性、目标性、综合性、动态性四个原则。

4. 广告效果评估的目的就是向广告主提供客观科学的广告执行情况和执行效果,提高广告运动的效果。它是检测广告决策正确与否的重要手段;它能为企业调整和完善广告计划提供依据;它为企业制定新的广告计划和不断提高广告设计与制作水平提供第一手资料;它能使企业把握广告活动与其他营销活动之间的相互联系,了解影响企业广告活动的各种因素,并努力加以调整,优化组合,从而最终实现经营目标。

5.广告效果评估由事前评估、事中评估、事后评估三者组成,它们各有不同的方法和特点。

思考练习

1.广告效果分别由哪三方面构成,它们各自有着怎样不同的含义?

2.广告效果评估应该遵循怎样的原则?谈谈你的理解。

3.广告效果评估的作用是什么?请举例加以说明。

4.有人说广告效果评估只要采用事前、事中、事后中的一种即可,也有人说,应该把三种结合运用,才能实现效果,请谈谈你的看法。

策划案例赏析

"百度网"品牌传播运动

广告语:百度更懂中文

主要挑战:如何超越Google

问题一:百度与Google在名气、权威性上的明显差距,表明网民对百度的认识仍处在把百度视为一个好工具的阶段,而Google则被视为一个有领导力的品牌。

问题二:用户在使用百度时,缺乏自豪感,对百度的独特和领先之处的认识亦较模糊。

市场目标:超越Google,巩固中文第一搜索引擎的品牌定位。百度是全球最大的中文搜索引擎,向人们提供简单、可依赖的搜索体验,代表了中文搜索的标准。百度,更懂中文。

百度品牌观:中国文化情结和新时代价值观,以"厚德载物"为底蕴的品牌文化。

1.百度是中国的,随时倾听中国人的需求。

2.提供最好的上网体验,改变人们的生活方式。

3.为人们提供最便捷的信息获取方式。

4.永远保持创业激情。

5.容忍失败,鼓励创新。

6.充分信任,平等交流。

传播内容:百度是中文搜索的标准

1.百度指数。可以让每个人都创建一个风云榜,添加自己关注的关键词,指数系统通过对每天来自世界各地138个国家的1亿多次搜索请求进行分析,然后按照特定的算法给出每个关键词当日的变化值、变化比例和变化曲线,从而最真实、最实时地了解风云动向。

百度指数将创建知识的话语标准,重构媒体价值链上百度的位置。

2.状元媒活动,影响最有影响力的人。发布"百度中国都市传媒影响力状元媒"大奖。

作为中国有史以来参与人数最多的媒体评选,每天都有超过1亿次的自愿投票,百度以2005年6月最新数据统计,完全汇聚普通民意的表达,告诉公众谁是最有影响力的都市媒体。

全国最具影响力的56家媒体老总悉数到齐。

活动:"我"的38种说法。让公众明确百度与Google的差异,而不是差距。这是百度在纳斯达克上市时的招股书封面。

主题:"我"在中文里有38种说法——对百度而言,深入地理解中文的内涵,从而让用户更好地使用搜索,其文化已经深入至百度的骨髓。

与北京大学合作,建立北大中国人搜索行为研究实验室,输入北大的品牌、人文气息和学术气质,亦使百度更深入地了解中国人的行为与生活概念。

从长远来讲,比对手更了解中国人的搜索行为,可以使百度对中文的理解更深刻,从而提升用户体验的质量。

百度更懂中文品牌形象运动

为迎接百度登陆纳斯达克股市,百度拍摄了一系列视频短片,在上市前后进行大规模的立帜式品牌形象运动,巩固百度的"第一中文搜索引擎"的王者地位。这一品牌运动并非通过传统的电视广告形式在电视台投放,而是全部投放于新媒介(如楼宇的视频及互联网的网民传播),以切合百度作为互联网品牌的创新精神并增强百度与网民的深切互动。百度视频系列短片共有四条,创意元素全部取材于中国传统文化,充分阐释百度作为"第一中文搜索引擎"的中国精神。其中《刀客篇》是广告片,面对华尔街投资者播放,同时此片还投放于楼宇视频广告。其他三个都是小电影,都将以"病毒营销"的方式在互联网上传播,无论创意方法还是传播手段都是颠覆性的。百度最重要的三大特质非常巧妙、有趣地在这三条充满中国传统文化精髓的小电影中表达出来。

百度视频短片《刀客篇》

百度搜索，又快又准（想抓谁就抓谁）：这是百度最基本、最能满足用户需求的关键，也是实现"有问题百度一下"的基础。

百度视频短片《唐伯虎篇》

百度更懂中文：这是百度压倒 Google 的最关键性差异化优势。通过"百度更懂中文"这个与中国传统文化深度结合的传播运动，百度作为中文第一搜索引擎的地位进一步得到巩固，品牌建设初见成效。唐伯虎是中国明朝的大才子，相传唐伯虎一生情场得意，娶了妻妾八人，她们无不被饱读诗书、才华横溢的唐伯虎所倾倒，这个浪漫的故事被改编为喜剧片《唐伯虎点秋香》，由香港著名的喜剧明星周星驰主演，被中国的年轻人所传颂。

百度视频短片《孟姜女篇》

百度中文流量第一：这是树立百度领导力和成立标准的关键。孟姜女是中国一个古老的民间故事，传说孟姜女得知丈夫范喜良因筑长城而身亡，尸体已被埋入长城，悲痛欲绝，日哭夜泣，天地为之动容，长城也被她哭倒。

专家点评

评价一个传播活动的策略是否妥当，要看实施之后的效果，效果具有第一发言权。从实施后半年的数据可见，整个品牌传播活动基本实施完毕，并在公众、网民等相关者中间产生了重大影响力；"状元媒大奖"不仅获得了众多媒介的支持，更体现了媒介评价的新模式，借此，百度巩固了自身在媒介中的新地位；四个短片的创意元素全部取材于中国传统文化，以喜剧色彩、夸张剧情，向目标受众充分阐释了"中文第一搜索引擎"的中国概念和百度的快乐搜索文化。由于策略得当，表现形式创新性强，传播渠道选择的有效化，百度的领先优势得到了进一步的体现，最关键的是网页搜索首次超过直接竞争对手。这是一个成功地达到活动目标的案例，百度荣获 2005 年十大品牌的案例也说明了这一点。

——胡晓芸

这是一个非常好的 dot com 的成功故事，从百度成功的过程中，可以清楚地看到企业家个人品牌和情结在企业品牌发展中所扮演的重要角色，正是依托对中文文化的执著追求，才造就了百度今天作为"中文第一搜索引擎"的地位。另外，面临新的营销挑战，在传统媒体有效性下降的情况下，百度聪明地利用了自己作为一家新形态互联网公司的优势，扬长避短，通过特殊的口碑传播效应，极有针对性地寻找目标受众，并且能够避开繁杂的媒体环境，形成最有效的传播效果。

——陈一枬

　　我们曾在办公室里传看过这几则小广告，众人当时都觉得：百度够狠！这一招找准了 Google 的七寸，令人感觉 Google 就像那位笨嘴拙舌的老外，在巧舌如簧的百度面前简直毫无招架之力。新定位理论告诉我们，颠覆领导品牌就是要跟它对着干，百度看来深谙特劳特理论精髓，对自己定位极准，有望在中国继续超越 Google，领跑中文搜索市场。

　　不过，窃以为，在网络传播上，仅限于病毒式营销似乎影响还不够，如果能够有的放矢地结合网络广告投放，效果肯定会更好！

——袁文瀚

（资料来源：http：//www.ggsgg.com/hydt.asp？id＝3195）

第八章 广告预算决策

—— **关键概念** ——

广告费 广告预算 广告预算

—— **教学目标** ——

1. 了解广告费用的组成和广告预算项目构成;
2. 熟知影响或决定广告预算的因素;
3. 能够掌握制定广告预算经费的方法;
4. 能够运用广告预算的分配方法。

广告资金的分配和经费预算往往是策划者最先考虑的问题,因为一定的策划实务总是对应着一定的资金预算,只有使其保持一种平衡,才能保证策划活动的顺利实施。对于广告策划来讲,它的主要目的就是可以使广告经费得到科学、合理的使用,让每一分钱都花到该花的地方,要用尽可能少的经费达到最佳的广告效果。

企业在确定其营销战略目标时,通常也划拨了与之相适应的广告活动资金,并规定了在广告实施阶段内从事广告活动所需要的经费总额、使用范围以及使用方法。广告策划者对广告活动所需要的经费总额、使用范围、分配方案等进行的详细规划,我们称之为广告经费预算。如何科学合理地确定广告投资方向,控制投资数量,使广告投资能够取得所期望的经济效益和社会效益,是广告预算的主要研究课题。

第一节 广告费用的内容

一、广告费定义和分类

广告活动要顺利开展,离不开资金的保障,因此,广告预算是对广告活动进行前瞻性规划的重要内容,是广告策划不可缺少的一部分。合理的广告费用预算可以起到控制广告规模、评价广告效果、规划经费使用、提高广告效益的作用。

广告费一般是指直接或间接地为推进企业的广告活动而付出的经费。它包括开展广告活动所需的广告调研费、广告设计费、广告制作费、广告媒体费、广告机构办公费与人员工资等项目。广告费用往往也泛指某项广告中的某一个具体费用,如某企业为做某一广告购买了某电视台在某一时期中的某一时段的广告,花费了 20 万元,这 20 万元的媒体购买费用也称广告费用。因此广告费用可以演变为名目繁多的广告费用种类,广告费用的支出也就有了众多的名目。

依据广告费的用途,一般可以把广告费划分为直接广告费和间接广告费。直接广告费是指直接用于广告活动的设计制作费和媒体租金。间接广告费是企业广告部门的行政费用。

目前,国际上公认的广告费用开支表,是美国最权威的广告杂志之一《Printer'S Ink》于 1960 年刊出的。它对广告费用进行了较为精确的划分,将广告费分为白、灰、黑三色单子,白色单是可支出的广告费,灰色单是考虑是否支出的广告费,黑色单是不得支出的广告费。

广告费用分类表:

分　类		主要费用
白色单	可支出广告费	广告媒体 报纸、杂志、电视、广播、户外、POP、DM、招贴等等
		制作费 美术、印刷、制版、照相等与广告有关的设计制作费用
		管理费 广告部门薪金、广告部门事务费、顾问费、推销员费用、水电费、广告部门人员的工作旅费
		杂费 广告材料运费、邮费、橱窗展示安装杂费、其他
灰色单	考虑支出的广告费	样本费、示范费、客户访问费、宣传卡用纸费、赠品、办公室报刊费、调查研究费
黑色单	不得支出的广告费	社会慈善费、旅游费、赠品费、包装费、广告部门以外消耗品费、潜在顾客招待费、从业人员福利费等

二、广告预算的定义和作用

广告预算是指企业计划对广告活动费用的匡算,它规定在广告计划期内从事广告活动所需的总经费、分类费用、使用范围和使用方法,它是企业广告活动得以顺利开展的保证。

作为计划工具,广告预算是以货币形式说明广告计划。具体地说,广告预算就是企业在一定期限内打算在广告宣传方面投放的资金。预算通常以一年为期。一般而言,它包括如何具体确定各项广告活动所需的费用规模,根据广告预算的内容来具体确定每一阶段或每一种媒介所需的广告费用。

它有以下几个方面作用:

1. 提供控制广告活动的手段。通过预算,广告主可以对广告费用多少、分配到哪些方面去、起到什么效果等,做出系统的规定。

2. 为评价广告效果提供经济指标。广告预算的目的就是达到相应的广告效果。较多的、较合理的、较科学的广告经费投入必然要求获得较好的广告效果,同时,广告预算又要求根据广告战略目标、要求提供相应的广告费用。评价广告效果的主要标准就是看广告活动在多大程度上实现了广告目标的要求。由于广告预算对广告费用的每一支出方面均做了规定,可以比较在每一项具体的广告活动中,所花费用与取得的效果关系如何。

3. 有计划地使用广告经费。做广告预算是为了有计划地使用广告经费,使广告经费得到合理有效的使用。广告预算要明确广告经费的使用范围、项目、数额及经济指标。这对合理有效地使用广告经费无疑具有指导性的作用。

4. 提高广告效益。广告预算还可以提高广告活动的效率。通过广告预算可以增强广告人员的责任心,避免出现经费使用中的不良现象。同时,通过广告预算,对广告活动的各个环节进行财务安排,有助于广告活动产生良好效果。

总之,广告预算是广告计划中的一个重要补充。编制广告预算可以合理地解决广告费与企业利益的关系。对一个企业而言,广告费既不是越少越好,也不是多多益善。

三、广告预算的原则和要求

怎样编制广告预算,怎样才算合理,没有一个科学的计算标准。一般而言,在编制广告预算的过程中应该考虑四个方面的问题:

1. 预测。通过对市场环境变化、消费者需求、市场竞争性发展的预测,对广告任务和目标提出具体的要求,制定相应的策略,来确定广告预算的总额。

2. 协调。讲究整体观念,不是把广告活动看成是单一的活动,而是与全部营销策略相配合,以取得更好的广告效果。同时,讲究实施媒介搭配组合,使各种广告活动紧密结合,有主有次,合理分配广告费用。

3. 控制。根据广告计划的要求,合理地、有控制地使用广告费用,及时检查广告活动的进度,发现问题,及时调整广告计划。

4. 讲究效益。广告最终是为商品销售服务,广告预算要讲究效益,要及时对广告费使用是否得当加以研究,及时调整广告预算计划。

四、广告预算的根据

广告策划人员对广告预算所作的计划必须合理明确,要有充分的根据。没有根据或缺乏根据的广告预算是缺乏科学性的,会不同程度地影响广告效果。进行广告预算时通常有四个方面的根据:

1. 根据企业的承受能力。企业的状况和实力是决定广告预算的基本依据。制定广告预算,首先要考虑企业的财力,研究并提出一个企业可以承受的广告费用投入总额或限度。企业规模大、实力强,企业的营销目标和广告目标也就比较大,广告预算相应也会比较大;反之,企业规模小,实力较弱,广告预算相应也会比较小。离开企业实力考虑广告预算,等于抛开了广告预算执行的现实可操作性。

2. 根据企业的营销目标和广告目标。广告费投入多少,不能离开营销目标和广告目标。策划者要计算的是为实现广告目标而必须将各种广告策略付诸实施所需要的广告费用总额,策划者还要对广告所需费用总额与企业承受能力这两者进行协调。

3. 根据企业的外部环境因素影响的程度。企业外部环境对企业发展有明显的制约作用,其影响表现在:市场形势的变化,将会引起产品生命周期的变化,广告预算也需要随之进行改变;广告预算必须充分考虑竞争对手的情况;广告媒体种类和广告媒体价格的变化直接影响到广告预算的制定等等。因此,制定广告预算必须充分考虑外部环境因素的影响程度。

4. 根据产品本身的特点。若产品的用户面比较广、价格较高,广告预算会相对较高。因为,用户面广意味着广告传播的范围相应也要大,否则不能有效地覆盖用户面。

第二节　影响广告预算的因素

一、广告经费预算与广告目标的关系

广告目标与广告预算之间是相互制约的关系。一方面,广告目标决定着广告经费的预算;另一方面,广告经费预算也决定着广告目标的制定和实现。

1. 广告目标决定着广告经费预算

要实现广告金字塔中的各种广告目标层次,所花的广告经费一般是有差别的,越是高的广告目标,所需的广告经费就越多。也就是说,为达到一定的广告目标,需要一定的广告费用,它有一个金额指标。

因此,广告预算除了要考虑企业本身的实力外,还应该与企业的营销目标和广告目标相适应,不能离开营销目标和广告目标而盲目决策,这是广告经费预算的一条重要原则。

2. 广告经费预算制约着广告目标的制定和实现

"巧妇难为无米之炊",要达到一定的广告目标,必须有一定的广告经费为支撑。广告预算的多少在一定条件下也制约着广告目标的制定和实施。

广告销售效果的获得与广告经费投入有着不可否认的因果联系。一般来讲,在其他客观一定的条件下,在广告活动本身有效果的情况下,销售量的大小取决于广告资金投入的大小,在合理的界限内,企业花费的广告资金越多,销售量就越大。

二、广告预算的影响因素

1. 产品因素。什么是主打产品? 产品是新产品还是老产品? 新产品与竞争产品差异大还是小? 产品是内销还是外销? 产品是日用品还是特购品? 产品是处在产品生命周期的哪个时期? 以上问题都是在进行广告预算时所必须考虑的因素。就产品生命周期因素而论,一般来说,处于市场导入期和成长期的产品,需要比较多的广告费用,处于成熟期的产品所需广告投入相对较少,处于衰退期的产品则基本不做广告投入。

2. 竞争因素。广告预算的经费份额多寡及其分配更多地受竞争因素的影响。竞争对手在市场上所推行的广告战略直接影响广告预算。如果竞争对手采用比较强劲的广告攻势,或者竞争品牌比较多,那么所要花费的投资就要比平常多。除此之外,广告发布在媒介及市场对象之间还存在大量的"干扰"。但对于某一具体品牌而言,可能采用的媒介资源永远只是有限的,并且有无数

的信息可能针对同一位接受对象,同时在信息的传达和接受中,又有可能受到来自不同方向的信息冲击等,这同样对信息传播形成了干扰,因此也直接影响了预算。

3. 销售因素。广告预算要考虑销售目标、销售的目标市场范围、销售对象、销售时间等有关销售的因素。企业制定的销售额目标越高,需要的广告投入就越高。销售时间因素也是广告预算要考虑的一个较为重要的因素。一般来说,销售旺季广告投放量较大,销售淡季则广告投放量相对较少。

4. 品牌的消费者基础和市场占有率。一个具体的品牌,如果已经拥有了一定的市场占有率,且其消费者基础较好,那么所需广告费用就较少,反之广告费用就要高许多。大体上讲,一个产品要保护并提高市场占有率则广告花费相对较少。市场占有率的大小,同时还表明产品目前使用者的数量,即消费者基础。如果消费者基础大,以每一受众印象为基础,送达广告信息的媒体支出的千人成本要小得多。由此可见,市场占有率和顾客基础的规模大小对广告预算影响很大。

5. 广告媒介及发布频次。广告媒介租用是广告投资的主体因素,媒介租用通常要占到广告投资的 80%。不同的媒介广告费用的差异非常巨大。一般说来,电子媒介(如电视、网络等)费用高于报刊(如报纸、杂志等)。而广告发布的媒介费用越高、广告发布的频率越高、广告持续的时间越长,需要的广告经费就越高。不同的广告媒介购买价格大不相同,有时不同的媒介可以同样达到对某一消费群体的信息传达,但媒介价格却差异甚大。此外,广告在发布中持续的周期长短、发布频率也至关重要。为了传达品牌信息,广告必须要持续一定周期,并要求有一定的重复和强调。

第三节　广告预算方法

一、广告预算的具体程序与步骤

1. 确定广告投资的多少。
2. 分析上年度销售情况,并对下半年进行预测。
3. 分析本企业产品历年的销售周期。
4. 广告总预算。
5. 广告的分类预算。
6. 制订控制与评价的标准。
7. 确定机动经费的投入条件、时机、效果及评价方法。

二、广告预算的方法

广告预算方法有多种,在实际应用中,应首先了解预算时大致要解决的问题包括:根据自己的实力,应支出多少广告费? 现实的销量及销售情况,作为广告促销费用支出应占多大份额? 最相近的竞争对手的广告支出如何,本企业与其比较优势何在? 依照企业总体实际,能否优化广告费支出?

常用的广告预算方法有:

1. 由销售而定的预算方法。这种方法适用于企业营销及广告规模比较稳定的情况。

(1)销售额百分率法(又称"销售比例法"):把下一年度预计的销售额的百分之几作为广告应投入的总费用。这是被广泛采用的一种方法。此种方法的优点是,广告费同销售额联系起来,且计算简捷。它明显的缺点便是不能适应迅速变化的市场环境,即企业无法按产品品种和经营地区的具体情况灵活提取广告费。某一广告主根据当年的销售情况预测下一年度的销售额为 1000 万元,且决定将其中 5% 作为广告活动的经费,即广告预算总费用 50 万元,这一预算方法就是采用了销售额百分率法。

(2)销售单位法:该方法规定每一个销售单位上有一定数目的广告费,这一广告费与销售单位数量相乘,即为总的广告费用。一个蔬菜罐头生产企业预计销售量为 10 万箱,并将广告经费额确定在每箱 1 元的基础上,那么该广告主的广告预算费用就是 10 万元。以每件商品来摊分广告费,计算方法简单,特别适合薄利多销的商品。它跟销售比例法的缺陷相同。

2. 量力而行的预算方法。这种方法比较适宜于企业规模较小,市场情况不复杂,或者广告活动对企业营销的影响不大的情况。

(1)全力投入法:这是一种没有什么依据的广告费用确定法,企业在进行下一年度的整体预算时,看可以拨出多少就拿出多少作为广告费。也即企业在确定广告预算时将所有不可避免的投资和支出去除之后,再来确定广告预算的具体规模。

(2)任意投入法:完全依靠企业领导人自身的知识,主观随意性较大。

3. 保持竞争均势的预算方法。这种方法较适用于市场竞争激烈,企业需要凭借广告来加强竞争力的情况。

(1)竞争对抗法:以企业主要竞争对手和本行业中少数几个领先企业的广告预算规模为参照来具体确定自己的广告预算数目;如果不了解主要竞争对手或同行业领先企业的广告预算规模,那就根据同行业中各个企业用于广告预算的平均值来确定自己的广告经费。一般而言,整个行业的广告费数额越大,本企业的广告费也越多。在使用这一方法时应注意:只有在市场竞争激烈、广告竞争也激烈而且能对销售起到有效的促进作用时,才采用此法;同时广告主必须有良好的财力基础,要了解竞争对手的广告总额,要力求正确与及时,必须能够反映出竞争者广告活动的态势;另外要注意,实际广告活动主要看效果,并非只比花钱多少。

(2)市场份额法:这是美国尼尔森公司行政副总裁詹姆斯·佩卡姆于20世纪60年代中期在竞争对比概念基础上总结、归纳出来的。其主要内容就是阐述市场份额与广告预算经费之间的关系。一个企业要想保持或增加在市场中的占有份额,其广告所占的份额就应超出其市场所占的份额。假设一个广告主确定其所在的玩具市场每年容量5000万元,同行业各企业用于广告费支出总额为500万元。如果想使其产品在市场中取得20%的市场份额,那么其所应付出的广告份额则应是40%。即预期销售额若为5000万元×20%=1000万元,那么,广告预算数额就是500万元×40%=200万元。

超出市场份额的比例是多少,并不是十分准确的数字,但这种广告费用投入方法又显示了一种趋势,即在市场中保持并扩大所占份额,这是一种比竞争对抗法反映更强烈的广告费用投入方法。这种方式清晰地说明了广告份额与市场份额之间的关系,但有些企业片面地强调广告份额而忽视了广告质量以及其他营销手段的配合。

4.定量预算方法:一般适用于企业规模大、广告费用庞大,企业管理水平较高的情况。

(1)优化法:在大多数情况下,企业未做广告之前就有一定的总销售额,当企业支出一定量的广告费,销售量就有了一个增量,销售额也就有了增量,当广告费加到一定量时,销售额的增长率下降,因此广告费的投资就有一个最优化的选择问题。

(2)任务法:即确定下一年度需要进行哪些广告活动,每一项工作所需经费多少,然后再累计出所需要的总的广告费用。从理论上说,任务法是一种理想的科学的方法——广告费投有所用,用可见效。但任务法对企业来说在实际运用中很难运用得十分理想。运用这种方式来制定广告预算,首先要明确通过广告活动实现什么目标。例如首先要准确预测广告信息为目标市场中受传者所接受需要通过哪些媒介、需要多少时间(广告频次),才能准确地决定广告预算费用。

(3)模拟定量计算法:这是对任务计算法的计算机修正,通过若干模型对企业的整体营销活动做仿真,然后,预测企业的广告活动及所需费用。简单的定量方法只能看出一个大致的趋势,若想真正运用,必须有较复杂的模拟模型,再选用大量参数,通过计算机做出分析,才能得出较精确的结论。

总之,企业在实际操作中决定广告投入费用的多少时,应采用上述方法或将上述方法组合起来加以运用。但也应指出,国际上某些经济学家认为,广告预算是企业领导人的经验、智慧、创新精神和远见卓识的综合产物。预算方法从本质上说是企业实践经验、企业领导个人及广告策划人员智慧的结晶。

三、广告预算分配

广告主一旦确定了具体的广告经费数额,接下去的工作就是对整个广告经费进行分解。依据侧重方面的不同,在确定广告预算分配时主要采用四种方式,即时间分配法、地理区域分配法、产品分配法和媒介分配法。

1. 时间分配法

商品销售额的大小经常随着时间和季节的变化而变化,广告时机是企业抢占市场制高点的关键,把握好时机是做好广告宣传的诀窍之一。时间分配法就是按照时间来有所侧重地分配广告经费。一般将某一广告活动总体时间分为若干个时间段。假定广告主已确定某半年26周的广告经费总额为64万元,且每个时间单位定为1周。但在这26周中包含情人节(与企业的产品销售关系密切),那么可以把节日标为6个时间段,即总时间段为32(26+6),每个时间段平均分配到的经费就是2万元,而情人节期间的周广告经费则为12万元(2×6)。一般而言,广告主在对各个时段的广告预算分配上是有所侧重的。

2. 产品分配法

将企业产品分成几大类,然后确定每一类产品在特定的广告活动时间内应花多少广告费。如果产品繁多,在分配广告预算时必须考虑每一产品的市场占有率以及产品的生命周期。假设某广告主生产的产品有 A、B、C、D、E 五种,在活动期间已确定广告经费为160万元的前提下,便可按照这五种产品进入市场的时间长短或产品的生命周期中所处的时期,有所侧重地对广告经费予以分配。如果其中 C、D、E 为新近推出的产品,那广告经费可以考虑以20万元、20万元、40万元、40万元、40万元的比例进行分配。

3. 区域分配法

将产品的销售区域分成几块,而后再将广告经费在各个地理区域予以平分。这种方法简单易行,但在实际操作中通常的办法是:对产品需求量大的区域,广告预算可相对大些,如果一个区域对产品现实需求量不大,但潜在的需求量很大,也应在分配广告预算时重点考虑。

4. 媒介分配法

基本依据就是媒介策略。根据广告预算总额的限制,同时根据产品的种类和定位,结合销售区域的划分,先确定地区性媒介和全国性媒介之间的比例,而后将广告费用分配到每一类媒介上,其中广告频次和广告连续性是需要着重考虑的。

本章小结

广告预算是指企业计划对广告活动费用的匡算,它规定在广告计划期内从事广告活动所需的总经费、分类费用、使用范围和使用方法,它是企业广告活动得以顺利开展的保证。

影响广告预算的因素主要有以下五个:产品因素、竞争因素、销售因素、品牌的消费者基础和市场占有率、广告媒介及发布频次。由销售而定的预算方法、量力而行的预算方法、保持竞争均势的预算方法、定量预算方法是常见的四种制定广告预算的方法。总之,企业在实际操作中决定广告投入费用的多少时,应采用上述方法或将上述方法组合起来加以运用。但也应指出,国际上某些经济学家认为,广告预算是企业领导人的经验、智慧、创新精神和远见卓识的综合产物。预算方法从本质上说是企业实践经验、企业领导个人及广告策划人员智慧的结晶。

广告预算的分配方法考虑的是如何使用这些经费,如何将各种资源进行有效组合以达到最大的效果。时间分配法、产品分配法、区域分配法、媒介分配法是预算分配的四种主要方法。

思考练习

1. 何为广告预算?
2. 广告预算的作用以及根据是什么?
3. 广告预算的具体方法有哪些?
4. 广告预算的分配有哪几种方法?

策划案例赏析

百事可乐 草根阳谋

互联网上流传着一则颇有争议的广告视频：自动售货机下，一名小孩由于身高受限，竟然双脚踩着两罐可口可乐去购买一听百事可乐。如此富有创意的广告在博取人们一笑之后，更多地反映了两大可乐巨头之间的恩怨。

2007年9月初，百事"13亿激情，敢为中国红"发布会在北京国际金融中心举行，一改百年来坚持的蓝色包装，百事可乐推出了和老对手可口可乐相同的红色包装——"中国队百事纪念罐"。面对如此颠覆般的营销方式，百事中国最高统帅时大鲲坦言："对百事中国以至于百事国际而言，百事可乐变装红色绝不是一个轻易的决定，有着不简单的考虑。"

在临近2008年北京奥运会之际高调宣布换装，可以说是百事可乐一次精心策划的公关事件。

百事中国区首席市场官许智伟说："2008年是中国年，红色是中国的颜色，我们希望通过此次变身加入到为中国喝彩的队伍中。"——尽管不能明言奥运，但百事一句"为中国队加油"的口号却打了一个漂亮的擦边球。

奥运营销老冤家

众所周知，两大可乐品牌互相之间一直是剑拔弩张，尤其在奥运会赞助商竞争上，这对老冤家之间的争夺十分激烈。

其实在1980年之前，百事可乐一直惨淡经营，由于其竞争手法不够高明，尤其是广告的竞争不得力，所以被可口可乐远远甩在后头。百事可乐在营销手段上的转折点是在第22届奥运会上，此时虽然还没有奥运会赞助商计划，百事可乐就与可口可乐进行了一场激烈的营销战。

当时，百事可乐在奥运会开幕前的两个月便在各比赛场地竖起大面积广告宣传牌，并在多处地方设点推销，在奥运会期间，它积极地向各国运动员和大会工作人员散发赠饮券，给获奖运动员赠送纪念品，又多次举行酒会招待各国运动员及名流贵宾，结果名声大振。在那次广告竞争中，百事可乐的盈利超过可口可乐约三分之一。

为了扩大奥运资金来源，国际奥委会在1985年正式委托ISL行销经纪公司推出全球最著名的营销案例，其中包括针对吸引各大企业的TOP赞助商计划。在国际奥委会推出了TOP计划后，可口可乐就不惜血本投入巨资连续成为TOP赞助商，同时也为自己赚取了丰厚的利润。例如1996年亚特兰大奥运会,可口可乐公司在当年第三季度的盈利增加了21%,达到9.67亿美元;而同期百事可乐的利润却下降了77%,只有1.44亿美元。

可口可乐的体育营销至今已有近百年的历史。自1928年赞助奥运会以来,可口可乐几乎从未停止过赞助活动。有意思的是在1980年,可口可乐在莫斯科奥运会上痛失阵地,马上就明显落后百事可乐。于是在1984年洛杉矶奥运会上,可口可乐以超过赞助费900多万美元的价格把TOP赞助商资格牢牢握在手中。可口可乐的赞助预算在营销预算中一直占据重要位置。尤其是1996年,高达6.5亿美元,约占当年营销预算13亿美元的一半和销售额185亿美元的3.5%。

同一年,百事可乐在中国市场的营销策略则把重点放在"音乐+体育"的广告模式上,以周杰伦、郭富城、F4、蔡依林等音乐明星和贝克汉姆、小罗纳尔多等足球角斗士为主要代言人。

其实,与可口可乐宣称的老少皆宜不同,百事可乐有着自己明确的定位,它以"新生代的可乐""新生代的明星"为口号,从年轻人身上赢得了广大的市场。从流行音乐巨星迈克尔·杰克逊开始,百事可乐一直奉行的是"超级巨星策略"。

尽管百事可乐并非一个运动品牌,但是出现在他们广告中的球星数量或许是各知名品牌中最多的,包括贝克汉姆、罗纳尔多、里瓦尔多、劳尔等足球巨星。在最近几年里,百事可乐越来越热衷于在一个广告中安排多名娱乐明星以及球星同时出场,以给消费者创造最强烈的视觉冲击。

"草根英雄"计划

"目前,中国已经成为百事海外最大的市场。"百事中国有限公司市场总监蔡德说。显然,百事作为国际顶级饮料品牌,北京奥运会的商机是最不容错过的,虽然没能成为奥运正式赞助商,但这位经历了与可口可乐无数次交锋的老对手,别出心裁地推出了自己的2008年奥运营销策略。

从2007年一开始,百事可乐便以一个非同凡响的由纯蓝到非纯蓝的包装大变身,给人以耳目一新的感觉。新包装彻底摒弃以往消费者所熟悉的百事巨星,而普通消费者酷酷的形态成为主角,充分展示时尚生活方式,让后现代的炫酷自我充分释放。这款包装一度受到众多"摄客"们的追捧。

随后,为支持中国体育事业,百事可乐在全国范围内启动了"百事我创、我要上罐"的大型消费者互动活动,凡是希望为中国队加油、要为中国体育倾注一份力量和心愿的消费者都可以把最能展现自己为中国队加油意愿的炫酷照片,上传到活动的官方网站。其他网民可以通过网络、博客、相册及手机等不同的便捷方式对这些照片投票。

2007年6月初,百事公司的"草根英雄"计划再次拉开序幕。消费者可以天马行空、无限制地创意各种为2008中国队加油的手势、表情。只要这种加油方式能引起大众的共鸣、获得大家的认可,就将成为数亿百事新包装的主角。2007年9月4日,百事可乐推出了自己的奥运冠军代言人:刘璇、王军霞——前者为第一位获得三枚奥运奖牌的中国女子体操运动员,后者则是中国首枚奥运会长跑金牌获得者。百事可乐希望通过已经退役的刘璇以及久未露面的王军霞,以一种特殊的方式来为2008年奥运会上的中国队加油。那一天,两位退役的运动员获赠了百事可乐精心推出的"中国队百事纪念罐"。

百事可乐方面表示,"中国队百事纪念罐"是百事可乐顺应13亿中国人表达民族情感的渴望而推出的一项支持中国队的行动。罐身采用了最能代表中国的红色为主色,由"我要上罐"活动诞生的21名上罐英雄和中国队的体育选手为主图案。纪念罐分为地区罐和全国罐,将分别于九月和十月上市且限量销售至2007年底。

一直以挑战者身份出现的百事可乐,这回则选择了草根英雄。业内人士表示,百事可乐捕捉到中国人对于谁赞助奥运会并不特别在意,他们更关心中国运动员能够在家门口为自己的国家争得多大的荣誉,这成了百事以"民间"对抗"官方"的突破口。

在百事可乐的征集活动中,这种"弃明星直接用草根"的方式的确吸引了消费者的眼球。百事通过网络、电视、平面媒体、终端等多种渠道阵地宣传,以上罐+民选的方式,吸引受众广泛参与。据悉,共有250万人上传照片,1.4亿人次参与投票,网页浏览量超过20亿。

百事可乐的"草根创意"其实在2006年德国世界杯期间就屡试不爽。当时,百事通过"DADA大狂欢"的活动,进行一场全新的"音乐+足球+明星"时尚创意,取得了世界杯营销的成功。

那么,百事可乐针对北京奥运推出的红色包装以及"草根英雄",能否比老对手可口可乐空前豪华的奥运明星阵容更吸引眼球呢? 这将是2008年北京奥运赛场之外的又一场商业对决。

(资料来源:http://www.qg.com.cn/articles/zazhiwenzhai/20071211101112918.htm)

第九章　其他营销方式和相关策划

—— **关键概念** ——

　广告策划　销售促进活动策划　新闻策划　CI策划

—— **学习目标** ——

　1. 明确广告与促销工具的关系,明白广告是一种促销手段,却不是促销手段的全部,现代营销经常将各种促销手段加以整合运用,以实现营销目标;

　2. 明确销售促进活动策划、新闻策划、CI策划各自的含义及特点,学会在适当的时机用不同的策划,实现营销效果;

　3. 分析广告策划和其他营销策划的异同点,学会综合运用。

　广告作为一种重要的营销推广要素,越来越为企业和营销人员所运用,也日趋成熟完善。然而,在现代激烈的营销"战争"中,单是依靠广告已经很难取胜了,整合营销传播所倡导的观念就是把各种营销手段按效益最大化的原则整合运用。

　在本章中,作者将对与广告策划密切相关的促销策划、新闻策划和CI策划进行一个全景分析。在现代营销中,很多时候已经无法将这几种策划分开,因为它们往往都是整合在一起为了共同的营销目标而运用的。

第一节　销售促进概述

一、销售促进的概念和作用

　SP是英文 Sales Promotion 的简称,译为销售促进,亦有人将其译为营业推广或销售推广。美国市场营销学会(AMA)对其下的定义是:SP是除人员推销、广告和公共关系以外的,用以增进消费者购买和交易效益的那些促销活动,如陈列、抽奖、展示会等非周期性发生的销售努力。

国际营销大师菲利浦·科特勒认为:销售促进是刺激消费者或中间商迅速或大量购买某一特定产品的促销手段,包含了各种短期的促销工具,是构成促销组合的一个重要要素。

同时,销售促进有广义和狭义之分。广义的销售促进包括企业以创造消费者需求为目的的所有活动,如:人员推广、广告、SP活动、宣传报道或公共关系。本书所采用的是狭义的销售促进定义,即销售促进是对中间商、推销人员或消费者提供短程激励,以诱使其购买或采用某一特定产品或服务的促销活动,例如陈列、演出、展览会、示范表演以及种种非经常发生的推销努力。

销售促进这种短程激励的促销活动和人员推销、广告、宣传报道或公共关系是行销计划内推广组合的主要形式。销售促进能直接刺激以求短期内迅速达到效果,它与促销组合的另一种方法——公共关系形成了鲜明的对比,公共关系更注重的是间接的、长期的效果。

销售促进活动是品牌的整体推广中的关键性要素之一。事实上,自20世纪70年代开始,很多企业对销售促进活动的投资已经大大超过了对单纯广告的投资。

销售促进能够快速刺激需求,增加销售量,实现短期营销目标。它的作用主要体现在以下方面:

1. 有效加速品牌及产品进入市场的进程,被消费者认知和接受。当消费者对新进入市场的品牌及产品还未能有足够的了解并作出积极反应时,通过一些必要的销售促进措施,可在短期内迅速地打动消费者。如:请消费者试吃、试用新品,让他们直接与产品发生接触,以引起消费者对该品牌产品的兴趣和了解。

2. 说服初次消费者再次购买,提高使用频率,培养消费习惯。如肯德基拟订的"持续消费赠礼品"计划,即要求消费者不断重复消费,以换取系列的赠品,从而形成购买习惯。因此,好的销售促进计划能提供再度消费的激励。

3. 增加产品的销售,提升销售额。明确向消费者告知新产品的特色,可以增加他们对该产品的兴趣,从而提升销量。如:肯德基与百事可乐,麦当劳与可口可乐的联合推广和促销即是提升销售额的著名案例。

4. 有效抵御和击败竞争对手的销售促进活动。当竞争对手大规模地发起销售促进活动时,如不及时采取针锋相对的措施,往往失去大量的已有的市场份额和原有的顾客群。因此,销售促进是市场竞争中抵御和反击竞争者的有力武器。尤其是作为某区域市场的领导品牌,为维持自身的市场占有率,常常使用销售促进作为强势对抗的手段。

二、销售促进的基本市场和类型

根据销售促进活动的对象不同,可以将其划分为三大类:对消费者促销、对经销商促销和对销售员促销。

1. 对消费者促销

对消费者促销即诱使消费者购买,如促使购买或增加使用,促使转换使用品牌等。在短期内引起消费者的购买兴趣与购买热情,提高销售量,就要对目标消费者进行认真的细分,分析他们的心态、习惯甚至喜好等等,根据综合分析所得的数据资料进行促销设计与规划。

这一类促销活动的对象是消费者,也是最终购买者,因此是最直接的促销方式,使用频率也很高。

2. 对经销商促销

把产品卖给消费者的是经销商,所以对于制造商而言,对经销商促销,提高他们的积极性是非常必要的。对经销商的促销核心纽带是利益,如何把利益让得巧妙,刺激经销商的进货热情及推销兴趣,对销售量的提高起着至关重要的作用。

对经销商的推广策略只要把利益落到实处,少一点花俏的招式,经销商自然会成为生产商的经营伙伴。宝洁公司的销售商在达到一定的积分后,会得到宝洁公司赠送的汽车,这极大地激起了销售商的销售热情。

对经销商常用的促销方法有以下几种:

(1)经销商竞赛——指制造商采用现金、实物或旅游等形式来刺激经销商以达到促销目的。如举办营业额、陈列、接待顾客、现场演出等竞赛。注意奖金、奖品要有吸引力,实施时机要适宜。

(2)销售店赠品——对零售店进货达一定数额者,发给赠品。

(3)共同协作与宣传——与经销商合做广告,提供详细的产品技术宣传资料,帮助经销商培训销售人员,帮助经销商建立有效的管理制度,协助店面装潢设计等。通过合作和协助方式,赢得经销商的好感,促使他们更好地推销企业产品。

(4)经销店进货优待、折扣等等。

3. 对销售人员促销

鼓励销售人员付出额外的努力,主要有销售竞赛和销售赠奖两种。

由于大部分的促销行为都是针对消费者的,因而本书重点分析对消费者的销售促进策略。

销售促进的方式主要由以下几种：

1. 积点促销

这种方式种类繁多，其最终目标都是以鼓励顾客再次购买某种商品或再度光顾某店为主。

积点促销适用于销量较大的产品，因为只有消费者已经具有了足够的需求，在此基础上才能激发出一种购买冲动，如果产品的销量不大，就表明消费者较少或者是消费量不大，那么在这种情况下，积点促销也难以引起消费者的兴趣，也就达不到预定的效果。

积点促销需要一定的时间周期，因此它适合消费周期短、购买频率高、购买量大的产品。它具有以下几个优点：（1）建立品牌忠诚度；（2）在同类产品中创造产品差异化；（3）吸引消费者，部分取代广告；（4）打击竞争品牌，实现消费者积压产品，提高商品使用频率并突破季节性限制。

2. 抽奖活动

抽奖活动的形式主要有回寄式抽奖、即开即中抽奖和连环抽奖三种。这种销售促进方式适用范围较广，对于新产品的推广和老品牌进一步扩大市场份额均有所帮助。它利用的大众的博彩心理，直接促进销售，调动广泛的消费群体参与，提高消费者的购买量。

抽奖最关键的是奖品的设置，由于目前国家规定最高奖金不得超过人民币 5000 元，所以更要在奖品的形式上突出创意，突破有形物质的限制，赋予奖品更深的内涵。比如化妆品公司可以为中奖者提供拍摄广告片的机会，VCD企业则可以为中奖者制作个人碟片等等。

3. 价格折扣

价格折扣是指企业采用降价或折扣的方式招徕顾客，这是吸引消费者购买产品的重要手段。以价格折扣来刺激销量的增长也是具有一定市场基础的品牌常运用的战术，从国内彩电大战、VCD 大战、微波炉大战来看，最先采取降价策略的品牌成功率较高。

对于不同的产品和不同的市场阶段，价格折扣在具体应用上是有所区别的。一般而言，同质性越强的产品运用价格折扣战术效果越好。四川长虹、广东格兰仕、广东乐百氏等企业都是抓住时机实施降价策略，从而赢得了市场份额的扩大，而有更多的同类企业也实施了降价策略，但是效果却不大，这说明关键还是如何运用的问题。

折价策略的优点主要为以下几个方面：（1）价格常常是消费者选购商品时影响决策的主要因素之一，特别在产品同质化高、品牌形象相差无几时，价格的影响力就显得更大。而折价促销可以说是对消费者冲击最大、最原始、也最有效的促销武器。(2)折价促销常作为企业应对市场突发状况,或是应急解救企业营销困境的手段,如处理到期产品、减少库存、加速资金回笼等。(3)折价促销较容易操作以及控制。厂家可以根据不同情况设计折价促销的时间、方式以及幅度,其准备时间以及工作量相对较少。(4)可以吸引已试用过的消费者再次购买,以培养和保留既有消费群。

4. 赠送礼品

赠送礼品促销是指消费者在购买产品的同时得到一份非本产品的赠送,以此来吸引消费者的尝试或大量购买。其基本特点:消费者在购物当时能立即获得回馈;所赠品种非产品本身,而是其他礼品,这是与折价促销中买送方式的最本质的区别。赠送礼品促销由来已久,早在100年前,外国商人来中国推销煤油,但中国百姓用惯了柴油,嫌煤油贵,不愿买。于是外国商人采用了买煤油送煤油灯的方法,让老百姓在白捡了一盏煤油灯的同时,从此开始买他们的煤油。

赠送礼品促销法在实际运作中常用的方法有:(1)包装内赠品附送的形式:将赠品放在产品包装内附送。这类赠品通常体积较小、价位较低。(2)包装上赠品的附送形式:即将所送礼品附在产品上或产品包装上,比如用胶带将赠品与商品捆扎在一起,比如在洗发水上捆绑香皂。(3)包装外赠品附送形式:由于赠品体积过大或企业为了减少捆扎的工作量等原因,无法将赠品与产品附连在一起时,赠品常被放在零售店内,由销售人员交给消费者。(4)将产品的包装本身作为可利用的赠品,这是附送赠品的又一形式。消费者用完产品后可将此作其他用途使用,如果汁壶、储物罐、化妆包等都是消费者较为喜欢的包装容器赠品。(5)在购买指定商品之外,让消费者支付一定的费用来得到赠品,这种方法可以解决赠品成本较高的问题,使可供选择的赠品范围更广、更具吸引力。

赠品的类型是这类促销活动成功的关键因素之一。理想的促销用品应具备以下几个特点:(1)相关性:赠品须与产品相关,须符合品牌形象,加深消费者对本品牌的认知,达到情感上的交流,巩固品牌在消费者心目中的地位。(2)重复性:赠品如能重复使用,就会多次出现在消费者的眼前,令他想起品牌及其种种好处。如印有产品及企业标志的雨伞、围裙等。(3)价值感:赠品质量不仅是国家法律条文所规定的,而且也是赠品能否起作用的基础。不少"附送赠品"促销失败的最主要原因在于赠品质量太差。当赠品的吸引力不够、品质欠佳时,反而会使消费者对产品本身的质量产生怀疑,反而阻止了消费者购买行为的产生。

5. 免费试用

免费试用是通过将产品(或试用装)免费赠送给消费者,供其试用或品尝的一种促销方法。由于这种方法无需消费者付出任何代价,因此是诱使消费者尝试进而产生购买行为的有力武器。

它的优势主要体现在这些方面:

(1)能让消费者接触新产品,通过试用使消费者对该产品产生直接的感性认识,进而对产品或企业产生好感和信任,使其转化为产品的潜在消费者。

(2)由于直接送达消费者手中,不仅使其产生意外收获感,同时使产品得到极高的注意率。如果免费品同时附有产品的广告宣传,也会得到较高的阅读率。如果产品的确不错,这种尝试性消费者就会进行重复消费,甚至成为品牌的忠诚消费者。

(3)直接入户发送免费品还具有针对性强的优点。通过研究目标消费群的特性,选择合适的受赠对象的派发范围,能有效地进行直接的沟通和提高样品的使用率。

6. 有奖竞赛

有奖竞赛是企业通过设计一些与企业、产品有关的问题,让消费者参与回答的一种活动方式。如请消费者为产品配一副对联、写一句广告语、竞猜球赛的冠军等等,然后评出优胜者并给予奖励。

有奖竞赛能帮助建立或强化品牌形象。同时,兼带有巩固品牌知名度和消费者忠诚度的作用。比如消费者在为企业撰写广告语或为产品设计标识时,也就把品牌深深地记在心里。竞赛活动与抽奖活动有许多共同之处,它们最大的吸引力均在于诱人的奖品。但是有特殊用途或性能的产品,通过竞赛活动更有助于让消费者充分了解产品及其优点。

7. 新颖出奇事件策划

新颖出奇事件策划是策划人员利用新颖出奇制胜之法而进行的促销策划。这种促销的心理学原则就是利用消费者求新、求奇的心理而进行的活动策划。

新颖出奇事件策划重在创意内容,并不局限在促销工具形式上。如日本东方、精工、西铁城手表厂在澳大利亚曾以"空中撒手表"为主题而成功地开展了一次新奇式促销。

除了上面分析的几种常用促销的方式以外,还有退费优待策略、凭证优惠策略、联合促销策略等等。

三、广告活动与促销活动的区别与关联

广告活动与促销活动在含义、作用以及使用技术上存在着诸多差异，但也存在着某些共性。两者在功能上可以互补，利用这种功能互补，使广告活动与促销活动互相配合，可以产生良好的组合效应。

广告活动与促销活动的共性体现在：它们都具有促进销售的经济功能；它们都是有计划的活动；它们都有明确针对性，即针对消费目标群；它们都以追求效益为目的；它们都属于企业营销策划的组成部分，他们必须服从于企业的营销目标。

尽管两者有着很多共同点，但是同时也有着很大区别。从总体上看，广告提供给消费者一种产品，并附带购买的"理由"。而销售促进则提供给消费者以产品，并附带一个购买激励；该项激励或为金钱，例如通过有奖销售方式实现；或为某种商品或某项特别的附加服务，这个购买激励通常只在举办促销活动时才有。广告与销售促进活动的具体差异表现在以下五个方面：

1. 广告意在传播一个销售信息，销售促进则在一个特定时间提供给购买者一种激励。

2. 广告多作长期考虑，可能不寻求消费者立即的反应。例如某空调厂在进军武汉市场时，选择在冬季，集中一个多月时间在《长江日报》上做广告，成功地打了时间差，给消费者传递了一个鲜明的信息。与此不同的是，销售促进活动则是为寻求消费者的立即反应而设计的，且通常有限定时间。

3. 广告常用于为某产品塑造一种形象，或赋予那些使用该品牌的人士一种情感气氛，使之认同。随着市场经济的发展，不少厂家成功地运用广告为自己树立了品牌形象，这一行为已为广大消费者所熟悉和接受。例如万宝路香烟的广告中西部牛仔形象已为大家所熟知，其广告语为："抽万宝路香烟，英姿不减。"然而销售促进活动则是以促销为行动导向，趋向于现时的立即销售。

4. 广告可用于帮助某产品通过比较与同类产品开展竞争，运用比较广告突出本品的优点，给消费者留下深刻的印象。销售促进则意在使品牌在特定时间与空间（如在商场）与其他品牌商品有所区别。

5. 广告通常会使品牌增加某些知觉上的价值，特别是一些高档消费品，一些顾客追求名牌商品以体现自己的身份与成就。而销售促进则企图在销售额上创造实实在在的提升。

总之，在建立品牌知名度以及把品牌用于竞争中的市场定位方面，广告远比销售促进要好，效果更加持久；销售促进在刺激消费者购买产品上比广告更强有力，更直截了当。品牌广告与销售促进是不可偏废的，品牌广告提供了购

买的理由,而销售促进则提供了购买的刺激。

销售促进与广告活动密切配合,要比仅使用一种手段的效果要强得多。美国广告专家普伦蒂斯在多年营销研究的基础上提出了CFB原则:消费者加盟原则。普伦蒂斯在对消费者使用的产品品牌的长期研究中发现,投资于广告与销售促进相结合的营销活动中,远比投资在其他营销方案中效果更好,也远比只投资在广告或只投资在销售促进活动中效果更好。

第二节　销售促进活动策划的基本程序

一、确定销售促进目标

首先,必须明确企业想通过销售促进达到什么样的目的。销售促进的目标应从属于企业的营销目标,但就具体某一次促销活动而言,也应有其具体的目的。一般说来,促销最直接的目的就是短期内迅速提高销售量,扩大市场占有率。比如海尔金王子系列冰箱上市时采取的促销策略——消费者购买海尔金王子系列冰箱获赠精美餐具一套——利益点简洁,突出。三星彩电在广州举行的"惊喜大放送,实惠给大众"的促销大行动——购PJTV背投送爱华音箱、购29纯平送三星风衣、礼盒一套等等,都是直接推动销售的案例。

具体说来,销售促进的目的是:

1. 吸引潜在消费者。销售促进计划的重要目的之一是吸引新试用者,给非使用者或本来使用竞争产品的顾客以某种激励,促使非使用者购买或使购买其他品牌的消费者改变习惯。赠送礼品、有奖促销、减价、免费试用样品等措施都非常有效。其中免费试用成本较高,须谨慎采用。

2. 保持现有的顾客。大多数产品都以一批稳定的使用者为基础,以此占领一定的市场份额。当竞争对手设计促销活动以吸引新的试用者时,策划人员应把保持现有顾客作为目标来设计相应的销售促进活动。积点有奖、附加赠送、让利打折等方式,都能取得相应效果。

3. 促使目前的使用者大量购买。使用代价券以及有吸引力的赠品等方法,能激励消费者购买产品。如果能找出产品的新用途、新特点并加以展示,也能增加消费量。生产食品的企业常使用的方法就是为其产品发展新的烹饪法或新用途。

4. 增加品牌知名度,配合广告,强化品牌形象。最常见的方法是把一项给消费者的赠品与广告活动相结合。此外,开展有奖竞赛、策划新奇趣味的事件也能达到这一目的。

在销售促进活动中,盲目效仿是一些企业常犯的错误。不能为促销而盲目派送赠品,而要通过活动对企业营销策略产生影响。市场上常常盛行"活动流感现象"。一家企业采用了某种活动,多家企业采取追随策略,有时候就有盲目性。任何商家、产品都有自己的特点,就是同业同品也有不一样的地方。没有目的性的销售促进活动,容易导致资金浪费甚至影响营销目标的顺利实现。

二、确定销售促进对象,锁定目标消费者

很多促销活动往往是凭着感觉做,针对性不强,没能有效地锁定目标消费者进行促销。

某内衣品牌一直在举办户外促销活动,其主要形式是通过户外搭台,模特表演,现场主持与派发礼品。内衣档次为中高档产品,目标消费者为收入偏高的女士,地点选择在商场门前广场。观看表演的人很多,但经细心观察与粗略统计,观看表演的多为比较"悠闲"的男士,真正的"白领女士"几乎没有。当商家为现场人气之"旺"叫好时,试问:此次促销活动真正与产品的目标消费者进行有效沟通了吗? 台下的"消费者"有几个能够试用或购买产品?

拿现场销售促进活动来讲,只靠一次或几次现场秀是很难达到一定的效果的。这需要我们对销售促进的效果进行放大,比如销售促进活动的前期宣传,在促销活动中现场对消费者的跟踪调查与访问,并邀请新闻媒体配合。如果该销售促进活动在前期通过信息宣传、对目标消费者发放优惠券、抽奖券、现场抽奖、利益诱导等方式,锁定目标消费者,效果就完全不一样。

三、销售促进活动策略确定

1. 时机的选择

确定销售促进活动的时间,应注意把握最佳时机。运用市场销售时机,以掌握需求程度及人潮。掌握需求的淡、旺季及庆典的流动人潮,也是成功促销的要素之一。销售促进活动的举办通常是在广告主认为产品的消费者太少,或消费者购买频度或购买量较低时;顾客认为产品购买有困难、需要说明或建议时;某一地区或某一特定时期,市场竞争激烈时;竞争者推广力度加大时。

- 旺季前运用销售促进活动活跃市场。如举办新产品或新活动发布会,可以鼓动经销商及销售业务员的士气。
- 淡季来临之前出清存货。
- 运用节日(如儿童节、情人节、母亲节等)特具的意义,举办销售促进活动。如情人节推出情人节礼盒,母亲节推出特殊组合礼物,或在商场布置

专柜。

● 公司的纪念日：这段时间可能是人潮多的时刻，也可能是购买欲望最强烈的时候，不妨多加利用，适时进行促销。

当然，除了竞品促销情况和产品销售季节这两点外，影响销售促进活动的时间因素还有很多，比如：产品处于什么样的成长周期，促销主题与大环境是否合拍等等。

2. 销售活动的一些具体策略的制定

赠寄代价券——指向顾客邮寄，或在商品包装中、通过广告等附赠小面额的代价券，持券人可凭券在购买某种商品时得到优惠。

价格折扣——指直接采用降价或折扣的方式招徕顾客，包括廉价包装和降价招贴。

商业贴花——指消费者每购买单位商品就可以获得一张贴花，若筹集到一定数量的贴花就可以换取这种商品或奖品。

免费试用——即赠送产品给消费者，使产品的内容得到了解及接受。

奖品发放——有两种类型：一种是顾客凭购买凭证如发票去换取奖品；另一种是将奖品与产品一起包装，通过消费者购买行为来到达他们手中。

附加赠送——指按消费者购买商品金额比例附加赠送同类商品。

竞赛抽奖活动——即通过竞赛或抽奖活动，将奖品发给优胜者，吸引消费者。

四、销售促进策划预算的编制

销售促进策划预算可以根据产品、促销类型、促销期的长短、促销的领域加以细分。事实上，应把销售促进预算看作一个预算工程。应从公司本身和市场开拓目的的角度回顾以前销售促进活动的成效，这样做会有助于对本年度计划做出必要的调整。当然，要有足够的时间来实施一项促销计划，然后再视具体情况对其作出调整。

对需要做预算的销售促进活动要考虑其可行性。如果公司想在竞争中处于领先位置，应鼓励使用各种销售促进的新方法，因为预算紧张而放弃富有创造力的销售促进方案是十分可惜的。

制定销售促进预算时应先搞清以下几个问题：

1. 销售促进活动怎样才能达到市场开拓的目标？

2. 需要投入多少人力和资金？

3. 所要采取的销售促进手段是否有利于市场开拓？对于那些大型零售组织是否合适？此项计划是否具有推广价值？

4.此项销售促进计划是希望取得速效、产生短期效应,还是希望取得一个长期的市场效应?

5.销售促进计划的目的是要向顾客展示产品的可靠性,从而使产品得以热销,还是用来刺激零售商多多进货,早上柜台?

销售促进的预算及管理,对活动的成败起着相当重要的作用。预算应算好各个阶段开展活动所需的资金。在活动过程中,如果有一项承诺不能兑现,便会带来很大的"麻烦"。

某服装品牌为搞促销,在报上刊登了大量广告:"在某一时间去某一商场,凭广告即可换领赠品服装一件。"结果当天有几千人去兑领赠品,据说只有几个人领到了"赠品",消费者怨声不绝,媒体也纷纷进行了负面报道。商家一方面有欺骗消费者之嫌,另一方面也反应了在活动预算及管理上的失控。好的促销创意一旦变成了负面宣传,再想挽回活动的负面影响,可能要动用几倍的投资来进行公关活动才会有效。

预算一般按以下步骤进行:

1.确立公司总的目标和市场开拓、销售目标,确定特定时期的具体促销目标。任何目标都应有检验标准,否则这个目标就是不够具体的。

2.算出整个计划所需的开支。

3.设立预算控制,预算控制可分为:实施控制、开支控制、管理控制。获准的预算一出台,预算控制就要跟上。在预算实施阶段或在收益阶段就应设立预算控制,一旦制订了促销计划,确定了销售促进方式,就要对销售促进活动的开支进行基本控制。有效的控制体制的基本要素有以下几点:确定人员来负责所有的开支;在计划实施之前估算开支情况;在促销期内,为避免偏离预算,要定期进行开支回顾;制定严格的计划与实施程序,非经管理人员首肯,不得对其作出任何更改。

五、销售促进活动的效果评估

销售促进的效果评估包括:销售促进的技术效果(回收率、赠品数量等)和销售促进的销售效果。

销售促进活动结束后,采用科学的方法对活动效果进行评估是促销中的重要一环。促销的负责人员应对此次销售促进活动的效果进行调查、测定。如让超市有关负责人对活动情况(包括对本次活动的方法、赠品的选择、促销人员的总体表现及活动的成功与不足等等)进行评价。要对照目标开展检查,分析总结已实现的目标与未实现的目标,为以后的促销活动积累经验。

一次促销究竟给我们带来了什么,很难以几个量化的指标去评价。现实情况往往是,一次销售促进活动搞得轰轰烈烈,销售量却没有得到明显的提高。

要科学地对销售促进活动进行测量、监控和评估,大致可以从以下几个方面进行:

1. 销售量

由于销售促进活动形式与内容的差异,评价的标准也不尽相同。有的促销行为可以马上拉动销售,如降价促销、加量不加价等,销量的上升可以在短时间内得到体现。但有的销售促进行为却需要一个周期,比如联想公司在各专卖店进行的现场促销,主要目的是让更多的消费者了解联想专卖店的存在,以便在强势品牌的影响下促进销售。这一促销活动并没有给消费者以眼前利益,所以并不能即时拉动销量上升。从销售量上评价促销的成功与否,需要根据具体的情况科学分析,应尽量把量化的指标定位得科学、准确。

2. 沟通定数

许多促销活动是为了创造一个和目标消费者沟通的机会。新产品上市时进行的各种小包装派发,目的就是争取与消费者沟通的机会,消费者试用了产品后,就会对产品有一个更为深入的了解,商家也可以通过试用,掌握消费者对新产品的评价。再比如电脑生产商举办的现场 Show,由于电脑是高科技产品,消费者除了在感性上对品牌及功能有一定的认识之外,还需要有一个切身体验的机会,这个机会的实现主要是靠商家举办的各种各样的现场促销活动、现场 Show 或促销员的现场讲解。

把沟通作为一个评价指标,在测量上难度相对要高一些。通常可以通过对部分消费者的跟踪访问与调查,计算出通过销售促进活动,消费者对产品了解的指数、购买比率等。

3. 回想率

如果一次销售促进活动没能给消费者留下什么印象,那么这次促销无疑是不成功的。回想率的测试可以通过对部分消费者的跟踪调查来实现。其中测试的主要内容是对促销的认知、美誉及联想。比如某药品进行的《糖尿病患者康复指南》赠书行动,通过免费赠书,让消费者了解"怎样治疗糖尿病才是科学的"、"怎样才能有效控制并发症"、"怎样避免糖尿病治疗中的副作用"等等重要问题,进而达到提高销售的目的。这类促销的回想率测试通过问卷与跟踪的形式就可以实现。

4. 拓展

促销可以拓展新的用户群,扩大市场占有率。促销过程中,通过各种手段,争取更多的消费者参与,对消费者群体的扩大是有一定作用的。尤其是现场展示与讲解、折扣、免费试用等,对目标消费群体的扩大都是很好的办法。如新上市的洗发水的免费派发,主要目的就是扩大试用率,通过销售促进活动进行市场拓展。

5. 重复购买

有这样一份调查:促销行为大部分是激起了现有消费者的重复购买的欲望,而对于新的目标消费者的拓展,作用并不是很大。这显示了促销对巩固现有消费群体的重要性,所以,应该把现有消费者的重复购买率作为评价一次促销活动成功与否的指标之一。尤其是当竞争对手想要与自己分割市场时,把促进消费者重复购买作为促销的一个量化指标,便显得更为重要了。适当地给现有目标消费者一定的利益,对巩固现有消费者资源,是很有必要的举动。

以上是销售促进效果测量的几个要素,企业可以根据不同的促销形式与促销目的,对销售促进的效果进行科学评估。

第三节　新闻策划概述

一、新闻策划的含义及产生

1. 新闻策划的产生

19世纪下半叶,美国经济由自由竞争走向垄断,垄断资本家愈加贪婪、自私、目空一切。从1902年开始,美国新闻界拍案而起,揭露资本家的种种丑行,工商界在舆论的压力下开始注重运用新闻传播工具和借助新闻代理人(news agent)来协助管理,以平息民愤。早期的新闻代理人的主要职责是代理新闻报道,游说和联系媒体,邀请记者参观企业,接待记者采访,从而达到为企业政策做解释和辩护的目的。这一时期的新闻代理活动有很大的局限性,只是站在企业的角度为企业粉饰太平,大吹大擂来搪塞公众,带有明显的欺骗性质。而现代公关之父——艾维·李的出现,则把"新闻传播"带到了"报道"的阶段。企业新闻策划活动由此发生了质的变化。

1906年,艾维·李协助美国无烟煤矿解决由工人罢工引发的重重危机。在处理过程中,他代表矿方向新闻机构发布了《原则宣言》,宣言的内容是:我们不是不公开自己的事实真相而只向外做宣传的机构,我们的目的在于提供真实的消息,这不是广告公司,如果你们认为我们所提供的消息不符合要求,报纸可以不必采用,我们保证所发表的消息绝对正确,报纸如果尚需进一步细节,我们愿意立即供应,如果报纸派人采访,我们乐意协助。总之,我们以坦诚和公开的态度,代表工商企业和其他机构,发布美国民众认为有价值有趣的新闻。

这一革命性的宣言,体现了艾维·李关于企业新闻传播的核心理念——使公众消息灵通(to keep the public informed),《原则宣言》成为企业新闻策划史上里程碑。

我国传统的新闻学理论从新闻报道的角度指出,"新闻"作为事实信息,是由事实本体的存在及发展的客观规律所决定的,新闻事件是不能人为策划的。近两年来,国内新闻界围绕新闻策划展开了激烈的讨论,基本上肯定了新闻策划的存在。从企业方面来看,由于我国大众传媒特别是印刷传媒至高无上的权威性,早在新闻策划这一概念提出以前,"新闻报道"这一有效树立企业良好形象的手段已不断地被运用着。1993年出版的《策划家——商界传奇的创造者》一书中的第十九章"新闻策划",就是讨论如何制造新闻事件和发布新闻。1995年出版的《当代公共关系》一书也论及了新闻策划这一课题。

2. 新闻策划的含义

新闻策划是指在发现或者制造、预测新闻之后,通过具体部署,有计划有步骤地通知媒介,使新闻得以产生。商业行销中的新闻策划与推广,是企业主有意识地选择和安排某些具有新闻价值的事件发生,或者利用某些具有一定新闻价值的事件,由此制造出适于传播媒介报道的新闻。美国著名传播学家威尔伯·施拉姆将这类事件称为"媒介事件"。

新闻策划实质上是对新闻的一次有意识的深层挖掘,如寻找某个相关的纪念日、某种庆祝活动、某项产品开发、某种赛事参与等等,其目的在于尽可能促成具有新闻价值的事件发生。新闻策划不等于新闻发布会,新闻发布会只是新闻策划的一种形式,企业或政府部门每一次主动提供的新闻都是一次自觉、不自觉的新闻策划,是最初级的新闻策划。

打造企业知名度和品牌的一个重要途径便是新闻策划,一个企业的形象和理念经常在媒体上出现,成为媒体关注的焦点,其知名度自然就会得到提升。BMS企业顾问公司曾经发布过一份名为"提醒企业做品牌要善用新闻公关"的报告,在这份主要针对北京人的调查报告中,有一个非常重要的结论——树品牌,新闻更有力。报告称,北京人更多地是从新闻报道中建立了对公司和品牌的信任和喜好,从某种意义上说,出新闻越多的公司,其品牌认知度越高。北京人基本上是通过以下方式认知国内品牌:新闻报道(57%)、看公司的广告(46%)、感受和口传(28%),例如,海尔、联想等公司频频在新闻报道中亮相,在消费者心目中树立了很好的品牌形象。

BMS公司对调查数据所做的交叉分析表明,在通过广告手段建立自己对国内品牌的认知的人群中,有七成还要再通过新闻报道加以印证;而当人们通过新闻或公司专题报道了解一家公司和它的品牌后,则有近44%的人对公司所做的广告不再看重,这个数据进一步表明,新闻和相关的报道对公众的影响力要远高于广告。

成功的新闻策划可以使本不具有新闻特征的事件成为新闻,为了获得消费者的注意力,抓住消费者的"眼球",广告人以及企业主在新闻策划这片大海中"八仙过海,各显神通"。但新闻策划是企业经营者手中握着的一柄双刃剑,在布满荆棘的竞争之路上,用得恰当,这柄剑就会成为企业披荆斩棘的利器;用得不好,这柄剑也会成为企业发展的绊脚石,甚至成为企业自己挖掘坟墓的工具。

二、新闻策划的特性

1. 必要性。进行新闻策划的前提条件是被策划的单位确实需要用新闻这种形式来进行报道,从而引发公众的关注和兴趣,为其带来经济利益和政治影响,扩大声誉或改换形象等。一次成功的新闻策划能在最短的时间引发社会大多数人对被策划者的极度关注,从而为策划达到目标打下基础。

2. 及时性。新闻特性是新发生的事实,那么,新闻策划必须尽快地通知传媒,时间耽误得过长会妨碍新闻的特性,使新闻变成旧闻,从而失去策划成功的把握。如五丰运送陨冰事件,在大众极度关注陨冰跌落杭州市郊后如何得以妥善安置的问题之时,杭州五丰冷食迅速做出反应,由他们负责全程运送陨冰安全到达南京天文气象台。如果事过境迁,待大家对此事的关心度冷却后再作反应,其新闻价值就大打折扣了。

3. 目的性。新闻策划同一般的策划有一个共同点,那就是目的性,即策划是为了将新闻在何种范围、何时、何地传播给何人,以引起何种关注,获得何种利益,从而达到何种结果。

4. 多样性。由于媒介对新闻的要求不同,公众对舆论注意程度、感兴趣程度也不一样,新闻策划的手段与内容也应随之改变,应注意运用新的形式和传播方式,以求达到策划的最佳效果。

5. 连续性。有的新闻策划针对的是一件正在不断发展的事,或者是一件复杂而多变的事,此时的策划必须注意连续性,即在较长一段时间里保证媒介和公众对策划之事的关注,以求获得持续的新闻效应。

6. 可操作性。虽然新闻的发生是未知的,但需策划的新闻必须是已经发生而尚未传播开来或预定要发生的事实。

三、新闻策划存在的合理性

1. 从新闻要素与特性来看,新闻大量存在于公众生活当中,只要所发生

的事实具有真实性、客观性、接近性、时间性及重要性的特性。新闻策划虽然
是从某一目的出发,但它能够使事件客观真实地存在,使事件本身具有新闻的
这些特性,而不是让新闻特性消失,有时甚至对某一特性加以强化。

2. 从新闻来源和途径来看,新闻是社会需要的产物,最早出现的新闻是
口头传播新闻,而当人们有计划、有选择地进行这种传播时,就进行了最简单
的策划。现在媒体新闻的主要来源渠道有政府机关、行业领导、行业协会、商
会、福利机构、企事业单位、科研院校、影剧院、记者招待会、研讨会和座谈会。
新闻不同于虚构类作品,不能靠记者、编辑坐在屋子里杜撰,而必须来自现实
生活、来自各行各业。新闻的消费者,同时也是新闻的制造者——你本来就拥
有或者参与着新闻事件。

3. 从媒介获得新闻的方式来看,没有一个媒介的记者们会成群结队地在
街上走来走去,等待新闻的突然出现。自改革开放以来,媒体的数量显著增
加,各类媒体如雨后春笋般涌现出来,大量的媒体、大量的版面就像嗷嗷待哺
的婴儿,急需好新闻、好内容的填充。媒体的记者们为了采集到其所在媒体需
要的新闻,不停地穿梭在各个新闻来源之间,如政府部门、演出团体等等,这些
部门经常会出现需要并值得宣传的事件,他们也有意愿和责任向媒体提供新
闻素材。原先这些部门常常是被动性地等记者找上门要求提供素材,他们才
予以整理。随着社会的发展,各部门自我宣传以及树立公众形象的意识逐渐
浓厚,人们逐渐意识到必须将触角全面伸入社会,传播信息,树立自己的风格,
强化自己的形象,才能赢得关注,获得成功。因而这些部门便开始主动提供新
闻,为了使在自己部门所发生的事件更符合新闻特性,这些部门还开始自觉不
自觉地对事件加以策划,同时开始想办法寻找自身可能产生的消息,并促使其
产生,这就有了策划新闻的动机和做法,因而进一步演变出新的宣传方式——
新闻策划。

4. 从新闻被接受的可能来看,如果一则新闻的出现能满足公众的好奇
心、求知欲和新鲜感,那么这则新闻就有了其存在的价值,而不必考虑是记者
无意采访还是新闻主体有意识策划并提供的。

第四节　新闻策划的步骤

一、确定需要是新闻策划的基础

决定新闻策划需考虑的相关因素有:

1. 市场因素。不同的市场需要不同的新闻策划的支持,由于市场经济规

律的作用,已经有越来越多的新闻是出于经济市场的考虑而策划的,面向经济市场的新闻在策划时必须言之有物,而非一味地自我夸耀,以避免引起媒体和消费者的警惕和反感而失去传播机会。因为新闻极重要的特性是客观性,确定新闻内容时一定要注意保持客观的态度。以产品为例,如有一种新产品已确定能推动经济的发展,或在科学领域里处于领先地位,或为社会公众人物所用,或为推广而进行捐赠等等,这些都构成形成新闻的可能。对策划人而言,此时要注意的是应避免出现在何处购买、个人使用效果如何、价格等等内容。

2. 政治需要。从政治需要策划的新闻较容易为媒介接受,但要选择与受众相关并能引起他们兴趣的新闻点,不然效果有限。最好选择与企业有切身关联的事,如某某牙膏厂赞助国际牙病防治日活动等。

3. 自身发展需要。要考虑是将整体形象还是单独某一方面作为策划的服务对象。对企业来说,要明确是介绍企业的自身形象还是某一特定产品或品牌,针对不同需要,新闻策划就有不同的着眼点。如果出于宣传整体形象的需求,一般通过公益活动、公共事业的参与来进行策划。如某企业为国际家庭年举办庆祝晚会,即希望通过这一活动,塑造企业热心致力于家庭的建设和改善的形象。而如果是对特定某一方面或产品的策划,一般要求较强的针对性,针对某一产品的特殊意义进行活动策划。

二、调研分析,收集资料

详尽切实的市场调查才能保证新闻策划的成功,为新闻的产生找到基点。这种调研分析的主要内容有:

1. 企业的相关情况和资料

(1)企业历史,比如了解公司自成立以来发生的较大的、有新闻价值的事件、具有里程碑意义的阶段。了解企业从创立到现在的整个历程、故事,比如曾经遇到何种困难,是如何克服的;以前是如何抓住跨跃性发展的机会的等等。

(2)企业规模,包括经营规模、人员规模、成员企业以及营销网络等代表企业发展状况的信息。

(3)企业产品(业务)。

(4)市场和行业地位,包括市场影响力、各种排名等。

(5)企业规划,包括公司制定的一段时间内的目标、战略发展方向、计划等。

(6)了解企业文化、管理理论、经营模式,尤其是其独特的经营管理策略等。

（7）了解重点人物，包括公司的董事长、总经理，还有其他一些在公司发展中举足轻重的人。他们的观点、故事、轶事，将媒体曾经对他们的报道加以整合。这类模块需要积累，并不断充实内容。

（8）图片、影片库。例如公司标志性建筑、办公场景、重要事件场面、产品包装、广告图片以及重要人物照片。

2. 社会心理分析

在生活中，公众具有多种多样的需求，如生理的、安全的、社交的等等，这些需要与经济、政治、文化生活密不可分，从这些角度分析资料，可以找到目前社会广泛关注的热点、难点和疑点及发展的趋势，从而为新闻策划的主题立意确定基础。如养生堂的"寻真行动"、娃哈哈的"纯净水联合声明行动"等，都是因为选择了社会普遍关心的问题而引起了很好的反响。

3. 传播心理分析

新闻传媒在新闻策划中至关重要，只有得到传媒的认可，策划的内容才能成为新闻。而传媒在选择新闻时有着极强的传播意识，也即必须有正确的政策导向并努力为公众服务，力图使内容和形式均符合受众的兴趣所在。从传播心理角度来分析资料，能够发现新闻策划主题的丰富性、连续性和可推广性，以确定策划主题是否选择适当，能否被媒介接受，这样才能最终被受众接受。

4. 受众心理分析

接受传播的公众存在社会地位、经济状况、教育程度、职业职位等方面的差别，从而具有不同的思想观念和处世态度，并影响其对宣传的具体观点、事实是否接受和如何接受。从受众心理角度来分析资料，我们可以预先测定新闻策划的主题接受程度，受众会做出何种反映，从而确定主题的目的是否能达到，并因此对主题进行修改、完善，这也是一种极为有效的确定主题的"反推法"。

三、确定创意策略

确定新闻策划的创意在整个策划过程中具有非同一般的效果和作用，因为创意的好坏直接决定策划的成败。好的创意意味着在最合适的时间、地点，以最有效的形式出现，以引起受众最长时间的关注。通过创意，充分表现被策划者的整体形象；通过创意，充分表现某一产品或某方面的举措对公众和经济发展的影响；通过创意，充分赢得公众的信任和服从；通过创意，增强企业、媒介、公众的联系。

1. 使你的事件具有新闻价值,这是吸引媒体注意力的关键

新闻策划的成功在于所策划的事件必须具备两个主要特点:事件的不可替代性(开创性)、新颖性。海尔的管理案例入选哈佛教案,这在中国企业界是具有开创性意义的事件,因为其不可替代性,一般都会引起媒体的关注。

2. 挖掘新闻点

把握时机是挖掘新闻点的有效方式。每年的"两会"、高考、节假日等可以预期的新闻热点,都是策划新闻事件的良机。拿高考为例,7月上旬几乎成为大众媒体展开新闻战的一个固定时段,像"麦当劳"开设考生复习专区、某宾馆开设"考生特价房"等都很精彩。

就企业本身而言,则可以从以下几个方面挖掘新闻点:

(1)产品。如果企业开发了非常有价值的新产品,这也许就是一条大新闻。因为产品是推动社会进步的物质基础,社会的进步主要是通过产品来让人们感知的。对企业开发的产品也要从这个角度来认识,从中找出具有新闻性的东西。如果企业开发出了家用机器人这样的新产品,众多媒体肯定会争相报道。采用纳米技术的家电产品之所以会引起媒体的广泛关注,就是因为这种技术是划时代的,并且这种产品前所未有。策划人要经常看到产品中的"第一",要经常思考产品会给社会给人类带来什么巨大的利益,它的与众不同之处在哪里。

(2)企业领头人。每个企业的领军人物都有特点,不论是他的性格、业绩,还是经历,都有可能引人注目,而这些内容很可能成为亮点、新闻点。从企业发展的角度来讲,包装企业家可以为企业精神理念和企业文化找到一个对外传播的最佳载体,成功的企业家包装对企业形象的推广能够起到事半功倍的作用。在领军人物身上做文章,还可以避免"企业没有人格"这个特点,可以把重点转到活生生的人的身上。在读者眼里,这样的文章往往可读性强,因而阅读率也就高。事实上,自改革开放以来,国内已出现了不少企业界的明星,而随着企业家时代的到来,这样的明星会越来越多,他们也将像影视明星一样,受到崇拜、追捧。例如,史玉柱重出江湖引起媒体广泛的关注。很多人也许对脑白金并不感兴趣,但是通过对史玉柱的关注,他们也就自觉或不自觉地关注到了脑白金,关注到了上海健特。现在很多报刊都辟有人物专栏,介绍各界人物的成败经历和思想。策划者要善于发掘企业领军人物的亮点,这也是媒体需要的极好素材。微软公司在各种媒体上将比尔·盖茨包装成数字时代的英雄,通过对盖茨的个性、经营管理思路、数字化理论的不断组合,源源不断地为媒体提供材料,实现微软公司形象推广的效益最大化(即以远远低于广告投入的费用为盖茨包装)。在中国,也有相当一部分企业十分注重对企业负责人的

包装，在人们的心目中也自然形成了关于企业家的深刻印象。

（3）行业地位。有的企业处在比较受人瞩目的行业里，由于媒体对该行业的关注，这些企业也免不了被加以报道。例如，在互联网热潮的时候，媒体争相报道各种各样的网站；在备受关注的电信业里，华为等企业也自然成了媒体报道的焦点。策划者应该抓住媒体的这一特点，及时将一些行业内的动向、资料提供给媒体，借以宣传企业自身。这样的例子在技术行业尤为多见。这是因为在技术行业里，行业标准变化速度快，一些企业本身就是"行业标准"制订的参与者，所以它们往往掌握着最新的信息。例如 UT 斯达康公司是国内小灵通系统的开发商，它的一些技术动向直接影响着中国电信的相关政策。因而一些媒体经常通过从该企业了解信息而发表关于电信行业的报道。这样，在媒体报道方面，这个企业经常能够占据比较主动的位置。

（4）事件。有些企业本身并不引人注目，但是与其相关的某些事件却很有新闻价值。比如某小型企业突然被某跨国公司兼并，因为媒体对跨国公司的关注使得这个小公司也备受关注。在微波炉行业里，格兰仕是处于垄断地位的，它可以达到行业同类产品的最低价，但是原来从未涉及此行业的美的公司突然进入这个行业，并且把价格定得比格兰仕还低，这立刻成为一个新闻。比如苏宁、国美频繁的价格战，以及当年 VCD 行业的标准之争等，也都是较大的新闻事件。当这类事件发生时，企业应及时与媒体联系，借媒体之力，把企业要说的告诉大众。

有特点、有影响力的活动大都会引起媒体的关注和报道。如美国联合碳化钙公司的鸽子事件。美国联合碳化钙公司 52 层高的新总部大楼竣工后，一大群鸽子竟飞进了总部大楼的一个房间，把这个房间作为它们的栖息之处。不多久，鸽子粪、羽毛就把这个房间弄得很脏。面对这种情况，公司的公关顾问认为这是扩大公司影响的一个好机会。一般而言，举行一次记者招待会、设计一次专题性活动、散发介绍性的小册子等等，都可以把总部大楼竣工的消息传播给公众，但这些方法太常规，很难引起轰动效应。现在一大群鸽子飞进52 层高的大楼内，这本身就是一件很吸引人的事。于是策划人员下令关闭所有门窗，不让一只鸽子飞走，并采取了一系列行动。他们首先通知了动物保护委员会，请其速派人员前来协助处理这件有关保护动物的事情。动物保护委员会接到电话后十分重视，并立即派有关人员携带网兜来捕鸽。然后，公司又通知新闻机构：为保护动物，"动物保护协会将派出工作人员前往联合碳化钙公司新落成的总部大楼捕鸽"。新闻界认为这是一条有价值的新闻，于是电台、电视台、报社等媒介纷纷派出记者进行现场采访和报道。从捕捉第一只鸽子落网，前后共花了 3 天的时间。各新闻媒介通过消息、特写、专访、评论等形式进行了连续报道,引起了社会公众的浓厚兴趣,自然也就把公众的注意力也吸引到联合碳化钙公司以及公司刚竣工的总部大楼上来了。

美国联合碳化钙公司正是巧借飞来的"鸽子"制造新闻,吸引媒介纷纷前来采访、报道这一事件,使广大公众通过媒介报道,先对鸽子感兴趣,继而对公司大楼和公司本身产生深刻而良好的印象。

(6)企业管理方法。一些成功企业的经营管理方法逐渐被人们所关注,因而很多媒体开始专门报道这类话题。比如中央电视台的《经济半小时》节目,一些研究企业的报刊如《21世纪经济报道》、《中国企业家》等,常常会对企业做深入的报道。因此,策划者可以把有特点的企业文化、有成效的经营管理方法等加以总结,这都会成为很有价值的内容,从而引起媒体的关注并对此进行采访报道。

四、确定媒介使用

没有媒介的支持,任何新闻策划的创意都无法实施,自然也谈不上效果。在决定进行新闻策划的时候十分重要的一点是考虑能否将讯息传递给受众,这就要考虑借助于何种传媒来传递讯息。

1. 媒介在选择新闻中的特性

(1)新闻的基本特性是新,媒介对新闻的要求是:时间新、内容新、思想新。寻找新闻机会要掌握媒介对报道时机的把握,所谓新内容指的是反映公众所关注的新政策、新情况、新问题、新知识、新发现以及新的经验。

(2)媒介报道企业新闻时应注重配合党和政府的最新方针政策。企业新闻的传播效果会受到社会大环境的影响,当社会上发生重大新闻事件而形成极大的社会注视中心时,常说的新闻宣传要尽可能搭"顺风车"就是这个意思。譬如,国企改革,尤其是国有大中型企业改革是经济体制改革的关键,作为党的喉舌的新闻媒介对这一话题的关注是不言而喻的。宝钢、邯钢等企业就是抓住这一点而获得了大量免费宣传的机会。在进行这一方面的新闻策划时,要站在媒体的立场上多考虑一下,尽可能从整个行业、产业而非本企业的角度出发,以观察者的身份介绍突出的改革经验,这样的新闻被媒体采用的可能性就会大一些。

(3)媒介也很关注公众需求和心理变化以及兴趣的转移,企业要善于把握这一特性来寻找容易让新闻媒介采用的事件。在三八妇女节,汇仁集团在报纸上以"为了母亲的微笑"为主题向社会征文,引起了社会的广泛关注。

2. 媒介种类的选择

由于新闻只能进行一次性传播,即不管多么优良的创意,同一媒体上只能出现一次。其中,最常选用的媒体是报纸,它的地区性色彩较浓,较适合针对某一区域的读者;广播的传播速度快、听众范围广、听众相对固定的特点,特别是广播具有可参与性,针对一些可能引起争议和较大反响的新闻,可考虑通过听众热线、专题节目来扩大影响;电视的覆盖面及影响面很大,重要的是要衡量策划的新闻是否足够重要;杂志由于传播时间滞后,一般较少采用。

3. 让媒介接受的技巧

一是要把握时机。要在时间方面找到一个由头。例如新产品上市、获得奖项、大项目的中标、与其他企业建立合作关系、本行业突发事件以及企业诉讼等等。

二是要有针对性。不同报刊有自己的背景和特色,而不同版面的内容侧重点也是不同的,这样,企业软文的风格也会有所不同。不过,由于需要的资料都来源于软文标准件,它们的基本内容是一致的。

五、经费预算以及对可能遇到的问题的分析

新闻策划的经费可以包括策划费以及创意实施费。同时,为保证策略顺利实施,对创意实施过程中可能会出现的各种情况要进行分析,以保证活动的顺利展开。

六、效果分析

通过对新闻报道的收集、整理,了解媒介和公众对此次策划的新闻的反响,判断本次策划的效果,并决定是否连续策划。

事实上,在市场竞争日趋激烈,各类信息大爆炸的时代,企业树立信誉也要讲究策略,平时就要坚持不懈地进行"创新"宣传,一旦良好的信誉在公众心目中树立起来,企业就有了一笔无形资产,这笔资产像保险一样,一旦企业遇到问题、发生危机之际,就会显示出其价值所在。

第五节　CI 概述

一、CI 的含义和构成要素

CI 即 CIS,是 Corporate Identity System 的缩写,意即企业识别系统,也称企业识别战略。CI 就是运用统一的视觉识别设计来传达企业特有的经营理念和活动,从而提升和突出同一化形象,使企业形成自己内在的独特的个性,最终增强企业的整体竞争力。

从 CI 的含义可以看出它由三个部分组成：

1. 企业理念识别（Mind Identity），简称 MI，即 MIS，理念识别系统。它是指企业经营理念和经营战略的统一化和定位，是 CI 的灵魂，也是 CI 的精神所在。它既包含了企业使命、经营思想以及行为准则，也包含了企业自诞生以来上上下下形成的共识，是企业长期以来潜移默化所形成的一种精神，蕴涵着与其他企业不同的个性。理念是一种精神，"海尔，真诚到永远"、"美好生活从今日开始"这些企业理念，虽然可以通过广告直接传递给消费者，但这种传递仍然是抽象的，若要真正使消费者感受到这种理念的存在，只有把它们贯彻在企业行为的始终。

2. 企业行为识别（Behavior Identity），简称 BI，BIS 即行为识别系统，它是以企业经营理念为中心，透过企业行为（销售、生产、新产品开发、员工培训、教育等），形成企业内部共识并展现企业外在魅力，从而获得公众认同，最终达到塑造企业形象的目的。BIS 是直接显示 MIS 内涵的行为。

3. 企业视觉识别（Visual Identity），简称 VI，VIS 是 CIS 的静态识别符号，是 CIS 最外在表现部分。人们接受外界信息有 83% 来自视觉，因此，视觉传达成为企业讯息传达的最重要的手段。通过 VIS 能把企业的基本精神内涵与其他企业之间的差异性充分表现出来。日本有一家名为 Wamoude 的服装制造厂，它在经营战略上有着强烈的扩大分化的兴趣，所以其标志造型以字母 W 为原型，在变化中充分体现了扩大分化的理念。

正由于 VIS 在传递信息上的独特功能，因此，美国 CI 模式更注重于 VIS 这一块——使用简便的统一标志、标准字、标准色等共通性的视觉象征符号系统。远远看到黄色 M 字形时，人们会立刻联想到麦当劳；看到红色招牌中的白色波浪图形，人们就会知道这是"可口可乐"。当然，注重视觉识别并不意味着他们对企业理念和行为规范的排斥和轻视。

三者之间互相联系，不可分割，缺少任何一项都不能算是完整意义上的 CI。企业导入 CI，在顺序上也不一定完全遵循从 MI－BI－VI 的模式，可能某两个环节同时进行，互为补充，也可以从任一环节开始，如从 VI 开始，进而再整合 MI，呈螺旋式上升的态势。

VIS 和 BIS、MIS 紧密相联。有人把 CI 比喻成一棵树，MIS 好比一棵树的根，BIS 就是这棵树上的枝，而 VIS 则是树上的叶子。没有理念的引导，视觉传达设计只能是简单的装饰品和无根的浮萍。同样，没有 BIS 的实践体现和 VIS 统一的外形，MIS 就无法得到有效的传播和表现，MIS 也就失去了本身的价值。

因此，我们可以得出结论：CI＝MI＋BI＋VI。

二、CI 的特性

1. 差别性：差别性不仅体现在企业的视觉识别上，如商标、标准字、标准色、广告招牌等等，而且表现在企业的产品、经营宗旨、目标以及企业风格、企业文化和企业战略上。这种差别，不仅是企业相关组织和个人识别的基础，也是企业在这一瞬息万变时代的生存之道。

2. 标准性：即 CI 必须在企业整体上得到贯彻，并施行标准化的管理，如标准字、标准色的使用都应有严格的规范。企业在 CI 策划时也应得到企业员工的认同，逐步接受和实施 CI 的具体规定，并且，CI 的实施必须是持续长久的。

3. 传播性：CI 必须借助各种媒体和渠道进行传播，使企业得到社会认同，如消费者的欣赏、政府的支持、关系企业和组织的协助等，从而达到企业实施 CI 的目的。同时，CI 的传播也包括企业内部的传播，这是企业实行标准化管理的前奏。

4. 系统性：CI 的构成要素，即企业理念识别、企业行为识别以及视觉识别三方面内容可以说涵盖了企业的各个方面，是一项复杂的系统工程。

5. 战略性：由于 CI 是深入到企业灵魂的革命，因而 CI 导入不应仓促行事，而应把它作为企业的一项长期战略来实施。一般企业 CI 的循环作业，大致需要 1 年至 3 年的时间，在日本甚至有长达 10 年乃至 20 年的酝酿和计划。

三、CI 的功能

CI 由于其内容的双重性，既能够对外起到宣传作用，又能对内起到加强凝聚力作用，因此，它的功能也应该由内外两个部分组成。

其内部功能主要为以下方面：

1. 有利于创建、重建企业文化。企业文化强调群体成员的信念、价值观念的共同性，强调企业成员的吸引力和成员对企业的向心力，因此它对员工有巨大的内聚作用，可以形成强大的凝聚力。为适应环境的变化，企业文化也应不断发展，企业通过推行 CI，有助于企业文化的更新，使企业不断保持青春和活力。

2. 有利于增强产品竞争力。CI 通过给人印象强烈的视觉识别设计，建立消费者的品牌偏好。统一的形象加速了消费者对品牌的认识、记忆及对品牌形象的认同。

3. 有利于企业的多元化、集团化、国际化经营。企业运用 CI 战略，可以有效地促进集团各关联企业的互相沟通与认同，使之相互协作与支持，将协同效应发挥到最大。

外部功能则主要体现在以下三点：

1. 有利于吸引优秀人才。CI 通过塑造富有个性的企业形象,使企业能在劳动力市场占有巨大优势。

2. 有利于公共关系的运转。企业导入 CI 有助于信息传递的统一性,使企业公关活动如社区活动、融资得到顺利开展。

3. 有利于获得消费者认同。品牌即是一种认同,一体化、统一化的形象能迅速排除认同的障碍。

第六节 CI 策划的基本程序

CI 导入的程序是指一项有规模的 CI 活动从调查分析到执行实施到反馈评估全过程的先后次序和具体步骤。在 CI 战略导入中建立一套系统的科学程序,有助于提高 CI 导入的效率和质量。日本 CI 研究专家加藤邦宏在所著的《CI 手册》一书中,将 CI 导入计划区分为三个阶段,即调查阶段、企划阶段和实施阶段。我们把 CI 系统工程的主要作业分为四个阶段。

一、提案阶段

1. 明确导入 CI 的动机与目的:什么企业需要导入 CI? 导入 CI 的目的何在? 这是 CI 作业首先应该明确的项目。提案的目的在于使企业为 CI 工程立项。一般来讲,新企业的 CI 旨在树立企业形象,谋求长远的发展;经营中的企业导入 CI,是想解决企业现有的形象识别系统中存在的某些问题。提案者必须根据企业的现状确认导入 CI 的目的。CI 专家林磐耸先生认为,企业导入 CI 的动机主要由两大方面构成:

(1)企业内部自觉的需求,如:吸收人才,确保生产力;激励员工士气;增强金融机构、股东的好感与信任;提升企业形象与知名度;提高广告效果;统一设计形式,节省制作成本;方便内部管理,活用外部人员。

(2)市场经营的外部压力,如:成本的挑战;竞争的挑战;传播的挑战;顾客的挑战;消费者的挑战。

2. 组建负责 CI 的机构:CI 推进是一项复杂的工作,它需要公司高级主管的支持,部分负责人与员工的配合以及专业公司的携手协作。一般由发起人召集最初 CI 人员,委托专业公司,由企业、专家顾问、专业公司三方组成 CI 委员会。由 CI 委员会慎重讨论必须实施的理由,明确实施的意义和目的,然后再决定 CI 计划的范围、内容和重点。

3. 安排 CI 作业的日程:CI 导入是一项长期、复杂的工程,一般需要 1 至 2 年的时间,因此在作业开展之初,应该有一个长远明确的计划,并编制一份"CI 作业日程表"。

4. 预算导入 CI 的费用:CI 预算是 CI 委员会在提案阶段必须认真完成的一项工作。CI 预算是 CI 项目资金费用的使用计划,它明确 CI 导入期从调研、设计到管理实施所需的投资总额,具体投资项目与项目投资的使用范围、使用方法。

5. 完成 CI 提案书:在 CI 提案书中,要充分说明导入 CI 的原因、背景、目的、负责机构的设想、作业安排、项目预算。

二、调研阶段

充分的调研是 CI 策划的必要条件,导入 CI 是一项巨大工程,它要求 CI 专案人员必须有计划、有目的地进行充分的调查研究,在详实的资料、富有创建性的分析的基础上,确定 CI 的总概念,在此基础上进入创造性的企划阶段。如对有关企业营运情况的分析与评估,通过收益性、成长性、稳定性三方面情报的调研把握企业的整体情况,为 CI 作业提供全局性视野。另外,包括企业形象识别系统的调研直接关系到 CI 的企划作业。重点在于对企业面临的具体问题的调查分析。CI 是问题解决学,常常是被用来解决企业面临的问题的。企业的问题是什么,先立了靶子,CI 才能有的放矢。所以,使企业问题明朗化、目标明确化,是 CI 方针的制定及实施的关键,而这一过程是在分析企业内部、外部环境、综合竞争对手的状况及未来发展趋势等一系列"运动"中完成的。主要包括:

1. 确定调研总体计划,其中包括调研内容、调研对象、调研方法、调研项目、调研程序安排等。

2. 分析与评估企业运营状况。

3. 企业总体形象调查与视觉项目审查。

4. 调查资料的分析、研究与判断。

5. 完成调查报告书。

三、策划设计阶段

1. 企业理念的确立,其中包括企业使命、经营观念、行为准则,以及创作企业标语、口号及企业歌曲等。

2. 企业内部、外部活动的策划。

3. 开发设计视觉识别系统。

四、实施管理阶段

CI 设计完成之后，CI 作业并没有结束，CI 计划如何落实，如何管理，才是最为关键的。

1. 建立相应的机构以监督 CI 系统的执行。如果 CI 导入以后，没有一个机构去监督其运作发展，那么前期所投入的心血和耗费的巨资就有可能付诸东流。

2. 选择时机进行对内对外 CI 系统的发布。这种发布除了日常的运行与发布外，还应包括隆重的 CI 发布仪式，利用尽可能大的媒介空间来向社会和企业内部进行宣传。CI 对内传播是 CI 导入推行成败的关键。根据不同对象，CI 教育与宣传应采取不同的方法。对管理层的人员，应注重具体计划、安排的通知和传达，对于员工则应注重 CI 意识的普及与行为规范的宣传，如定期发行 CI 通讯、举办普及 CI 知识讲座、动员大家参与企业内部的公关活动等。对于营销部门的员工则应加强 CI 设计应用与制作的说明等；组织 CI 对外发表(CI 手册)，包括制定对外发布计划、选择媒体、安排时间与频率、确定发布内容、合理预算，完成发布计划等。

3. 推行理念与设计系统以及开展活动识别的执行和拓展。也就是企业理念和目标具体化，同时加以视觉化；落实企业各部门的 CI 管理，也就是将CI 计划落实到企业营运的相关部门的实际工作中去，结合到企业日常管理的制度中去。

4. CI 导入效果测试与评估。当企业导入并推行 CI 战略之后，为了了解是否达到预期的目的，就必须对导入和推行 CI 的效果进行测定和评估，以便发现问题并找出改进办法，对下一步的推行工作进行某些策略性调整，以期取得更好的成效。测试方法有定性和定量两种，可以当面访问、问卷调查，也可进行统计分析。测试评估应以 CI 战略目标为标准，以导入前企业的相关资料与数据为导入后效果测试的参照数，最后综合评估导入后的具体实效和问题，以备不断修正所需。

本章小结

1. SP 是英文 Sales Promotion 的简称，译为销售促进，亦有人将其译为营业推广或销售推广。本书所采用的是狭义的销售促进定义，即：销售促进是对中间商、推销人员或消费者提供短程激励，以诱使其购买或采用某一特定产品或服务的促销活动，例如陈列、演出、展览会、示范表演以及种种非经常发生的推销努力。

2. 根据销售促进活动的对象不同,可以将销售促进划分为三大类:对消费者促销、对经销商促销和对销售人员促销。销售促进有以下几个作用:(1)有效加速品牌及产品进入市场的进程,被消费者认知和接受;(2)说服初次消费者再次购买,提高使用频率,培养消费习惯;(3)增加产品的销售,提升销售额;(4)有效抵御和击败竞争对手的销售促进活动。

3. 促销活动策划的基本程序:确定销售促进目标,确定销售促进对象,锁定目标消费者,销售促进活动策略确定,销售促进策划预算的编制,销售促进活动的效果评估。

4. 新闻策划的含义:新闻策划是指在发现或者制造、预测新闻之后,通过具体部署,有计划有步骤地通知媒介,使新闻得以产生。商业行销中的新闻策划与推广,是企业主有意识地选择和安排某些具有新闻价值的事件发生,或者利用某些具有一定新闻价值的事件,由此制造出适于传播媒介报道的新闻。

5. 新闻策划步骤由以下构成:确定需要是新闻策划的基础,调研分析和收集资料,确定创意策略,确定媒介使用经费预算以及对可能遇到的问题的分析,效果分析。

6. CI 即 CIS,是 Corporate Identity Systemde 的缩写,意即企业识别系统,也称企业识别战略。CI 就是运用统一的视觉识别设计来传达企业特有的经营理念和活动,从而提升和突出同一化形象,使企业形成自己内在的独特的个性,最终增强企业的整体竞争力。它包括:企业理念识别(Mind Identity)、企业行为识别(Behavior Identity)和企业视觉识别(Visual Identity)三个部分。

7. CI 策划由以下步骤构成:提案阶段,调研阶段,策划设计阶段,实施管理阶段。在实施管理阶段已经包括了效果评估和反馈。

思考练习

1. 什么是销售促进?它有几种类型?具体有怎样的促销方式?

2. 新闻策划有什么特点,需要遵循怎样的步骤?

3. 什么叫 CI?它由哪些部分构成?

4. CI 策划要按什么步骤进行?

5. 为你熟悉的品牌做一个策划,可以是广告策划、销售促进策划、新闻策划或者 CI 策划,也可以将它们整合运用。

策划案例赏析

芝华士:完美诠释新的"奢侈"

阳光、海浪、硬汉、美人、滑翔机、小木船和湛蓝的天空,芝华士的这则广告可谓经典,颇有"采菊东篱下,悠然见南山"的韵味。

"We could be together,every day together,the moon has fully risen,and shines above the sea. As you glide in my vision,the time is standing still ……"无瑕的冰山,纯净幽远的天空,远游的旅者们气定神闲地手握钓竿享受别样人生,阿拉斯加雪钓世界里不能缺少的是杯陪伴美好时光的芝华士(Chivas)威士忌。

在这则颇为成功的广告里,我们几乎没有看到"多年收藏"、"家族传统",也没有看到"苏格兰风格",这些传统奢侈品品牌带来的联想都被"享受人生,享受芝华士人生"的核心信息取代了。

位列世界品牌实验室(World Brand Lab)《2005 年世界顶级奢侈品 100 品牌排行榜》第十五名,当选"2006 中国千万富翁品牌倾向调查"中的"最青睐的威士忌品牌",芝华士从来没有像现在这样更像一个纯粹的奢侈品品牌。同样,芝华士的主要竞争者 Johnnie Walker,也把自己定位成一个"不停走路前行的绅士",它的广告给人的感觉都是持续不断前进、永远积极挑战。

我们姑且把芝华士人生和 Johnnie Walker 称作一种新的奢侈感,它们隐藏了传统奢侈品品牌宫廷、高贵等固定的联想,而在这之上建立起一层自己的生活方式(life-style),并把这种生活方式演绎成符合高端消费者的新奢侈。

"那么究竟什么样的人生是芝华士人生? 两个关键词是:分享(sharing)和体验(experience)——到阿拉斯加去钓鱼、到灯塔野餐、在中国体验全球顶尖音乐的现场表演。这些出乎意料的体验对我们消费者们而言就是'奢侈'。不论这些体验是否可能在现实中成行,我们都希望传达这样的生活态度——和朋友一起经历不同寻常的休闲时光。"芝华士广告代理商李岱艾这样说。

体验创造新奢侈

新奢侈需要新的创造手段。芝华士不仅在电视广告里传递了大量的关于"芝华士人生"的信息,通过与目标受众的直接接触,芝华士还把"芝华士人生"的信息变成了消费者切身的体验,并内化成一种生活方式。所以芝华士投入了大量营销力量在 BTL(线下),终端促销 Promotion、公关(媒体为主)PR、小型特别活动 Special Event、大型主题消费者活动 Theme Campaign 等一系列活动都被整合在"体验"的概念中。

日常促销

你体验过威士忌与绿茶混饮吗？酒类品牌经常开展促销活动，销售终端的争夺相当激烈。把买赠从一个功能单一的增加销量的活动变成一种创造性的体验：买芝华士12年送绿茶，这也成为现在酒吧流行的混饮方法。现在芝华士又开始赠雀巢水护养，这也是日常促销层面的不断创新。

公关

同其他奢侈品品牌近似，芝华士倾向于和精心选择的设计师、艺术家等合作，通过混搭（mix match）制造媒体吸引点开展系列公关活动。芝华士18年与 Wallpaper 杂志（国际知名设计类杂志）合作，邀请新锐设计师以芝华士18年为灵感之源的创意作品展，主要通过媒体报道宣传品牌。特地选择在 Andree Putman 女士设计的上海衡山路41号顶层私人公寓，展出五位中国设计师的家具、多媒体艺术等不同类型的作品，吸引媒体报道和公众视线。

特别活动

酒类品牌通常举办针对特别目标消费者和媒体的品酒会来拉近距离、传播洋酒文化，芝华士18年曾举办突出独特的"巧克力"原料和提倡"CHI-VAS18＋CIGAR"的搭配方式的小型特别活动，邀请专人在活动现场制作巧克力、卷雪茄烟，让来宾体验"芝华士人生"。

大型主题活动

芝华士12年在大型主题活动上的收效也颇大，包括赞助发行《音乐无国界2004》唱片、赞助诺拉·琼斯音乐会、掀起第二轮全球十大 DJ 风暴，时空2070和1970主题派对。

2005年，芝华士12年力邀全球著名的英国《DJ Magazine》年度排行榜前十的 DJ 来到中国现场打碟，演出消息一出就引起热烈反响。在演出前的宣传期间，广告代理公司专门配合活动设计制作了系列平面广告、视频广告，在杂志、报纸、电视、户外甚至是出租车小屏幕上有针对性地投放；芝华士网站挂上了 Top 10 DJ 的 mini-site，利用手机和互联网的"一对一"传播优势，不仅向大量目标消费者直接传递相关信息、开展有奖活动吸引互动参与，还进一步完善了 CRM 系统；在那些长期合作的酒吧里，特别设计制作的 POSM（海报、易拉宝、台卡、杯垫等）抓住顾客视线，还不失时机地以特别制作的纪念音乐特辑推出新一轮买赠促销。活动现场，芝华士12年更是将视觉元素运用到极致，伴随 DJ 魔音印入来宾脑中的必定还有无处不在的芝华士，热衷于酒吧音乐的消费者相信很难逃过这场十大 DJ 风暴。在中国亲历世界级的音乐体验，这就是芝华士人生。

体验式的营销策略正是提供了这种新奢侈的缘由：用 life-style 取代单一的品牌故事，用亲身体验取代距离感。我们发现，芝华士除了为数不多的品牌形象广告，大多数营销力量集中在线下、在终端，相当一部分线上广告还是配合线下活动宣传。它对渠道的要求不仅是销售，而且力求直接在终端对最终消费者施加影响。

此外，芝华士旗下 12 年和 18 年在消费群体上有所区分，芝华士 12 年所诉求的目标消费群，其年龄主要集中在 25～35 岁，他们喜欢凸显自我风格，乐于与朋友分享各种美好体验与经验；芝华士 18 年则更注重在 35 岁以上的"成功人士"，他们在事业上有一定的基础，对休闲时光的要求更高，"高品位"、"精致"、"尊贵身份"等形容词不可或缺。

虽然都在表现"芝华士人生"的品牌价值，12 年和 18 年两个子品牌基于准确的定位开展的具体营销方案也不同。芝华士 12 年针对年轻消费群，全力奉献世界级的芝华士音乐体验、派对体验，与世界知名的 DJ 签约、在中国各大城市的著名 CLUB、PUB 举行各种有影响力的活动，逐渐让年轻的"潮人"认同"芝华士"的品牌个性并参与到"芝华士人生"的体验中。

芝华士 18 年的消费群相对较小，层次也更高，主要通过小型沙龙、艺术合作等来彰显高级、有品位、讲究生活品质的奢侈感。

视觉维系奢侈品味

传统奢侈品品牌的视觉系统成为保证芝华士奢侈品味的防线。芝华士 12 年和 18 年的定位就好像王子和成熟的王宫贵族，他们的酒瓶外型虽然没有太大区别，但继承传统奢侈品品牌的颜色系统，通过不同基色的产品包装，芝华士就将两个子品牌的定位、目标消费群做出了明显区隔：芝华士 12 年以橙色为主色调，橙色往往带来年轻、激情和时尚的联想；芝华士 18 年的基色则使用较为成熟、低调、神秘的深琥珀色，并且瓶身的标贴区别于芝华士 12 年，以传统代表高品质酒的蓝色进一步提升芝华士 18 年的奢华感。这两种基色被统一地贯彻到芝华士每一次的视觉表现中：橙色、新鲜的食物、年轻人、派对、聚会、音乐……芝华士的视觉表现虽然丰富多元，但它实际上具有明晰的"视觉标准"（guide line），芝华士 12 年借由这样的元素呈现出的感觉大多是时尚的、有活力的、富有动感的；芝华士 18 年的主要视觉元素由可以解析为深琥珀色、木纹、皮质、金属，它的感觉必须是低调的、简洁的、有品位的现代奢华。

芝华士品牌的视觉表现受到极其"严谨"的控制，每一个视觉表现不论是平面广告还是酒吧促销台卡都要完全体现"芝华士精神"，甚至配合促销活动的相关品牌推广材料也要经过芝华士兄弟公司苏格兰总部审核后方能使用。

所以你不会看到芝华士18年陈列墙用的是洛可可风格装饰,不会看到芝华士12年用红色来表现年轻和活力,只有符合芝华士"style"的元素才可能被应用到品牌的视觉表现上。

可见芝华士的视觉系统既是具有品牌精神的,又是符合传统奢侈品品牌的。正是在这样一个限制众多的系统中,芝华士建立了创新性的生活方式,又维系了目标消费者心目中奢侈品品牌的刻板印象。

什么才是美好的人生经验? 芝华士的官方网站把顾客的美好经验以不同的主题归类:惊险刺激的极限运动、享受全球最佳的 SPA、最佳海滩的精选、嘉年华特辑、历史古迹的巡礼以及新年派对等。这样的品味生活是"创造性奢侈"最好的诠释,于是芝华士对于顾客而言,不只是一种富含精华的威士忌,也不仅仅是财富或者社会地位的象征,而是切实与生活中的美好经验相结合的最"奢侈"的人生体验。

(资料来源:世界品牌实验室,http://www.52design.com/html/200707/design2007716111626_2.shtml)

第十章　广告策划书的撰写

—— **关键概念** ——

广告策划书　流程

—— **学习目标** ——

1. 明确广告策划书的内容和构成部分,把握其中重点部分的撰写;
2. 学会分析广告策划书的系统性和技巧性,掌握关键技巧;
3. 具备撰写简单的广告策划书的能力。

第一节　广告策划书的内容

一、广告策划书的含义和一般模式

广告策划书是由广告策划者根据广告策划的结果撰写,提供给广告客户审核、认可,为广告活动提供策略指导和具体实施计划的一种应用性文件。

它的一般模式可分为以下六个部分:

1. 封面:完整的广告策划书应有一个精美的封面,以给阅读者良好的第一印象。

2. 广告策划小组名单:既可以向广告主显示策划运作的正规程度,又表示对策划结果负责的态度。

3. 目录:即广告策划书各个部分的标题,使阅读者能够根据目录方便地找到想要阅读的内容。

4. 前言:概述广告策划的目的、进行过程、使用的主要方法、主要内容,使客户对策划书有大致的了解。

5. 正文:大致包括市场分析、消费者分析、产品分析、与竞争对手的竞争状况分析、企业与竞争对手的广告分析等内容。

6. 附录：包括调查阶段所用的问卷和调查报告、研究方法说明以及其他应该提供给广告主的资料。

二、广告策划书的主体内容

第一部分：市场分析（为后续的广告策略部分提供有说服力的依据）

● 营销环境分析：

企业市场营销环境中宏观的制约因素：目标市场所处区域的宏观经济形势、市场的政治法律背景、文化背景；

市场营销环境中的微观制约因素：供应商、中间商与企业的关系；

市场概况：规模、构成及市场构成的特性；

营销环境分析总结：机会与威胁、优势与劣势、重点问题。

● 消费者分析：

消费者的总体消费态势；

现有消费者分析：消费群体的构成（总量、年龄、职业、收入、受教育程度及分布）、消费行为（动机、时间、频率、数量、地点、对产品的态度）；

潜在消费者：潜在消费者特性（总量、年龄、职业、收入、受教育程度）、潜在消费者的购买行为（现在购买或喜欢的品牌、有无可能改变）、潜在消费者被本品牌吸引的可能性；

消费者分析的总结：现有消费者、潜在消费者、目标消费者（其特性、共同需求、如何加以满足）。

● 产品分析：

产品特征分析：性能（最突出的及最适合消费者需求的性能）、产品的质量、价格、材质、生产工艺、外观与包装、与同类产品的比较（优势与不足）；

产品生命周期分析；

产品品牌形象分析：企业赋予产品的形象及消费者对产品形象的认知；

产品定位分析：产品的预期定位、消费者对产品定位的认知、产品定位的效果（在营销中是否有困难）；

产品分析的总结：机会与威胁、优势与劣势、主要问题。

● 企业和竞争对手的竞争状况分析：

企业在竞争中的地位：市场占有率、消费者认知；

企业的竞争对手：是谁、对手的基本情况、对手的策略；

企业与竞争对手的比较。

● 企业与竞争对手的广告分析：

企业和竞争对手以往的广告活动的概况：开展的时间、目的、费用、主要内容；

企业和竞争对手以往广告的产品定位策略以及有何合理、不合理之处；

各自以往的广告诉求策略：诉求对象、诉求重点、诉求方法；

各自以往的广告创意表现策略：主题、创意的合理、不合理之处；

各自以往的广告媒介策略；

广告效果：在认知、改变消费者态度、行为及促销等方面的效果；

总结：企业以往广告中突出的劣势及应继续保持的内容。

第二部分：广告策略

• 广告目标策略：

广告的目标表述以及制定广告目标的依据。

• 定位策略：

企业以往定位策略的分析与评价；

产品定位策略：新定位的表述及其依据。

• 广告诉求策略：

广告的诉求对象：特定诉求对象以及诉求对象的特性与需求的表述；

广告的诉求重点；

诉求方法策略。

• 广告创意表现策略：

广告主题；

广告创意的核心内容及说明。

• 广告媒介策略：

对媒介策略的总体表述；

媒介的选择与组合及其依据；

媒介的发布时机和频率。

第三部分：广告计划

• 广告目标。

• 广告时间：各目标市场的开始时间、活动结束时间、活动持续时间。

• 广告地点、范围，企业与竞争对手的广告分析。

• 广告创意表现：主题、创意、各媒介的广告表现（平面设计、文案、电视广告分镜头脚本）、各媒介广告的规格及制作要求。

• 广告发布计划：发布的媒介及媒介排期表。

• 其他活动计划：促销活动计划、公关活动计划等。

第四部分：广告预算

● 广告费用预算：策划创意费用、设计费用、制作费用、媒介费用、其他活动所需费用、机动费用及总额。

第五部分：广告活动的效果预测和监控

● 广告效果评估与测定的方法描述。

● 广告效果的预测：广告主题测试，创意、文案、作品测试。

● 广告效果的监控：广告媒介发布的监控、广告效果的测定。

第二节　广告策划书的写作技巧

广告策划是一个需要运用智慧、发挥创意的过程，但是广告策划书的撰写，却有一定的规范。对广告策划书而言，尽管不需要整齐划一的格式，也不可能要求每个撰稿人用同样的写作模式进行，但是遵循一定的写作原则，能够使广告策划书看起来更简洁明确，为企业主管和营销人员在执行过程中提供方便。

一、简洁是广告策划书撰写的首要原则

广告策划书的目标是为了指导营销人员的执行，那么如何用最有利于阅读和理解的方式直接表达所要表达的意思，是最重要的。毕竟，这不是文学作品，不需要拐弯抹角地说明一个意思，一定要行文清晰、句意明确，任何深奥晦涩的表达都只会增加广告策划书的执行难度。

不要把一个观点重复多次。因为进行广告策划执行的也是专业人士，能够读懂一个简明扼要的策划书。而一个反复冗长的策划书，只会让人心生厌恶，无意继续往下读。很多营销人员以为把策划写得很长，就表示自己水平很高，也能乘机要价。事实并非如此，首先，专业人士看策划书之前，只要看目录，就能明白个大概了，如果是啰嗦累赘的策划书，在第一印象上就大大减分了，且给人一种不专业的印象。再次，策划并非靠字数卖钱，只有能真正提出问题、解决问题的策划才是好策划，而非长达几百页的那种口水文。美国学者丹·舒尔茨认为广告策划书的长度不应该当超过50～60页，这也告诉我们应该尽可能简洁明了地表达意思。

二、严谨是广告策划书撰写的核心思想

广告策划书不同于广告创意。创意是可以天马行空、发散思维的，而广告策划书必须做到用事实、用数据说话。它代表的不是个人观点，而是经过反复

的调查和研究之后得出的、尽可能科学客观的结论。所以,它必须引用权威数据,或者是经过科学调查和分析的资料,并且要在资料中注明来源和出处。这种标注不只是为了尊重别人的版权,也是为了增加策划的说服力和可信度,因为这就提醒了阅读此策划的人:本策划的观点和建议都是根据踏实的资料而作的,并非凭空臆造。

严谨不仅体现在观点上,也要在写作风格上,要尽可能地保持客观中立的态度。比如,不要反复用"你"、"我"、"他"之类的有明显指向性的人称词。这种表达会让人觉得这不是一份科学的广告策划,而更像一篇在描述某种现象的小文章。这就很难给人留下一个真实客观的印象。

三、完整是广告策划书的重要保证

广告策划书是应用文,尽管不需要用华美的词藻、丰富的表达,但也应该遵循最基本的文章写作标准——完整。甚至对广告策划书而言,结构和内容的完整性,比对一篇文学作品而言,更为重要。

广告策划书的基本构成包括标题、正文和署名。标题常用公文形式表达,如"AAA(项目)广告策划书",有时候也可以用主标题加副标题的双重形式表达,如"人生豪情,始于足下——AAA 广告策划书",主标题应点出整个宣传活动的中心思想,副标题则应指出文书的性质和内容。在策划书的开头,应该有摘要,这样能够使营销人员快速直接地找出策划书的核心,使他们马上能看到自己最关注的东西。

广告效果评估在以往没有得到应有的重视,在策划书中这一部分常常被忽略。因此,在一份完整的广告策划书中,应该包含这一部分内容,并且应该把它当作重点内容之一严格对待。

策划书的附录部分,也是常常被忽视的。很多人认为用怎样的问卷、怎样的方法进行调查,进行怎样的分析和参考哪些资料,并不用出现在策划书中,而只需要有那个结论。事实并非如此。附录部分的存在,既说明了这篇策划是通过科学调查和客观分析得来的,有相关权威材料,体现了策划的科学性,同时也说明了策划人员的工作态度非常认真,并且在策划执行遇到困难时,可以从附录部分进行研究,对出问题的部分进行分析调整。

广告策划书的撰写,并非用文字能表达清楚,只有在不断的实践中进行锻炼,才能掌握写好广告策划的真谛,才能成长为一名合格的广告人。

本章小结

    1. 广告策划书是由广告策划者根据广告策划的结果撰写,提供给广告客户审核、认可,为广告活动提供策略指导和具体实施计划的一种应用性文件。它的一般模式可分为:封面广告、策划小组名单、目录、前言、正文、附录。

    2. 广告策划书的主体内包括以下五个方面:市场分析、广告策略、广告计划、广告预算、广告活动的效果预测和监控。

    3. 简洁、严谨、完整是撰写广告策划书的三大原则。

思考练习

    1. 广告策划书的一般模式是怎样的? 它一般由哪些部分组成?

    2. 广告策划书的撰写有哪些原则? 请谈谈你的理解。

附录　项目策划书

九年磨砺　蓄势待发
——某某商城 **2008** 年度品牌整合传播策略

一、市场分析

1. 品牌目标

市场目标：2008 年营业额预计达到 10 亿；5 年内达到 100 亿，进入某某商城火箭式发展时期；做中国最大的 3C 网购专业平台。

品牌目标：树立某某商城专业 3C 网购网站品牌形象；做中国最专业、全球前五的电子商务公司。

2. 品牌挑战

(1)生存空间：如何在快速成长、概念纷杂的电子商务市场上脱颖而出，成为某某商城成就更大奇迹面临的巨大挑战。

①C2C 带动 B2C 传统厂商借势推广品牌。

②B2C 利润大幅下滑。

③信誉——B2C 的出路所在。

(2)消费习惯：根据报告显示，中国目前只有 25.5% 的网民使用网络购物；如何让更多的消费者从心理到行为层面改变过去的消费习惯，将更多的购物精力转移到网络上来，是某某商城也是整个电子商务网站面临的难题。

(3)他山之石：

①淘宝：2005 年，淘宝导入品牌推广计划，有效地提高了品牌知名度，并直接作用于淘宝网的市场销售和市场成交总量。面对 1.7 亿网络购物消费者的品牌化运作具有很强大的品牌作用力，品牌发展空间广阔。

②PPG：价格合理、品质保障、活力热情，提供利益性的品牌核心概念，直接简单的诉求主张，打造品牌知名度与美誉度。

• PPG 自 2005 年 10 月 24 日开业起就采取大众传播途径,平面广告以产品呈现及价格优惠告知为特殊大规模投放,PPG 衬衫迅速赢取消费者信任。

• 开业当天 PPG 赢得万元销售收入,之后每月增长 30% 以上,2 年时间,PPG 的营业额增长了近 50 倍。

• 2007 年 PPG 引入代言人,将轻松、活力、帅气的品牌主题概念演绎得生动形象,产品销量再次飘红。

差异化的功能诉求,直销的品牌沟通,可以建立起成功的品牌基石。

3. 竞争性定位分析

(1)网络购物与传统购物的对比

	国 美	大 中	某某商城
买卖方式	门店自选,促销员导购	门店自选,促销员导购	网络直购,网站文字、图片介绍商品,设商品答疑平台和服务热线
支付方式	现金、刷卡(信用卡可分期)、支票	现金、刷卡(信用卡可分期)、支票	货到付款、在线支付(包括:支付宝、财付通、全球 IPS、易宝、网银)、银行转账、邮局汇款、公司转账
配送方式	物流公司免费送货	物流公司免费配送	邮政包裹、EMS、速递公司快递、中铁快运、公路物流运输、自提
售后服务	9 天内无条件退货,39 天内如商品出现质量问题可退货,99 天内如果商品出现质量问题保证换货	商品出项质量问题,7 日内无条件退货,15 日内免费更换	国家三包:售出商品 7 日内出现性能故障,可选择退货、换货或修理;售出商品在第 8 至第 15 日内出现性能故障,可以选择换货或者修理;售出商品超过 15 天并在保修期之内出现性能故障,可免费保修
价格标准	19 天内店内同商品降价补差额	15 天内正常销售商品出现更低价,现金补差额	价格监测,可随时举报更便宜的价格
VIP 特权	积分换商品和服务等	特殊商品折扣、免费保修和安装等	积分返券、运费优惠、抽奖、优先购物等
其他个性服务	网上订购商品	网上订购商品	拍卖、代购、用户商品评价

可见,与传统的门店购买方式相比,便捷是某某商城最大的优势。

(2)不同网络购物平台的对比

	淘宝、易趣	当当	某某商城
经营模式	C2C	B2C	B2C
商品类型	行货、水货、二手、其他	行货、其他	行货
商品来源	厂家、各级经销商、个人	厂家、各级经销商、个人	正规厂商、经销商
交易类型	拍卖、一口价、团购	一口价、预售、团购	一口价
支付方式	支付宝、财付通、网上银行支付、汇款	货到付款、网上银行支付、邮局汇款、银行转账	货到付款、在线支付(包括:支付宝、财付通、IPS、易宝、网银)、银行转账、邮局汇款、公司转账
送货方式	买卖双方商议	速递公司快递、普通邮寄、EMS、DHL	邮政包裹、EMS、速递公司快递、中铁快运、公路物流运输、自提
售后服务	卖家自定退换、保修协议	7天退货,15天换货	国家三包
价格标准	卖家自行设定商品价格	统一标价,差价返还	网站统一设定商品价格
会员特权	送红包、送礼券、抽奖等	运费优惠、送礼券等	积分返券、运费优惠、抽奖、优先购物等
特色服务	淘宝旺旺建立买卖双方联络	提供畅销榜	支持拍卖、代购、合作

由上表可见,与其他网购平台相比,信誉是某某商城战胜对手的法宝。

4. 品牌优势提出

• 经营模式——某某商城有更纯正的 B2C 血统。以用户为中心,在服务和保障方面趋向灵活便捷与完善,树立 3C 产品保障与服务的新标杆。

• 市场选择——某某商城主营 3C 产品,产品覆盖范围广、市场挖掘潜力巨大。

• 运营管理——某某商城有持续的赢利模式及能力。稳定的赢利可以保障某某商城在优化 B2C 模式上投入,给消费者提供持续的优惠。

在以上三个方面,某某商城优势明显——网络购物人群壮大,消费习惯日趋改变都为某某商城模式的发展提供了机会。

5. 品牌优势体验

- 某某商城便捷界面。
- 装机大师的个性化服务。
- 品牌专卖行货保证。
- 特价专区价格诱人。

将打动消费者的利益转换为在消费者心理层面的品牌印记。

6. 品牌定位

3C 网购新地标：

- 全 3C 产品线。
- 诱人价格。
- 口碑值得信赖。
- 高品质购物乐趣。
- 万种商品轻松挑选。
- 全新购物体验。

二、2008 年传播计划

1. 传播目标

(1)深化品牌形象

①明确品牌的核心价值,树立某某商城品牌形象。

②提高现有注册用户的品牌忠诚度,增加购买频次和额度。

③深度挖掘现有注册用户所能影响的隐性目标消费群。

(2)扩大品牌影响力

①扩大某某商城的品牌知名度。

②扩大某某商城的注册用户数量,并获得实际销售收益。

(3)目标消费群(1.7 亿网购人群)

影响力针对目标(20 万忠诚用户)

根据品牌传播目标的不同,为了能够更精准地掌握不同目标下的传播重点,我们要分别对两个阶段的目标消费者进行界定:

他们来自于

- 网络爱好者,尤其是喜好网购的一群。
- 从其他电子商务平台转化或兼顾多重身份的网购族。

婚姻状况：单身

年龄：20～34 岁

性别：无明显差异

职业：学生、白领等从事高尚职业群体

学历：大专、本科为主

收入：无收入和 3000 元以上

他们来自于

- 他们是对网络、对网络购物偏好度更强的一个群体。
- 拥有多个优质电子商务平台用户身份的专业人士。

婚姻状况：单身

年龄：26～35 岁

性别：男性居多

职业：白领等从事高尚职业群体

学历：大专、本科为主

收入：2000～3500 元

虽然品牌在不同发展阶段所界定的目标对象不同，但对于整个网络购物群而言，他们仍然存在着很多共同的特质。

①依赖网络，相信网络能为他们的生活带来更多的价值。

②喜欢尝试新奇的事物，对新鲜事物的接受程度高、认同快。

③对生活有着更轻松的态度，喜欢享受。

④个性比较强，注重自己的感受，对心理层面的满足很在意。

消费者所期望的网络购物环境，应当具备以下几点：

①商品种类全，价格透明，快捷方便。

②网络界面新颖、使用方便并不断推陈出新。

③经营风格独特、专业化、品质有保证。

(4)服务周到，价格与品质的双保险。

2. 广告创意

(1)《时尚系列》创意阐述

本系列广告运用了意识形态类风格，将更多的功夫下在了 3C 消费者的购买心态上，去表现一些精准但不一定全面的聚光点，我们认为，消费者有时理智，有时冲动，但关键是起码要有一条理由足以打动他们，一条就够，本系列广告的目的在于和消费者在某些点上达成微妙的共鸣，所以这套稿子需要有一定的深度和想象的空间。为了让消费者印象深刻，我们的文案和画面也都进行了非常规的排摆和处理,建立与消费者的亲近感需要这样做。Icon 化的标记也出现了。

(2)《网络系列》创意阐述

在本系列广告中,我们采用了网络上的流行语径,如潮人、地板价(最低价)、S 级(Super)等词汇,同时采用了高调的画面表现,目的是向消费者传播"专业的、新鲜的网络购买平台"这一概念。在本系列广告中,我们设计了一种Icon 化的标记,有点类似 Intel 的那个小长方块,目的是让消费者能够通过更简洁的方式记住本品牌,我们希望这样的一个小细节能够引起足够的注意力。

3. 2008 年品牌传播框架

(1)势:集中火力进行品牌推广、品牌形象告知、制造持续的品牌传播势力,达到广泛的品牌认知——采用媒体广告。

(2)仕:有效地拉动用户增长,并建立长期的粘度关系,转换产品以外的关联关系,与用户建立持久的互惠关系——采用主题事件。

(3)事:激发用户产生购买行为,形成持续的卖购关系,传递品牌形象,有效形成品牌认知——采用促销手段、公关传播。

传播规划关键词:方便快捷、亲情服务、信誉保证、货真价实、价格合理。

4. 媒介广告投放建议

(1)媒介资源框架:户外交通枢纽、报纸杂志、网络、电视(考虑全国主要城市受奥运因素影响,媒体环境比较复杂,费用投入较大,电视媒体传播有待商榷)、口头传播、即时通讯工具。

(2)广告媒介推荐

区 域	网 络	报纸杂志	交通枢纽	即时通讯	口头传播	户 外
北京	门户网站	3 家行业媒体	北京火车站站内灯箱、北京飞机场	QQ、MSN 等	京东网站主题活动(围绕 20 万忠诚客户)	王府井工美大厦大屏幕、世贸天阶购物中心、保利剧院广场大屏幕等
上海		3 家时尚资讯媒体	上海飞机场、上海地铁			东方商厦大屏幕、淮海路二百永新大屏幕、梅龙镇广场大屏幕等
广州		3 家大众媒体	广州飞机场、广州地铁			白马灯箱

5. 年度推广活动策划

2008 年推广活动规划总览：

月　份	促销活动	形象活动
1、2 月	春节促销	360 度服务计划
3、4、5、6 月	集采、双人游大抽奖	金犊奖校园行
7、8、9、10 月	暑期促销	奥运猜想家金九银十旺季促销
11 月	集采	绝对密码主题活动
12 月	圣诞促销	绝对密码主题活动

活动策划 No. 1——360 服务计划

活动对象：

中小型公司、家庭用户

活动目的：

体现专业化、人性化的服务，通过周到完善的服务吸引公司客户和家庭用户；完善现有服务体系，建立 360buy 的服务口碑。

活动主题 a：360 服务计划

活动内容：

针对中小型公司客户——根据客户预算，为客户选配电脑、传真机、打印机等办公设备和耗材；

针对家庭用户——根据家庭预算，为客户选配大小家电、数码产品等。

活动主题 b：以"礼"相遇　如影随形

活动目的：

维护现有注册会员，提醒消费，体现品牌亲和力；

以"礼品"实现一定范围内的品牌影响，激发潜在客户。

活动内容：

定期为注册会员寄送礼品，礼品以时下流行书籍或创意办公用品为主；

将礼品寄送到会员的公司办公室，如书籍可以在办公室传阅，用品可以在办公室内使用；

定期让会员更新地址资料，以便及时将礼品寄送给跳槽或离职的会员。不断在以会员为核心传播点的组织内进行品牌宣导。

活动策划 No. 2——赞助"金犊奖"植入校园

背景介绍:

全球华人高校最具影响力广告创意奖,在学生群体尤其是重点高校中具有非凡影响力。每年获得金犊奖名次的学生大部分均直接进入奥美、智威汤逊等 4A 广告公司工作。

金犊奖每年都会在全国选取重点高校进行巡讲会,并邀请广告界名人亲临现场传授真经,每场次均有上千学生到场观看,是最佳的校园宣传契机。

活动目的:

针对学生群体进行新会员的拓展和现有学生会员的深耕;

以企业领袖的个人魅力增强品牌在学生群体中的影响力。

资源利用:

通过赞助成为金犊奖的顶级赞助商,跟随金犊奖渗透进全国重点高校;

省去自进校园的特殊报批环节和费用,并可在校园的核心区域进行活动;

巡讲会和颁奖晚会现场均可邀请某某商城领导人参加并做演讲,增强某某商城领导人在学生心中的影响力。

活动主题:创意 360——某某商城"金犊奖"校园行

活动内容:

在金犊奖巡讲会的外场摆放展台,发放宣传单页;

某某商城发言人(如 CEO、总监等)在巡讲会上做演讲,进行品牌植入;

在巡讲会现场征集"某某商城广告语",并现场为作品入选优秀广告语的学生颁奖。

奖品形式:

获奖的学生在某某商城注册成为会员,可得到某某商城价值 50 元的点券。

宣传配合:

校园内发放某某商城的宣传单页;

通过顶级赞助,品牌将出现在金犊奖的所有宣传品中,包括官方网站、校园内海报、报名表、校园宣传手册;

金犊奖的官方 PR 传播、网上商城的日常传播和事件传播。

活动策划 No. 3——"奥运猜想家"主题活动

活动目的:

2008 年的奥运风会越刮越烈,借势奥运话题举办活动以迎合大众的心理需求;借势奥运实现销售终端的激增。

活动主题:奥运猜想家

活动内容：

奥运期间，根据赛程在某某商城的网站上开设奥运专题频道，举办猜想活动；

选择一些大众感兴趣的赛事项目进行冠军预想，凡猜中的会员均可得到价值 10 元的点券。同时拿出一块产品作为大奖，在所有猜中的会员中进行随机抽取，幸运者得到该项大奖。

活动策划 No.4——"绝对密码"主题活动及主题家园

活动背景：

近年来 8 分钟约会、交友等活动在办公室白领中日渐流行，学生也热衷于网络交友，我们为什么不能将潜在顾客的这一心理需求与产品销售进行捆绑呢？

活动目的：

通过活动将注册会员长期聚拢在品牌影响范围之内，同时增加品牌的吸引内涵。

活动主题：绝对密码——360buy 大型主题活动

活动内容 a：寻找密码

制作男女版的拼图吊坠，两块吊坠拼起来是一个图案（如某某商城的 logo 或特殊设计的 ICON），两块吊坠上拥有相同的数字编号；

在活动期间内，凡购买一定金额以上的会员，均会得到一个吊坠；

在某某商城开设主题频道，所有注册会员均可在论坛自由发帖，发起寻找同样数字编号同伴的活动，满足现代人对于交友的心理需求；

找到相同编号的两个人，可以两个人组团进行购买，享受一定折扣的优惠。

活动内容 b：主题家园

在某某商城开设专门频道成为"绝对密码"活动的主题家园论坛俱乐部；

定期举办落地活动，如召集 20 号至 50 号编号的吊坠拥有者进行户外登山、集体旅游等活动，也可由会员自行发动活动。

4. 促销规划

促销规划 No.1

时间：春节期间、情人节

手段：订购有"礼"

操作：

促销期间订购商品，赠送节日必备用品；

在春节前期订购商品，赠送印有某某商城 logo 的"春联红包套装"礼袋；

在春节期间订购商品作为礼品送人的会员，可直接由某某商城配送给受

礼方,并同时收到某某商城赠送的贺卡;

在情人节前夕根据订购商品的金额等级赠送玫瑰和巧克力,玫瑰按照等级赠送,低端的如普通红玫瑰、粉玫瑰,高端的如蓝色妖姬、黑玫瑰等。

媒体配合:

广告——网站漂浮广告;

PR——大众媒体新闻稿件、时尚类媒体资讯稿件、IT类媒体新闻稿件。

宣传策略:

春节期间平面媒体充斥大量广告,因此我们避其锋芒,只选择网站投放;

平面媒体主要以 PR 稿件的形式出现,以时尚类、消费指南类为主,大众类和 IT 类媒体次之。

媒体类型	媒体名称	投放形式	投放规格	投放时间
网站	新浪	ad	声音广告	2 月 1 日—2 月 14 日
	搜狐	ad	弹出广告	2 月 1 日—2 月 14 日
	网易	ad	弹出广告	2 月 1 日—2 月 14 日
	TOM	ad	弹出广告	2 月 1 日—2 月 14 日
	雅虎	ad	弹出广告	2 月 1 日—2 月 14 日
时尚生活	男人装	PR	资讯	2 月刊
	瑞丽	PR	资讯	2 月刊
	时尚芭沙	PR	资讯	2 月刊
	MISS 格调	PR	资讯	2 月刊
	时尚娇点	PR	资讯	2 月刊
	精品购物指南	PR	资讯/产品	1 月 18 日—2 月 18 日
	北京青年周刊	PR	资讯/产品	1 月 18 日—2 月 18 日
大众类	新京报	PR	新闻/生活	1 月 15 日—2 月 13 日
	北京娱乐信报	PR	新闻/生活	1 月 15 日—2 月 13 日
	晶报	PR	新闻/生活	1 月 15 日—2 月 13 日
	申江服务导报	PR	新闻/生活	1 月 15 日—2 月 13 日
	扬子晚报	PR	新闻/生活	1 月 15 日—2 月 13 日
	南方都市报	PR	新闻/生活	1 月 15 日—2 月 13 日
	深圳都市报	PR	新闻/生活	1 月 15 日—2 月 13 日

媒体类型	媒体名称	投放形式	投放规格	投放时间
IT 类	计算机世界	PR	资讯/产品	1 月 18 日—2 月 17 日
	消费电子世界	PR	资讯/产品	1 月 18 日—2 月 17 日
	中国计算机报	PR	资讯/产品	1 月 18 日—2 月 17 日
	大众软件	PR	资讯/产品	1 月 18 日—2 月 17 日
	网友世界	PR	资讯/产品	1 月 18 日—2 月 17 日
	数字生活	PR	资讯/产品	1 月 18 日—2 月 17 日

促销规划 No. 2

时间:五一期间

手段:抽奖——双人游

操作:

五一是旅游黄金周,促销期间发生消费的会员均可参加抽奖活动;

特等奖为 3 个名额的双人游,选取一些白领热衷的热点旅游地,如香港、巴厘岛、韩国、日本等。

媒体配合:

广告——网站广告位;

PR——大众媒体新闻稿件、时尚类媒体资讯稿件、IT 类媒体新闻稿件、旅游类行业媒体、旅游网站资讯、门户网站旅游频道。

宣传策略

五一是旅游旺季,通过媒体的选择和组合达到最大范围内的告知。

媒体类型	媒体名称	投放形式	投放规格	投放时间
网站	新浪	ad	弹出广告	4 月 7 日—4 月 14 日
	亿龙网	ad	机票首页	4 月 7 日—4 月 14 日
	携程网	ad	度假首页	4 月 7 日—4 月 14 日
	芒果网	ad	度假首页	4 月 7 日—4 月 14 日
	阳光旅行网	ad	酒店首页	4 月 7 日—4 月 14 日

媒体类型	媒体名称	投放形式	投放规格	投放时间
旅游类	时尚旅游	PR	资讯	4 月刊
	环球旅游	PR	资讯	4 月刊
	环球之旅	PR	资讯	4 月刊
	旅游休闲	PR	资讯	4 月刊
	城市旅游	PR	资讯	4 月刊
大众类	北京晚报	PR	新闻/生活	3 月 31 日—4 月 14 日
	法制晚报	PR	新闻/生活	3 月 31 日—4 月 14 日
	精品购物指南	PR	旅游/生活	3 月 31 日—4 月 14 日
	燕赵都市报	PR	新闻/生活	3 月 31 日—4 月 14 日
	今晚报	PR	新闻/生活	3 月 31 日—4 月 14 日
	申江服务导报	PR	新闻/生活	3 月 31 日—4 月 14 日
	扬子晚报	PR	新闻/生活	3 月 31 日—4 月 14 日
	钱江晚报	PR	新闻/生活	3 月 31 日—4 月 14 日
	羊城晚报	PR	新闻/生活	3 月 31 日—4 月 14 日
	晶报	PR	新闻/生活	3 月 31 日—4 月 14 日
	华西都市报	PR	新闻/生活	3 月 31 日—4 月 14 日
	重庆晨报	PR	新闻/生活	3 月 31 日—4 月 14 日
IT 类	消费电子世界	PR	资讯/产品	4 月 7 日—4 月 30 日
	中国计算机报	PR	资讯/产品	4 月 7 日—4 月 30 日
	网友世界	PR	资讯/产品	4 月 7 日—4 月 30 日
	数字生活	PR	资讯/产品	4 月 7 日—4 月 30 日

促销 No. 3

时间：7—9 月 暑假（金九银十旺季）

手段：直接优惠打折、学生特惠

操作：

● 暑假是各 IT、数码厂商的打折巅峰时期，全线产品可参加现金折扣活动。

● 可选择一些学生用品，特别是一些开学时必需的用品作为礼品。如凡在促销期间购买笔记本电脑，并取得大学录取通知书的学生，可参加抽奖，赢取大学所在地的机票一张。购买数码产品的学生,可获赠长途 IP 卡一张。

• 九月及十一黄金周期间,家电产品参加折扣优惠活动;或举办买大家电赠送小家电活动。

媒体配合:

• 广告——大众媒体平面通栏广告、网站广告位、广播广告;

• PR——大众媒体新闻稿件、时尚类媒体资讯稿件、IT 类媒体新闻稿件、游戏网站和论坛。

宣传策略

以学生热衷的游戏网站、论坛为主要传播载体;

同时穿插具有决定购买权的父母经常接触的大众媒体。

媒体类型	媒体名称	投放形式	投放规格	投放时间
网站	搜狐校友录	ad	漂浮广告	8 月 4 日—8 月 17 日
	17173 网游天下	ad	首页	7 月 21 日—7 月 27 日
游戏论坛	爱奇游戏网	PR	资讯	7 月 14 日—8 月 10 日
	北方网游戏情结	PR	资讯	7 月 14 日—8 月 10 日
	52PK 游戏下载	PR	资讯	7 月 14 日—8 月 10 日
	iBOX 盒子娱乐在线	PR	资讯	7 月 14 日—8 月 10 日
	骄阳游戏网	PR	资讯	8 月 11 日—8 月 24 日
	火狐游戏网	PR	资讯	8 月 11 日—8 月 24 日
	5617 网游网	PR	资讯	8 月 11 日—8 月 24 日
	联众星云网	PR	资讯	8 月 11 日—8 月 24 日
	猫扑	PR	资讯	9 月 1 日—9 月 30 日
	天涯	PR	资讯	9 月 1 日—9 月 30 日
	西陆	PR	资讯	9 月 1 日—9 月 30 日

媒体类型	媒体名称	投放形式	投放规格	投放时间
大众类	北京晚报	PR	资讯/数码	8 月 1 日—8 月 30 日
	法制晚报	PR	资讯/数码	8 月 1 日—8 月 30 日
	精品购物指南	PR	资讯/数码	8 月 1 日—8 月 30 日
	燕赵都市报	PR	资讯/数码	8 月 1 日—8 月 30 日
	今晚报	PR	资讯/数码	8 月 1 日—8 月 30 日
	申江服务导报	PR	资讯/数码	8 月 1 日—8 月 30 日
	扬子晚报	PR	资讯/数码	8 月 1 日—8 月 30 日
	钱江晚报	PR	资讯/数码	8 月 1 日—8 月 30 日
	羊城晚报	PR	资讯/数码	8 月 1 日—8 月 30 日
	晶报	PR	资讯/数码	8 月 1 日—8 月 30 日
	华西都市报	PR	资讯/数码	8 月 1 日—8 月 30 日
	重庆晨报	PR	资讯/数码	8 月 1 日—8 月 30 日
IT 类	消费电子世界	PR	资讯/数码	7 月 7 日—7 月 27 日
	中国计算机报	PR	资讯/数码	7 月 7 日—7 月 27 日
	网友世界	PR	资讯/数码	7 月 7 日—7 月 27 日
	数字生活	PR	资讯/数码	7 月 7 日—7 月 27 日

促销规划 No. 4

时间:圣诞节期间

手段:落地活动——圣诞晚会

操作:

举办某某商城的圣诞晚会;

在活动期间购买产品者,可参与抽奖,获奖者将受邀参加圣诞晚会;

凡购买产品者,根据消费金额等级赠送圣诞礼品及用品。如礼品盒、袜子、舞会面具、晚礼服等。

媒体配合:

广告——大众媒体平面通栏广告、网站广告位;

PR——大众媒体新闻稿件、时尚类媒体资讯稿件、IT 类媒体新闻稿件。

宣传策略

短期促销行为,只以公关稿件作为宣传手段。

媒体类型	媒体名称	投放形式	投放规格	投放时间
网站	新浪	PR	女人频道/数码频道	12月1日—12月24日
	搜狐	PR	女人频道/数码频道	12月1日—12月24日
	网易	PR	女人频道/数码频道	12月1日—12月24日
	TOM	PR	女人频道/数码频道	12月1日—12月24日
	雅虎	PR	女人频道/数码频道	12月1日—12月24日
时尚生活	瑞丽伊人风尚	PR	资讯	12月刊
	昕薇	PR	资讯	12月刊
	MEN'S UNO	PR	资讯	12月刊
	安	PR	资讯	12月刊
	LADY格调	PR	资讯	12月刊
	时尚	PR	资讯	12月刊
	ELLE	PR	资讯	12月刊
大众类	北京晚报	PR	资讯/数码	12月1日—12月23日
	法制晚报	PR	资讯/数码	12月1日—12月23日
	精品购物指南	PR	资讯/数码	12月1日—12月23日
	燕赵都市报	PR	资讯/数码	12月1日—12月23日
	今晚报	PR	资讯/数码	12月1日—12月23日
	申江服务导报	PR	资讯/数码	12月1日—12月23日
	扬子晚报	PR	资讯/数码	12月1日—12月23日
	钱江晚报	PR	资讯/数码	12月1日—12月23日
	羊城晚报	PR	资讯/数码	12月1日—12月23日
	晶报	PR	资讯/数码	12月1日—12月23日
	华西都市报	PR	资讯/数码	12月1日—12月23日
	重庆晨报	PR	资讯/数码	12月1日—12月23日
IT类	消费电子世界	PR	资讯/数码	11月17日—12月7日
	中国计算机报	PR	资讯/数码	11月17日—12月7日
	网友世界	PR	资讯/数码	11月17日—12月7日
	数字生活	PR	资讯/数码	11月17日—12月7日

促销规划 No.5——"跟我去集采"主题活动

活动目的：

通过价格吸引实现新会员量的增加，同时提高现有会员的单体消费；

通过集采形成口碑传播，提高品牌认知度。

活动内容：

每月固定日期（如 21 号），某某商城内的一款指定产品实行特价团购，团购人数待定；

逐渐在用户中形成记忆，将这一固定日期命名为"某某商城集采日"。

活动主题：

时间到了——某某商城集采日主题活动

宣传配合：

广告、日常公关传播

5. PR 传播规划

PR 传播架构

事件传播：品质——品牌联合、行货品质；

价格——超低价格；

服务——人性化、多选择的服务体系。

常规传播：企业综述——企业风格、企业理念、企业愿景；

领袖专访——人格魅力。

事件传播（一）

传播要点：

大家电产品线

传播策略：

以产品角度——产品线齐全完备，价格具有绝对竞争力，足不出户即可购买大型家电产品；

以品牌角度——某某商城完成 3C 网购平台的布局；

以行业角度——传统家电卖场遭遇冲击。

主　题	文章类型	内　容
《某某商城招揽大家伙 大家电突破上线》	新闻	以时事新闻的角度报道某某商城大家电产品正式上线
《360 起航 3C 保驾》	综述	某某商城完成品牌塑造,品牌布局奠定其行业地位,并探讨未来市场当中 3C 产品的销售模式方向
《某某商城重拳出击打造 3C 网购时代》	综述	传统家电大卖场是否能够经受 3C 购物网站的冲击,新型购物模式能否改变国人传统消费习惯

事件传播(二)

传播要点:

产品品质——行货

传播策略:

以产品角度——行货品质,接受品质监督;

以品牌角度——与众多知名 3C 厂商签订直销合约,品牌联合,品质有保障。

主　题	文章类型	内　容
《某某商城为 3C 网购挤"水"》	新闻	某某商城行货品质保证,真正实现了网购零风险,打压网购水货假货的市场空间
《强者联手搅局网络水货市场》	综述	某某商城联手众多 IT、家电知名厂商,直销价格优势冲击网络水货市场

事件传播(三)

传播要点:

产品价格——超低价格优势。

传播策略:

以行为角度——某某商城的低价在线举报政策;

以品牌角度——某某商城以略高于水货、远低于行货价格的价格优势搅热行货市场。

主　题	文章类型	内　容
《网购卖场价格炮弹隔空交火》	新闻	某某商城行货品质保证,真正实现了网购零风险,打压网购水货假货的市场空间
《某某商城:低价买进行货的第三条渠道》	综述	向来买行货必高价、出低价必水货的传统形式被打破了,某某商城以超低的价格优势开拓了低价买行货的第三条购买渠道,对传统柜台卖场业是冲击,对水货翻新货则是打击

事件传播(四)

传播要点:

品牌服务——即时的在线答疑;

多种付费方式;

多选择的配送方式;

400 座席的呼叫中心。

传播策略:

突出某某商城完善且人性化的服务体系,服务成为销售的重要后盾。

主　题	文章类型	内　容
《购物网站如此"破费"400座席呼叫中心"待命"》	新闻	某某商城设立 400 座席的呼叫中心,在注重销售的同时狠抓服务
《购物网站筑起服务防线》	综述	服务向来是在线购物网站的软肋,也是消费者的消费障碍之一,某某商城完善且人性化的服务体系为在线购物网站树立典范

事件传播(五)

传播要点:企业形象

传播策略:

(1)增加企业形象的传播量,增加品牌的曝光度。

(2)以企业领袖的个人形象为传播噱头,带动品牌形象的提升。

主　题	文章类型	内　容
《风投网站不再只是烧钱工具》 《九年磨一剑 某某商城低调绝不低迷》	综述	综述某某商城发展历程,展示某某商城取得的成就。某某商城发展了 9 年,向来低调行事,媒体曝光和企业宣传较少。但在风投网站一片低迷之际,某某商城不仅发展平顺,更有惊人的盈利成果。增强受众对某某商城的品牌信心
《某某商城的作风就是我的作风》	综述	简述个人及某某商城发展历程,展示企业领袖的个人魅力和行事风格

6. 媒体公关

对核心媒体重点研究;

保持与核心媒体记者的密切联系;

定期举办核心媒体记者培训;

培养两名核心记者成为某某商城问题专家;

建立核心媒体俱乐部;

成为媒体的备用档案库;

将热门产品的图片和产品价格、评测等资讯信息建档;

建立图片产品资讯库,提供给媒体编辑记者备用;

将这些新闻图片和产品资讯渗透到媒体的相关报道中。

媒体选择策略:

(1)大众类媒体:

根据某某商城的重点市场(北京、上海、广州)的分布,我们制定了以重点市场为主要传播区域的媒体组合策略,并以三个重点辐射周边。

(2)生活、时尚、资讯类媒体:

多为精美期刊杂志,全国发行,影响力强。

(3)消费电子类媒体:

IT、数码产品的主要推介媒体,通过 IT 资讯和媒体推荐的形式发布稿件。

(4)网络媒体:

大型综合门户网站、IT 网站、旅游、游戏等网站。

媒体列表——大众类：

媒体类型	北京及其周边省市		上海、苏州、杭州地区		广州、深圳地区
大众类	北京晚报	今晚报	新闻晚报	扬子晚报	南方都市报
	法制晚报	假日100	上海商报	现代快报	广州日报
	北京青年报	城市快报	申江服务导报	金陵时报	新快报
	北京青年周刊	大河报	新闻晨报	青年时报	羊城晚报
	京华时报	北京晨报	东方早报	今日早报	广州青年报
	新京报	精品购物指南	上海星期三	每日商报	信息时报
	竞报		新民晚报	都市快报	深圳晚报
	燕赵都市报		新闻周刊	现代金报	晶报
	燕赵晚报			金华晚报	深圳特区报

媒体列表——生活、时尚、资讯类：

媒体类型	一级		二级	
生活时尚资讯	时尚先生	Feeling	女友	中国高尔夫
	时尚娇点	三联生活周刊	虹	高尔夫大师
	男人装	时装新周刊	财富圈	MISS格调
	时尚芭莎	北京青年周刊	风采	LADY格调
	BazzarFHM	EASY	魅力先生	悦己
	瑞丽伊人风尚	MEN'S UNO	1626	
	瑞丽时尚先锋	潮流周刊	I爱女生	
	TOUCH	双休日	现代生活用品	
	昕薇	TOUCH潮流周刊	缤纷	

媒体列表——消费电子类：

媒体类型	平　面		网　络	
消费电子	计算机世界	网友世界	新浪网	中关村在线
	消费电子世界	新电脑	搜狐网	eNet 硅谷动力
	中国计算机	电脑商情报	网易	IT168
	数字时代	中小企业 IT 采购	TOM	天极
	中国电脑教育报	电脑数码采购周刊	腾讯	ChinaByte
	电脑商报	电脑爱好者	雅虎中国	太平洋电脑网
	个人电脑	Pcmagazine	凤凰网	赛迪网
	每周电脑报	电脑时空互联网周刊	21cn	驱动之家
	计算机产品与流通	大众软件	千龙网	小熊在线
	电子资讯时报	大众硬件	人民网	IT 时代数码资讯网
	通信产业报	电脑报	新华网	易虎数码网
	IT 时代周刊	数字商业时代	中华网	第三媒体
	中国网友报	IT 经理世界	猫扑	e 世界

媒体列表——游戏类：

媒体类型	平　面		网　络	
游戏网站	爱奇游戏网	中国游戏视讯网	游戏时代	天尚网
	天使在线	网游星空	游戏天地	浩方对战平台
	17173 网游天下	简单游	中国游戏中心	中游网
	北方网游戏情结	骄阳游戏网	QQ 游戏资讯	1T1T 网游先锋
	GameSpot 中文站	火狐游戏网	游戏猪	多来米中文网游戏
	52PK 游戏下载	5617 网游网	天空游戏网	万宇在线
	iBOX 盒子娱乐在线	联众星云网	游戏之王	上游游戏中心
	Replays.net	第一网游	电玩巴士	游戏者家园

7. 危机公关的预警和处理

遭遇危机：

寻找危机后面的因素——要注意抓住信息源，抓住根本问题，剖析危机的来龙去脉，了解背后的利益集团，把握最大利益，最终解决问题。

全面控制，媒体封锁——按照最坏的可能性，做最全面的准备，保证事态在掌控之中，争取最好的结果；公关公司与客户共同组成应急小组，充分保证反应和决策的速度。

危机预防——在中国市场上，用户过激行为屡屡发生，对于那些"树大招风"型的企业，通过多方面的措施进行危机预防尤为重要。

危机公关预警：

售后服务：某某商城是消费者与厂家的中间环节，当厂家与消费者出现纠纷时，必然波及某某商城；在确定危机所发生的根源之后，第一时间向媒体以及大众传达出问题的原因以及解决办法，以防止媒体不断的猜测。

商品品质：当出现劣质品时，某某商城要成为事件的调查人与调停者，协调买卖双方的关系，显现出作为一个成熟的厂商的作用；尽可能地控制媒体的口径，使得某某商城在类似事件中始终站在消费者一边。

融资市场：维护公司形象，如财务、业绩、经营模式等，增强投资人的信心；企业领袖的个人形象避免出现负面新闻，对品牌造成反面影响；避免负面新闻曝光，加强日常媒体维护，在危机出现时能够第一时间封锁消息。

危机公关解决手段：

撤稿：进行长期的媒体跟踪与维护，及时发现负面新闻并进行有效控制；

隔离：尽可能地将危机信息与品牌进行区隔；

淹没：有计划地发布企业的其他信息或产品信息，将负面新闻的排序置后。

公关服务报价：

类　型	项　目	数　量	规　格	金额（RMB）
平面媒体	新闻稿件	20 篇	400～800 字	45000
	综述稿件	6 篇	600～1500 字	
网络媒体	新闻/综述	20 篇（多出为赠送）	全文	
专访全程服务	3 家以内	不低于 2 篇	——	5000
	4～6 家	不低于 5 篇	——	8000

类　　型	项　　目	数　　量	规　　格	金额（RMB）
撰稿	新闻稿	3～4 篇	500～1000 字	3000
	综述稿	1 篇	800～2000 字	1500
服务费	含媒体维护费			8500
税金				6000
				71000

　　广告服务报价：应对客户需求，本广告公司以高度合作的标准，陈述以下可与客户共享合作的有效价值资源（人力资源、数据资源、外协资源）。

　　整合营销传播企划：

　　营销战略咨询顾问：AA

　　品牌营销企划与行销传播策略：BB

　　客户服务：CC

　　广告创意设计及执行：

　　创意核心：DD

　　创意团队：EE

　　媒体企划与媒介关系：

　　媒介团队：FF

　　媒介协作：GG

　　市场资讯调研与分析：

　　媒介市场部：HH、II、JJ

　　数据库介绍：KK

　　市场资讯合作通道：

　　我们拥有一批长期合作的专业性行业研究机构——致力于中国通信与移动产品市场、最权威的 IT 行业与市场研究机构赛迪、赛诺，通过它们丰富的专题研究报告，可以纵观通信产业全局。其研究报告针对消费类电子、通信与网络、移动产品，内容涉及通信产业相关价值链的业务模式与需求趋势预测分析、行业发展前景、市场机会发现、市场潜力与竞争策略分析。某某商城也可以借此机会接触到该领域中的专家及意见领袖，进行相关问题的探讨，获得最前沿的观点与市场启发。

三、服务内容和费用预算：

合作项目：品牌管理与广告传播服务
合作形式：年度月费制
合作期间：2008.1.1—2008.12.31
合作项目与费用构成：

● 品牌管理：品牌营销策略及品牌沟通计划

应对企业战略及营销策略，洞悉竞争态势，界定品牌任务、品牌核心价值及目标对象，进而形成品牌塑造推广策略及品牌沟通中各种传播工具扮演的角色，发展整合传播计划。其中工作要点包括：品牌价值与机会、品牌定义、传播定位、传播工具组合应用计划、传播预算建议、传播活动时间表。

项目服务费：RMB 50,000/月

● 市场推广：品牌推广及主力产品促销活动策划与执行

策划案内容包括：研究分析市场策略及相关市场资料，在既定品牌营销策略下完成年度品牌传播策划及广告执行计划。

(1)广告创意设计：阶段推广广告主题及品牌 SLOGEN 的提炼、活动主题、主题文案、电波广告、平面广告和 POP 的创意。

电波广告：根据传播策略发展电波广告创意，形成根据客户要求的电视/广播创意文字或画面脚本(画纲脚本客户需支付画稿费用)，进行创意提案。

平面广告：包括包括报纸、杂志、户外、终端 POP 物料的海报、宣传单页、挂牌/跳卡、挂旗、灯箱、展架等。

(2)媒介沟通策略：竞争品牌媒介分析、消费者媒介习惯分析、媒介资料提供及媒介机会分析、媒介目标的制定、媒介组合策略的制定、媒介行程策略的制定。

(3)公关传播及促销活动策划：根据策略需要提供线上互动活动、PR&SP策划及实施计划。

项目服务费：RMB 15,000/月

● 执行项目费用收取

媒介服务：

媒介计划：代理商根据相关产品的行销与传播计划制定专业的媒介策略分析与年度和阶段性发布计划、预算计划，并提案。经确认的媒介计划必须按策略目标实施。

媒介购买：由代理商进行统一的媒介购买执行，媒介购买工作必须以准确、经济、效果的标准完成,经客户书面确认媒介排期并按媒体发布单位规定向代理商预先支付媒体费用,媒介购买代理的媒体统一付费方为代理商。

媒介评估:代理商负责广告播出效果的事后评估;评估将依据央视索福瑞媒介研究公司的数据报告进行。

• 媒介代理费:媒介投放总额的 3.5%(不含税)

第三方服务费:用指代理商受客户委托调用第三方服务资源所产生的费用。

第三方制作:负责与第三方签定制作合同,并监控第三方制作质量。如电波广告、平面制作、后期制作、制版印刷及其他制作工作,并收取相应服务佣金和税金。

公关计划执行:执行并监控公关传播中的新闻传播、事件传播、展会以及活动,并提供活动总结及效果评估报告。

市场调研:为满足客户营销与推广策略制定的需求,搜集和整理相关行业讯息,进行市场调研咨询及业务监督,协助客户搜集、购买包括赛迪、赛诺、慧聪等研究机构的多种电子消费品市场业研究报告。同时可以根据客户的需要进行专门的深度访谈、小组座谈会、定量调查和市场研究项目。购买研究报告或者进行专门研究的费用由客户承担。

参考文献

1. 赖瑞·泰伊:《公关之父伯奈斯》,海南出版社 2003 年版。

2. 徐智明、高志宏:《广告策划》,中国物价出版社 1997 年版。

3. 张金海、龚轶白、吴俐萍:《广告运动策划教程》,北京大学出版社 2006 年版。

4. 张金海:《广告学教程》,上海人民出版社 2005 年版。

5. 丁俊杰:《现代广告通论》,中国物价出版社 1997 年版。

6. 张金海:《20 世纪广告传播理论研究》,武汉大学出版社 2002 年版。

7. 菲利普·科特勒:《营销管理》,梅清豪译,上海人民出版社 2003 年版。

8. 纪宝成、吕一林:《市场营销学教程》,中国人民大学出版社 2002 年版。

9. 郭庆光:《传播学教程》,中国人民大学出版社 1999 年版。

10. 沙莲香:《传播学》,中国人民大学出版社 1990 年版。

11. 谢仲文:《广告策划教程》,广西师范大学出版社 2005 年版。

12. 饶德江:《广告策划与创意》,武汉大学出版社 2003 年版。

13. 纪华强:《广告媒体策划》,复旦大学出版社 2007 年版。

14. 姚曦:《广告概论》,武汉大学出版社 2002 年版。

15. 苗杰:《现代广告学》,中国人民大学出版社 2000 年版。

16. 何修猛:《现代广告学》,复旦大学出版社 1998 年版。

后记　我们在路上

　　2009 年初春,当我再次拿起这叠厚厚的书稿,准备交付出版时,心中的感慨犹如一夜之间长出的春芽,挠得心头的很多话,不得不说。从 2003 年 3 月《广告策划学》第一版发行至今,已有 6 个寒暑,岁月累积下来的不仅是点滴回忆,更是无尽感激!

　　因为有浙江大学出版社的努力,《广告策划学》第一版经历了 5 次重印。因为有浙江大学出版社李海燕编辑的不断催促和鞭策,本书的修订不至于在繁忙的工作中被消耗,不至于在自己找的各种理由中成为肥皂泡沫……

　　因为我的学生们,他们那一双双求知的眼睛,让我有动力为了一个概念反复查阅资料,为了一个策划找遍图书馆的每个角落。在向可爱的学生们传授知识的时候,我也收获颇多!

　　因为学校急速前进的步伐,我们每一个人都感受到了肩上的份量,促使我们不断进步;而同事们不断创造的业绩,也成为我前行的动力。

　　因为有同事方腾的加入,再版时的书稿多了鲜活的气息。

　　因为有浙江大学出版社胡志远编辑的耐心,我有信心把这本书越做越好!

　　因为有很多感激,所以注定会一直努力下去!

徐凤兰
2009 年初春

图书在版编目（CIP）数据

广告策划学 / 徐凤兰,方腾编著. —3 版. —杭州：浙江大学出
版社,2011.6(2025.7 重印)

（现代传播 / 王文科主编）

ISBN 978-7-308-03278-0

Ⅰ.广…　Ⅱ.①徐…②方…　Ⅲ.广告学　Ⅳ. F713.81

中国版本图书馆 CIP 数据核字（2003）第 018290 号

广告策划学（第三版）

徐凤兰　方　腾　编著

丛书策划	李海燕
责任编辑	陈丽勋
封面设计	俞亚彤
出版发行	浙江大学出版社
	（杭州市天目山路 148 号　邮政编码 310007）
	（网址：http://www.zjupress.com）
排　　版	杭州青翊图文设计有限公司
印　　刷	杭州钱江彩色印务有限公司
开　　本	787mm×960mm　1/16
印　　张	15
字　　数	280 千
版 印 次	2011 年 6 月第 3 版　2025 年 7 月第 14 次印刷
书　　号	ISBN 978-7-308-03278-0
定　　价	39.00 元